Subpart F als Referenz für die deutsche Hinzurechnungsbesteuerung

Europäische Hochschulschriften

Publications Universitaires Européennes
European University Studies

Reihe V
Volks- und Betriebswirtschaft

Série V Series V
Sciences économiques, gestion d'entreprise
Economics and Management

Bd./Vol. 2982

PETER LANG
Frankfurt am Main · Berlin · Bern · Bruxelles · New York · Oxford · Wien

Sandra Große

Subpart F als Referenz für die deutsche Hinzurechnungsbesteuerung

Eine ökonomische Analyse

PETER LANG
Europäischer Verlag der Wissenschaften

Bibliografische Information Der Deutschen Bibliothek
Die Deutsche Bibliothek verzeichnet diese Publikation in der Deutschen Nationalbibliografie; detaillierte bibliografische Daten sind im Internet über <http://dnb.ddb.de> abrufbar.

ISSN 0531-7339
ISBN 3-631-50298-2

www.peterlang.de

Inhaltsverzeichnis

Abbildungsverzeichnis

Abkürzungsverzeichnis

a. A.	anderer Ansicht
Abb.	Abbildung
Abs.	Absatz
AET	Accumulated Earnings Tax
Am. J. Tax Pol'y	American Journal of Tax Policy (Zeitschrift)
Am. U. J. Int'l L. & Pol'y	American University Journal of International Law and Policy (Zeitschrift)
Anm.	Anmerkung
AO	Abgabenordnung
Art.	Artikel
AStG	Außensteuergesetz
AWD	Außenwirtschaftsdienst des Betriebs-Beraters (Zeitschrift)
BB	Betriebs-Berater (Zeitschrift)
Bd.	Band
BFH	Bundesfinanzhof
BGBl.	Bundesgesetzblatt
BIFD	Bulletin of International Fiscal Documentation (Zeitschrift)
BMF	Bundesministerium der Finanzen
BR-Drs.	Bundesrats-Drucksache
bspw.	beispielsweise
BStBl.	Bundessteuerblatt
BT-Drs.	Bundestags-Drucksache
Buchst.	Buchstabe
BVerfG	Bundesverfassungsgericht
bzw.	beziehungsweise
CB	Cumulative Bulletin
CFC	Controlled Foreign Corporation
CH	Schweiz
Cir.	Circuit
Cong.	Congress
DB	Der Betrieb (Zeitschrift)
DBA	Doppelbesteuerungsabkommen
DBG	Gesetz über die direkten Bundessteuern der Schweiz
ders.	derselbe
DM	Deutsche Mark
DStR	Deutsches Steuerrecht (Zeitschrift)
DStZ/A	Deutsche Steuer-Zeitung Ausgabe A (Zeitschrift)

Eink.	Einkünfte
EStG	Einkommensteuergesetz
EStV	Einkommensteuer-Verordnung der Schweiz
et al.	et alii
f.	folgende
FA	Finanzarchiv (Zeitschrift)
Finanzarchiv N. F.	Finanzarchiv Neue Folgen (Zeitschrift)
FN	Fußnote
FR	Finanzrundschau (Zeitschrift)
ggf.	gegebenenfalls
GmbH	Gesellschaft mit beschränkter Haftung
GmbHR	GmbH-Rundschau (Zeitschrift)
Harv. L. Rev.	Harvard Law Review (Zeitschrift)
HZB	Hinzurechnungsbesteuerung
i. d. F.	in der Fassung
i. d. R.	in der Regel
i. H. v.	in Höhe von
i. S. d.	im Sinne des
i. S. v.	im Sinne von
i. S.	im Sinne
i. V. m.	in Verbindung mit
IFA	International Fiscal Association
Int'l Tax & Business Lawyer	International Tax and Business Lawyer (Zeitschrift)
Int'l Tax J.	International Tax Journal (Zeitschrift)
IRC	Internal Revenue Code
IRS	Internal Revenue Service
IStR	Internationales Steuerrecht (Zeitschrift)
IWB	International Wirtschafts-Briefe (Zeitschrift)
IWB	Internationale Wirtschafts-Briefe (Zeitschrift)
KStG	Körperschaftsteuergesetz
m. E.	meines Erachtens
m. n. Ä.	mit nachfolgenden Änderungen
m. w. N.	mit weiteren Nachweisen
MA	Musterabkommen
Mrd.	Milliarden
NJW	Neue Juristische Wochenschrift (Zeitschrift)
No.	number
Nr.	Nummer
OECD	Organization for Economic Cooperation and Development

OECD-MA	OECD-Musterabkommen
PL	Polen
Prop. Treas. Reg.	Proposed Treasury Regulation
resp.	respektive
Rev. Rul.	Revenue Ruling
RIW	Recht der Internationalen Wirtschaft (Zeitschrift)
RIW/AWD	Recht der Internationalen Wirtschaft/Außenwirtschaftsdienst (Zeitschrift)
Rutgers L. Rev.	Rutgers Law Review (Zeitschrift)
Rz.	Randziffer
S.	Seite
Sess.	Session
SteuerStud	Steuer und Studium (Zeitschrift)
StG	Steuergesetz
StSenkG	Steuersenkungsgesetz
StuW	Steuer und Wirtschaft (Zeitschrift)
Tab.	Tabelle
TC	Tax Court (Entscheidungssammlung)
Treas. Reg.	Treasury Regulation
u. a.	unter anderem
U. S.	United States
u. U.	unter Umständen
UntStFG	Unternehmenssteuerfortentwicklungsgesetz
US	United States
USA	United States of America
US-MA	US-Musterabkommen
vgl.	vergleiche
vs.	versus
WPg	Die Wirtschaftsprüfung (Zeitschrift)
z. B.	zum Beispiel
z. T.	zum Teil
zzgl.	zuzüglich

Symbolverzeichnis

A	Barwert der steuerlichen Abschreibungen
Ab	steuersatzunabhängiger Teil des Abschreibungsbarwertes
A_{CH}	Barwert der steuerlichen Abschreibung in der Schweiz
A_{D}	Barwert der steuerlichen Abschreibung in Deutschland
A_{PL}	Barwert der steuerlichen Abschreibung in Polen
A_{r}	Abschreibungsbarwert im Ansässigkeitsstaat der investierenden Kapitalgesellschaft
A_{USA}	Barwert der steuerlichen Abschreibung in den USA
C	Anschaffungskosten
δ	Ertragswertminderung
E	Ertragswert
$EATR$	Effektiver Durchschnittsteuersatz
$EMTR$	effektiver Grenzsteuersatz
$EZÜ$	Einzahlungsüberschüsse
$f_{Gemeinde}$	Steuerfuß der Gemeinde Zug
f_{Kanton}	Steuerfuß des Kantons Zug
H	Hebesatz
i	Nominalzins
K	Kapitalwert
κ	Variable
L	steuerliche Nutzungsdauer des Wirtschaftgutes
n	Periodenende
p	Vorsteuerrendite der Unternehmung
π	Inflationsrate
θ	Opportunitätskosten der Thesaurierung
R	Kapitalwert nach Steuern
R^*	Kapitalwert vor Steuern
ρ	nominale Nachsteuerrendite der Unternehmung
s	Nachsteuerrendite des Kapitalgebers

$s_{Auss\text{-}HZB\ StSenkG}$	Nachsteuerrendite bei Hinzurechnungsbesteuerung i. d. F. des StSenkG in t_0 und Ausschüttung in t_1
$s_{D \rightarrow D,\ nat.\ Pers.}$	Nachsteuerrendite einer natürlichen Person für eine Dividende einer deutschen Kapitalgesellschaft
$s_{HZB\ 2000}$	Nachsteuerrendite bei Hinzurechnungsbesteuerung i. d. F. von 2000
$s_{HZB,\ R\&P,\ KapGes}$	Nachsteuerrendite nach Hinzurechnungsbesteuerung und Ausschüttung für eine Kapitalgesellschaft als Anteilseigner nach dem Konzept von *Rättig & Protzen*
$s_{HZB,\ R\&P,\ nat.\ Pers.}$	Nachsteuerrendite nach Hinzurechnungsbesteuerung und Ausschüttung für eine natürliche Person als Anteilseigner nach dem Konzept von *Rättig & Protzen*
$s_{HZB,\ US\text{-}Konzept,\ KapGes}$	Nachsteuerrendite nach Hinzurechnungsbesteuerung und Ausschüttung für eine Kapitalgesellschaft als Anteilseigner nach dem US-Konzept
$s_{HZB,\ US\text{-}Konzept,\ nat.\ Pers.}$	Nachsteuerrendite nach Hinzurechnungsbesteuerung und Ausschüttung für eine natürliche Person als Anteilseigner nach dem US-Konzept
$s_{PL \rightarrow USA,\ nat.Pers.}$	Nachsteuerrendite einer in den USA ansässigen natürlichen Person für polnische Dividenden
$s_{PL \rightarrow D,\ KapGes}$	Nachsteuerrendite einer deutschen Kapitalgesellschaft für polnische Dividenden
$s_{PL \rightarrow D,\ nat.Pers.}$	Nachsteuerrendite einer in den USA ansässigen natürlichen Person für polnische Dividenden
$s_{PL \rightarrow USA,\ KapGes}$	Nachsteuerrendite einer US-amerikanischen Kapitalgesellschaft
t	Periodenindex
t_0	Periode null
t_1	Periode eins
t_d	Einkommensteuersatz auf Dividenden
t_D	Einkommensteuersatz einer natürlichen Person in Deutschland
$t_{ESt/KSt}$	Einkommen- bzw. Körperschaftsteuersatz auf den Hinzurechnungsbetrag
t_g	Einkommensteuersatz auf Veräußerungsgewinne
t_{HEV}	Einkommensteuersatz unter Berücksichtigung des Halbeinkünfteverfahrens
t_{HZB}	Steuer auf den Hinzurechnungsbetrag (38 %)
t_i	Einkommensteuersatz auf Zinserträge
t_{USA}	Einkommensteuersatz einer natürlichen Person in den USA
t_d^*	effektiver Steuersatz auf Dividenden

t_w^s	Quellensteuer auf Dividenden
t_d^r	Steuer auf Dividenden im Ansässigkeitsstaat des Kapitalgebers
τ	Ertragsteuersatz der Unternehmung
τ_{Bund}	schweizerischer Bundessteuersatz auf Gewinne
τ_{CH}	Unternehmungssteuersatz in der Schweiz
τ_D	Unternehmungssteuersatz in Deutschland
τ_{Basis}	einfacher Kantonssteuersatz de Kantons Zug
$\tau_{Gemeinde}$	effektiver Gemeindesteuersatz von Zug
τ_{GewSt}	effektiver deutscher Gewerbesteuersatz
τ_{Kanton}	effektiver Steuersatz des Kantons Zug
τ_{KSt}	deutscher Körperschaftsteuersatz
τ_r	Ertragsteuersatz auf Unternehmensgewinne im Ansässigkeitsstaat der investierenden Kapitalgesellschaft
$\tau_{PL \rightarrow D}$	Quellensteuersatz auf polnische Dividende an eine deutsche Kapitalgesellschaft
τ_{USA}	Steuersatz der *federal income tax* für juristische Personen
V	*Vermögensendwert*
V_n^{SofAus}	Vermögensendwert bei Sofortausschüttung
V_n^{Thes}	Vermögensendwert bei Thesaurierung und späterer Ausschüttung
w	Kapitalmarktsteuerkeil
w_c	Substanzsteuersatz der Unternehmung
$w_{HZB,\ R\&P}$	Steuerkeil durch die Hinzurechnungsbesteuerung nach dem Konzept von *Rättig & Protzen*
$w_{HZB\ StSenkG}$	Steuerkeil bei Hinzurechnungsbesteuerung i. d. F. des StSenkG
w_p	Vermögensteuersatz für natürliche Personen

A Einleitung

Über die Hinzurechnungsbesteuerung wird seit ihrer Einfügung in das deutsche Steuerecht 1972 heftig diskutiert und gestritten. Dabei stellt sich immer wieder die Frage nach ihrer Bewährung, die unterschiedlich beantwortet wird. Mit dieser Arbeit soll ein weiterer Beitrag zu dieser Diskussion geleistet werden. Ziel ist es im Unterschied zu vielen anderen Untersuchungen nicht, die Steuerbelastung aus der Hinzurechnungsbesteuerung zu ermitteln oder Unternehmen Möglichkeiten aufzuzeigen, die Steuerfolgen der Hinzurechnungsbesteuerung zu vermeiden. Vielmehr soll eine grundlegende konzeptionelle Auseinandersetzung mit der Materie erfolgen. Dabei wird konsequent der Bezug zu dem US-amerikanischen Pendant – dem *subpart F* – hergestellt, welches als Grundlage für die Ausgestaltung der deutschen Hinzurechnungsbesteuerung diente. Es soll herausgearbeitet werden, inwieweit sich der deutsche Gesetzgeber auf dieses Vorbild gestützt hat und welche steuerlichen Konsequenzen sich jeweils aus der Umsetzung ergeben haben.

Die Untersuchung einer so komplexen Regelung wie die der Hinzurechnungsbesteuerung lässt es sinnvoll erscheinen, zunächst die Motivation des Gesetzgebers, zu einer Abwehrregelung wie der Hinzurechnungsbesteuerung zu greifen, darzustellen. Daher beginnt die Arbeit mit einer Beschreibung der steuerlichen Behandlung von Kapitalgesellschaften, um im Anschluss Probleme aufzuzeigen, die sich daraus im internationalen Kontext ergeben, wenn ein Steuergefälle besteht und die Steuerpflichtigen dies ausnutzen. Daran schließt sich eine Beschreibung der deutschen und der US-amerikanischen Hinzurechnungsbesteuerung an. Diese umfasst eine Prüfung über die Vereinbarkeit der Hinzurechnungsbesteuerung mit bestehenden Doppelbesteuerungsabkommen.

Die Bewertung von einzelnen steuerlichen Vorschriften setzt voraus, dass diese in das System der Steuernormen eingeordnet werden. Im Rahmen dieser Einordnung sind zunächst die Ziele und Funktionen eines Steuersystems herauszuarbeiten. Dabei ist darauf einzugehen, dass sich Steuerrechtsnormen ganz allgemein in Fiskalzweck-, Lenkungs- und Vereinfachungsnormen unterteilen lassen. Dem muss sich eine Betrachtung der Ziele der Hinzurechnungsbesteuerung anschließen. Die Analyse der Zielssetzungen, die mit der Hinzurechnungsbesteuerung verfolgt wurden und werden ist wesentlich für die Bewertung der Regelung. Nachdem die möglichen Kategorien steuerrechtlicher Normen herausgearbeitet und die Ziele des Gesetzgebers bekannt sind, kann die Subsumtion der Hinzurechnungsbesteuerung unter diese Kategorien erfolgen (Abschichtung). Dabei soll insbesondere die unterschiedliche Einstufung in den USA und Deutschland der (für den Gesellschafter) steueraufschiebenden Trennung der steuerlichen Sphäre von Kapitalgesellschaft und Anteilseigner (*deferral*) als Subvention beleuchtet werden.

Eine Modellierung zur Explikation der Steuerwirkungen der Hinzurechnungsbesteuerung setzt voraus, dass die Anforderungen an das Modell herausgearbeitet und die unterschiedlichen, in der Literatur bekannten Ansätze dahingehend untersucht werden, inwieweit sie den Untersuchungszielen gerecht werden können. Das Ziel der Untersuchung in diesem Teil der Arbeit besteht darin aufzuzeigen, in welchem Rahmen durch die Behandlung thesaurierter

Gewinne ausländischer Kapitalgesellschaften, die vor Einführung der Hinzurechnungsbesteuerung im Ansässigkeitsstaat des Kapitalgebers steuerlich nicht erfasst wurden, eine Steuervergünstigung bestand und ob diese durch die Hinzurechnungsbesteuerung beseitigt werden konnte. Das ausgewählte Modell wird detailliert beschrieben, so dass die gewonnenen Erkenntnisse auf nachvollziehbaren Grundlagen aufbauen. Eine Anpassung bekannter Ansätze an den speziellen Untersuchungsgegenstand wird vorzunehmen sein. Anschließend erfolgt eine Beschreibung der zu untersuchenden Fallkonstruktionen und der grundlegenden, in das Modell eingehenden steuerlichen und ökonomischen Gegebenheiten der verschiedenen Staaten, die in die Untersuchung eingebunden sind. Die Modellergebnisse sollen eine Antwort darauf geben, ob die Hinzurechnungsbesteuerung ein probates Mittel zur Lösung der entstandenen Probleme war und ist. Die Auswertung der Modellergebnisse erfolgt unter Herausarbeitung der Grenzen des Modells und unter Bezugnahme auf die Zielsetzungen des Gesetzgebers.

Nachdem die Analyse des geltenden Rechts abgeschlossen wurde,[1] wird der Versuch unternommen, dem Gesetzgeber aufzuzeigen, dass Handlungsbedarf besteht und wo die Problempunkte liegen. Dazu wird in dem abschließenden Kapitel eine vergleichende Analyse der bisherigen Formen der Hinzurechnungsbesteuerung angestellt. Die Gesetzgebung bescherte dem Steuerpflichtigen innerhalb der vergangenen zwei Jahre drei verschiedene Konzeptionen für eine Hinzurechnungsbesteuerung. Für die beiden bisher nicht betrachteten Formen wird nun untersucht, inwieweit sie den Zielen des Gesetzgebers besser gerecht werden konnten. Im Anschluss wird ein Reformvorschlag aus der Literatur analysiert und ein eigener vorgestellt.

Wie aus den vorstehenden Ausführung implizit hervorgeht, bleiben Fragen der Vereinbarkeit der Hinzurechnungsbesteuerung mit dem Gemeinschaftsrecht, wie sie in der jüngeren Literatur verstärkt diskutiert werden,[2] außen vor. Zudem werden hier die Wirkungen, die der Steuerwettbewerb auf die Steuerbelastung in Deutschland und damit wohl auch auf die Hinzurechnungsbesteuerung hat, nicht explizit behandelt. Ebenfalls soll nicht darauf eingegangen werden, ob die Initiativen der EU und OECD gegen unfairen Steuerwettbewerb eine Hinzurechnungsbesteuerung obsolet machen. Da dies eine Arbeit im Rahmen der betriebswirtschaftlichen Steuerlehre ist, werden auch Fragen der Gerechtigkeit im Zusammenhang mit der Hinzurechnungsbesteuerung ausgeblendet.

---

1 Rechtsstand der Arbeit ist der 31. Dezember 2002.

2 Vgl. hier z. B. *Lang, M.*, CFC-Gesetzgebung, IStR 2002, S. 217-222; *Seer, R.; Haken, I.*, Einfluss, SteuerStud 2001, S. 344-349.

B Grundlagen der Hinzurechnungsbesteuerung

1 Die Kapitalgesellschaft als eigenständiges Steuersubjekt

Die Kapitalgesellschaft stellt das Ergebnis der zivilrechtlichen Ausgestaltung von Ein- bzw. Zugriffsrechten der Kapitalgeber auf Investitionsentscheidungen und deren Erträge dar.[3] Ihr wird im Zivilrecht eine eigene Rechtspersönlichkeit[4] zuerkannt, die eine Gleichstellung mit natürlichen Personen auf allen Verkehrs- und Wirtschaftsgebieten zur Folge hat.[5] Das Steuerrecht übernimmt diese Wertungen des Zivilrechts als Anknüpfungspunkt für die Steuersubjektfähigkeit;[6] es ist jedoch keineswegs dazu verpflichtet.[7] Die Kapitalgesellschaft ist damit als selbständiger Entscheidungsträger in der Lage, ein eigenes Einkommen zu erwirtschaften. Bei Publikumskapitalgesellschaften wird die steuerliche Eigenständigkeit vergleichsweise weniger angezweifelt als bei personenbezogenen Kapitalgesellschaften. Die Kapitalgesellschaft hat sich verselbständigt; die Geschäftsführung erfolgt typischer weise nicht durch die Eigentümer; die Gesellschafter fungieren – wirtschaftlich betrachtet – eher als Gläubiger denn als Eigentümer.[8] Die durchaus mögliche Betrachtung der Kapitalgesellschaft als Konglomerat der einzelnen Gesellschafter, die durch sie ihre persönlichen Interessen verfolgen, wie dies bei personenbezogenen Kapitalgesellschaften der Fall ist,[9] wurde nicht umgesetzt.[10] Ebenso wurde darauf verzichtet, nach der Anzahl der Gesellschafter oder des Umfangs der Haftung der Eigentümer der Gesellschaft für die Schulden derselben zu differenzieren und die steuerliche Behandlung davon abhängig zu machen.[11] Die Kapitalgesellschaft wird getrennt von ihren Anteilseignern besteuert.[12]

---

3 Vgl. *Schwinger, R.*, Steuersysteme, 1992, S. 14.

4 Dies dient der Praktikabilität, soll die Rechtsfähigkeit doch eine Teilnahme am Rechts- und Wirtschaftsverkehr als verselbständigte Organisation mit eigener Willensbildung ermöglichen; die Rolle eines eigenständigen Aktionszentrums übernehmen. Vgl. *Reinhardt, R.; Schultz, D.*, Gesellschaftsrecht, 1981, S. 27 f.

5 Vgl. *Schneider, D.*, Körperschaftsteuerreform, StuW 1975, S. 104; siehe auch die Begründung zum Entwurf eines Körperschaftssteuergesetzes, Drucksachen der Nationalversammlung 1920 Nr. 1976, S. 15.

6 Vgl. dazu *Jacobs, O. H.*, Rechtsform, 1998, S. 91. Kritisch zu diesem pauschalen Ansatz *Boles, E. P.; Walz, W. R.*, Körperschaftsteuersubjektivität, GmbHR 1986, S. 435 f., 440-442. Ablehnend gegenüber einer Relevanz der zivilrechtlichen Rechtsfähigkeit für das Steuerrecht *Schneider, D.*, Körperschaftsteuerreform, StuW 1975, S. 101.

7 Vgl. BVerfG-Urteil vom 24.01.1962, BStBl. I 1962, S. 502; dazu auch *Kirchhof, P.*, Steuergesetzgebung, NJW 1987, S. 3221.

8 So schon *Schanz, G.*, Steuern Hessens, FA 1885, S. 317 f; vgl. dazu auch *Rasenack, C. A. L.*, Körperschaftsteuer, 1974, S. 68 f.; ähnlich *Rädler, A. J.*, Körperschaftsteuer-Systeme, Europäische Steuer-Zeitung 1970, S. 104.

9 Vgl. *Schanz, G.*, Steuern Hessens, FA 1885, S. 317.

10 Für eine solche Sichtweise *Colm, G.*, Corporate Taxation, American Economic Review 1954, S. 501.

11 Derartig pauschale Abgrenzungen erscheinen recht willkürlich und würden u. U. zu einer Besteuerung nach Wahl führen.

12 Dies gestaltet die Besteuerung von Kapitalgesellschaften praktikabel. Vgl. *Hundsdoerfer, J.*, Beteiligungsaufwendungen, BB 2001, S. 2244.

Die eigenständige Steuersubjektivität der Kapitalgesellschaft ist jedoch nicht unumstritten.[13] So wurden bereits in den Anfängen der Körperschaftsbesteuerung Zweifel gehegt, auf welcher Grundlage diese Steuer erhoben werden soll und welcher Charakter ihr zukommt.[14] Die Rechtfertigung einer separaten Steuer auf den Ertrag (das Einkommen) von Kapitalgesellschaften wurde vielfach versucht. Sie reicht von einem Entgelt für das Privileg der Rechtsfähigkeit und das der beschränkten Haftung[15] über eine „Entlohnung" des Staates für allgemeine Leistungen bis hin zur Annahme einer eigenständigen steuerlichen Leistungsfähigkeit der Gesellschaft.[16] Daneben wird der Staat auch als stiller Gesellschafter interpretiert, der ohne Entscheidungsbefugnis am Gewinn und zum Teil am Verlust der Gesellschaft partizipiert.[17]

Die Besteuerung von Gewinnen einer Kapitalgesellschaft findet nach der wohl heute herrschenden Meinung ihre Berechtigung in einer Quellenbesteuerung, mit deren Hilfe Gewinnverschleierungen bzw. Gewinnverschiebungen verhindert werden sollen.[18] Sie gewährleistet die Einmalbesteuerung von Gewinnen einer Kapitalgesellschaft und verhindert somit in gewissem Umfang Steuerhinterziehung oder Steueraufschub mittels Reinvestition in die Unternehmung.[19] Die Erhebung einer Körperschaftsteuer soll zudem Wettbewerbsgleichheit zwischen den verschiedenen Unternehmens(rechts)formen herstellen.[20] Darüber hinaus soll durch die Erhebung einer Steuer an der Quelle die Gleichmäßigkeit der Besteuerung zwischen Steuerinländern und nicht der inländischen Einkommensteuer unterliegenden Personen gewahrt werden.

Inwieweit die Körperschaftsteuer letztlich eine reine Erhebungsform der Einkommensteuer ist oder als selbständige Steuer(-belastung) bestehen bleibt, hängt vom Umfang ihres Einbezugs in die Einkommensbesteuerung des Gesellschafters ab. Eine reine Vorabbesteuerung und mithin eine Integration der Körperschaftsteuer in die Einkommensbesteuerung würde mit der Umsetzung des Konzeptes der Teilhabersteuer erreicht werden, wie dies von *Engels* und *Stützel* dargestellt wurde.[21] Das Gegenstück bildet das klassische Körperschaftsteuersys-

---

[13] Vgl. *Strutz, G.*, Buchbesprechung, Verwaltungsarchiv 1903, S. 488 f. Einen Überblick der Argumente für eine eigenständige Körperschaftsbesteuerung bietet *Vodrazka, K.*, Körperschaftsbesteuerung, StuW 1971, S. 235-241.

[14] Zum Pro und Kontra einer Körperschaftsteuer schon *Dietzel, C.*, Actien-Gesellschaften, 1859, S. 41-45; und zum Problem einer eigenen Leistungsfähigkeit der Kapitalgesellschaft vgl. S. 51 f.

[15] So z. B. die Begründung zum Entwurf eines Körperschaftssteuergesetzes, Drucksachen der Nationalversammlung 1920 Nr. 1976, S. 15; ähnlich auch *Strutz, G.*, Neuordnung, 1912, S. 119 f.

[16] Siehe die Zusammenstellung bei *Schneider, D.*, Körperschaftsteuerreform, StuW 1975, S. 97-108.

[17] Vgl. *Colm, G.*, Corporate Taxation, American Economic Review 1954, S. 495.

[18] Vgl. *Neumark, F.*, Grundsätze, 1970, S. 132.

[19] Vgl. *Boadway, R. W.; Bruce, N.; Mintz, J. M.*, Capital Income, Canadian Tax Paper No. 80, 1987, S. 131 f.

[20] Vgl. *Strutz, G.*, Buchbesprechung, Verwaltungsarchiv 1903, S. 488. Um diese tatsächlich herzustellen, wäre allerdings eine Besteuerung aller Gesellschaften mit dem gleichen Steuersatz zu gewährleisten. So schon *Wagner, A.*, Finanzwissenschaft, 2. Theil, 1890, S. 421.

[21] Vgl. *Engels, W.; Stützel, W.*, Teilhabersteuer, 1968, insbesondere S. 7-13. Im Gutachten zur Reform der direkten Steuern des wissenschaftlichen Beirates 1967 wie auch im Gutachten der Steuerreformkommission 1971 wurde die Teilhabersteuer jedoch auf Grund erfassungstechnischer Schwierigkeiten abgelehnt. Vgl.

tem, wie es bspw. in den USA praktiziert wird. Hier besteht eine vollständige Trennung von Körperschaft- und Einkommensteuer; der Gewinn wird mit beiden Steuern voll belastet. In Deutschland wird derzeit auf der Grundlage des Halbeinkünfteverfahrens besteuert. Das bedeutet, dass die Körperschaftsteuerbelastung voll bestehen bleibt und auf Ebene des Anteilseigners eine Entlastung erfolgt, will heißen, nur der hälftige Dividendenbetrag der Einkommensteuer unterliegt.

2 Steuerfolgen aus der Abschirmwirkung ausländischer Kapitalgesellschaften

Die steuerliche Trennung von Kapitalgesellschaft und ihrem Gesellschafter bietet im internationalen Kontext standortflexiblen Unternehmen steuerplanerische Möglichkeiten. Dies resultiert neben der Anerkennung einer eigenen Steuersubjektfähigkeit der Kapitalgesellschaft aus der unterschiedlichen Ausgestaltung der Steuersysteme, die ein internationales Steuergefälle bewirken.[22] Eine Nutzung dieser potentiellen steuerlichen Vorteile gelingt Personen, die in ihrem Ansässigkeitsstaat einer Besteuerung nach dem Welteinkommensprinzip unterliegen, grundsätzlich nur, wenn rechtliche Gestaltungen eine Verwirklichung von Kapitalimportneutralität ermöglichen, mit anderen Worten das ausländische Steuerniveau erhalten bleibt. Dies kann durch die Schrankennormen eines Doppelbesteuerungsabkommens gewährleistet sein, wenn nämlich der Ansässigkeitsstaat des Gesellschafters verpflichtet ist, die entsprechenden Einkünfte von der Besteuerung freizustellen. Besteht kein Doppelbesteuerungsabkommen, bleibt zur Erhaltung des Steuerniveaus des „Quellenstaates" als Möglichkeit die Thesaurierung der Gewinne bei einer ausländischen Kapitalgesellschaft.[23]

Die Durchsetzung von Kapitalimportneutralität führt für den Ansässigkeitsstaat des Gesellschafters zu Steuereinbußen. Auch wenn kein Raum für die Anwendung einer allgemeinen Missbrauchsklausel bleibt, weil wirtschaftliche Gründe für die rechtliche Gestaltung vorgebracht werden können, wird eine Verlagerung von Einkünften in das niedrig besteuernde Ausland häufig als Missbrauch empfunden, weshalb nach probaten Mitteln gesucht wurde, dem entgegenzuwirken.

3 Missbrauchsbekämpfung durch eine Hinzurechnungsbesteuerung

Sofern also die durch die Abschirmwirkung entstehenden steuerlichen Behandlungen als nicht sachgerecht empfunden werden, bleibt dem Fiskus die Möglichkeit, diese zu verneinen oder anderweitig zu umgehen. Als Mittel zum Zweck hat sich dabei die Hinzurechnungsbesteuerung durchgesetzt, die – auf das wesentliche reduziert – eine Erfassung der Gewinne der ausländischen Kapitalgesellschaft sofort bei deren Entstehung im Rahmen der Steuerpflicht des hinter ihr stehenden Gesellschafters bezweckt. Für die Ausgestaltung der Hinzurechnungsbesteuerung bieten sich verschiedene Konzeptionen an. Der Gesetzgeber kann ei-

Gutachten zur Reform der direkten Steuern, 1967, S. 50; Gutachten der Steuerreformkommission 1971, S. 331-333. Ebenso *Wagner, F. W.*, Steuervermeidungslehre, FA N. F., 1986, S. 37. A. A. *Schneider, D.*, Körperschaftsteuerreform, StuW 1975, S. 110.

[22] Vgl. ausführlicher dazu *Jacobs, O. H.*, Unternehmensbesteuerung, 1999, S. 634 f. m. w. N.

[23] Vgl. *Jacobs, O. H.*, Unternehmensbesteuerung, 1999, S. 432, 838 f.

ne reine Vorverlagerung der Ausschüttung fingieren. Er erfasst die Gewinne der Kapitalgesellschaft beim Anteilseigner sofort und besteuert sie, als wären sie ihm bereits in Form einer Dividende zugeflossen (Ausschüttungsfiktion).[24] Eine spätere Ausschüttung seitens der Kapitalgesellschaft ruft keine steuerlichen Konsequenzen mehr hervor. Ergebnis ist lediglich ein Zins- und Liquiditätseffekt.

Der Fiskus hätte weiterhin die Möglichkeit zu unterstellen, dass die Kapitalgesellschaft im Inland belegen ist (Inlandsstandortfiktion). In diesem Fall würde beim Entstehen der Gewinne eine Steuer beim Gesellschafter erhoben, die der Höhe nach der entspricht, die bei der Besteuerung einer inländischen Kapitalgesellschaft anfällt und eine nachfolgende Ausschüttung würde als reguläre Ausschüttung besteuert werden. Dieser Ansatz unterstellt, dass die Gewinne im Ausland nicht besteuert wurden und der Fiskus – einer sogenannten „Belastungsidee" folgend – im Sinne einer „Standortneutralität" die „ungerechtfertigterweise fehlende Steuerbelastung" ersetzt („Ersetzungsprinzip").[25] Vergleichbar wäre dies mit der in Deutschland diskutierten Zurechnungstheorie,[26] nach der die Einkünfte (und nicht die einkunftserzeugenden Vorgänge) der ausländischen Gesellschaft den beteiligten Inländern zugerechnet werden. Folge dieser Art der Besteuerung ist die Herstellung der Steuerbelastung, wie sie resultieren würde, wenn es sich um rein nationale Sachverhalte handeln würde.

Die nachfolgende Darstellung der US-amerikanischen und der deutschen Hinzurechnungsbesteuerung soll eine Skizzierung beider Besteuerungsformen im obigen Sinne ermöglichen. Weiterhin ist neben die grundlegende Beschreibung der nationalen Vorschriften eine Einordnung in die entsprechenden Doppelbesteuerungsabkommen zu stellen, da es sich bei den von der Hinzurechnungsbesteuerung erfassten Sachverhalten um solche mit internationalem Bezug handelt, für die ein Doppelbesteuerungsabkommen eine Einschränkung vorsehen könnte. Zudem bilden die nachstehenden Ausführungen die Grundlage für die angestrebten Steuerwirkungsanalysen.

4 Die Hinzurechnungsbesteuerung nach *subpart F* im Kontext des US-amerikanischen Steuersystems

Die USA nahmen bei dem Versuch oben beschriebener Missbrauchsbekämpfung eine Vorreiterrolle ein. Bereits 1934 wurde auf bestimmte thesaurierte Gewinne personenbezogener Holdinggesellschaften eine Zusatzsteuer erhoben.[27] Die (heute noch existierenden) Vor-

---

[24] Der verwendete Begriff der Ausschüttungsfiktion ist vorbelastet. Zu Recht weist *Wassermeyer* darauf hin, dass ausschüttungsfähig nur der nach ausländischem Handelsrecht ermittelte Gewinn ist, die Erfassung des Hinzurechnungsbetrages jedoch nach dem Recht des Ansässigkeitsstaates des Investors erfolgt. Vgl. *Wassermeyer, F.*, in: Flick, H.; Wassermeyer, F.; Baumhoff, H., Außensteuerrecht, § 10 AStG Anm. 45b. Die Terminologie soll trotzdem beibehalten werden, um die unterschiedlichen Konzepte gegeneinander abgrenzen zu können.

[25] Vgl. *Morgenthaler, G.*, Steueroasen, IStR 2000, S. 294.

[26] Sie stellt auf die erste Ebene der (technischen) Hinzurechnung ab – die Ermittlung der schädlichen Einkünfte nach dem Recht des Ansässigkeitsstaates des Gesellschafters. Vgl. dazu instruktiv *Wassermeyer, F.*, in: Jakobs, H. H., Festschrift für Flume, Bd. II, 1978, S. 326-328.

[27] Vgl. *Popkin, W. D.*, Incorporated Pocketbooks, Rutgers L. Rev. 1966, S. 268.

schriften begreifen die personenbezogene Holdinggesellschaft als Steuersubjekt, unabhängig von ihrer Ansässigkeit[28]. Die schwierige Erhebung der Steuer bei im Ausland ansässigen Gesellschaften – das Problem bestand sowohl in der Feststellung der steuerpflichtigen Holdings als auch in der Eintreibung der Steuer – ließ ein erneutes Tätigwerden des Gesetzgebers notwendig erscheinen.[29] So wurden 1936 die Normen zu den ausländischen personenbezogenen Holdinggesellschaften erlassen.[30] Das Revolutionäre an dieser Regelung bestand in der Aufhebung der Trennung der Steuersubjekte: Es wurde nicht die ausländische personenbezogene Holding mit einer Steuer belegt, sondern ihr US-amerikanischer Anteilseigner musste seinen Gewinnanteil als zu versteuerndes Einkommen deklarieren, obgleich die Gesellschaft die Gewinne erwirtschaftet und thesauriert hat. Die grundsätzlich bestehende Abschirmwirkung der Kapitalgesellschaft wurde somit durchbrochen.

Das Regelungssystem zu den ausländischen personenbezogenen Holdinggesellschaften gilt als Vorläufer der 1962 eingeführten US-amerikanischen Hinzurechnungsbesteuerung, die im allgemeinen nach ihrer Stellung im *IRC* als *subpart F*[31] bezeichnet wird. Tendenzen im Investitionsverhalten von US-amerikanischen Investoren, sich in niedrig besteuerten Gebieten anzusiedeln und somit in den Genuss eines Steueraufschubs oder des vollständigen Entzugs von ansonsten steuerpflichtigen Vermögenszuwächsen aus der Steuerhoheit der USA zu erreichen, riefen Unsicherheit über zukünftige Steueraufkommen in den USA hervor,[32] der mit der Einführung der Hinzurechnungsbesteuerung begegnet werden sollte.[33]

---

[28] Der Begriff der Ansässigkeit im Zusammenhang mit Gesellschaften ist dem US-amerikanischen Steuerrecht unbekannt. Im allgemeinen wird entsprechend § 7701 (a)(5) i. V. m. (4) *IRC* darauf abgestellt, wo die Gesellschaft über ihren Sitz respektive Geschäftsleitung verfügt bzw. ob sie nach dem Recht des US-Bundes- oder dem der Einzelstaaten gegründet wurde.

[29] Die aufgeführten Probleme nutzten die Anteilseigner besagter Holdings, weshalb die vom *Congress* gewünschte steuerliche Wirkung untergraben wurde. Vgl. dazu *Popkin, W. D.*, Incorporated Pocketbooks, Rutgers L. Rev. 1966, S. 270 f.

[30] Die Vorschriften zu den in- (§ 541-547 *IRC*) und ausländischen (§ 551-558 *IRC*) personenbezogenen Holdings sind stark aneinander angelehnt, so dass im Falle von Überschneidungen des Anwendungsbereichs die Subsidiarität der *personal holding company tax* gegenüber der auf ausländische Gesellschaften zugeschnittenen Zusatzsteuer geregelt wurde.

[31] Im Rahmen dieser Arbeit werden, wie allgemein üblich, unter dem Begriff *subpart F* die Regelungen der §§ 951-964 *IRC* zusammengefasst. Die Bezeichnung geht auf die Stellung im *IRC* zurück (*subtitle A, chapter 1, subpchapter N, part III, subpart F*).

[32] Vgl. *Crawford, T. W.; Terzian, L. A.*, Eliminating Deferral, Int'l Tax J. 3(1996), S. 1; *Debatin, H.*, Steuerreform, DB 1961, S. 992.

[33] Wie eine von der US-amerikanischen Finanzverwaltung in Auftrag gegebene Studie zeigt, konnte die Einführung der Hinzurechnungsbesteuerung diese Tendenz nicht umkehren. Investitionen in sogenannten Steueroasen haben sich in den Jahren 1968 bis 1978 fast verfünffacht (von 4,7 auf 23 Mrd. US $), während Investitionen in anderen Gebieten nur knapp um das Zweieinhalbfache gestiegen sind (von 57 auf 145 Mrd. US $). Somit erhöhte sich der prozentuale Anteil an Investitionen in Steueroasen von 7,6 % auf 13,7 %. Vgl. ausführlich dazu *Gordon, R. A.*, Tax Havens, 1981, S. 32-38. *Gordon* weist in seinem Bericht darauf hin, dass die aufgeführten Zahlen große Lücken bei der Feststellung von Investitionen durch Nichtkapitalgesellschaften aufweisen und die tatsächlichen Investitionssummen in Steueroasen vermutlich weit darüber liegen.

4.1 Grundzüge der US-amerikanischen Hinzurechnungsbesteuerung

Die US-amerikanische Hinzurechnungsbesteuerung erfasst Teile der Gewinne (schädliche Einkünfte) einer im Ausland ansässigen beherrschten Gesellschaft beim inländischen Anteilseigner, obwohl die Gesellschaft ihre Gewinne thesauriert. Eine beherrschte Auslandsgesellschaft (*controlled foreign corporation*)[34] in diesem Sinne wird in § 957 (a) *IRC* als ein Unternehmen definiert, an der US-Gesellschafter (*United States shareholder*) mehr als 50 % der Stimmrechte oder mehr als 50 % des Aktienwertes halten.[35] Besteht diese Beherrschung an mindestens einem Tag im Steuerjahr, gilt die Gesellschaft als beherrschte Auslandsgesellschaft i. S. d. *subpart F*. Aus dem Wortlaut der Regelung ergibt sich, dass es sich bei der beherrschten Gesellschaft um eine Kapitalgesellschaft[36] handeln muss. Somit erschien es möglich, eine Besteuerung unter *subpart F* vermeiden zu können, wenn die ausländische beherrschte Gesellschaft, die die schädlichen Einkünfte erzielt, eine Personengesellschaft ist.[37] Die sich hierdurch eröffnende Gestaltungsmöglichkeit wurde vom *Internal Revenue Service (IRS)* – der US-amerikanischen Finanzverwaltung – antizipiert und es folgte eine *proposed regulation*[38] (*Prop. Treas. Reg.* § 1.952-1(b)(1)).[39] Danach ist die Zwischenschaltung einer Personengesellschaft oder einer nahestehenden Person (*related person*)[40] unbeachtlich und die steu-

---

[34] Der Begriff der *foreign corporation* bezeichnet in diesem Zusammenhang eine Kapitalgesellschaft, die im Ausland gegründet oder nach dem Recht eines ausländischen Staates errichtet wurde. Dabei wird der Begriff des Auslandes im geografischen Sinn verstanden und negativ gegen das Inland (die Bundesstaaten und den *District of Columbia*) abgegrenzt. Vgl. hierzu *Boles, E.*, Gesellschaften, 1993, S. 134.

[35] Die Finanzverwaltung und auch die Gerichte weichen unter bestimmten Voraussetzungen von dem exakten Wortlaut des Gesetzes ab und bejahen bereits die Kontrolle durch den Anteilseigner, wenn dieser auf Grund tatsächlicher Umstände in der Lage ist, in der Gesellschaft seinen Willen durchzusetzen, also eine faktische Beherrschung vorliegt. Vgl. *Arnold, B. J.*, Taxation, 1987, S. 16.

[36] Zur Definition der Kapitalgesellschaft nach § 7701 (a)(3) *IRC* vgl. *Boles, E.*, Gesellschaften, 1993, S. 15.

[37] Die Besteuerung von Personengesellschaften ist nach US-amerikanischem Steuerrecht nicht abschließend geklärt. Vielmehr wird je nach Sachlage entschieden, ob sie als Zusammenschluss der Gesellschafter oder als Einheit gilt. Vgl. *Glicklich, P. H.; Goldstein, S. B.*, Avoid subpart F, International Tax Report 1994, S. 1 f. Siehe dazu auch die *Brown Group*-Trilogie *Brown Group, Inc. vs. Commissioner*, 102 TC 616 (1994); *Brown Group, Inc. vs. Commissioner*, 104 TC 105 (1995); *Brown Group, Inc. vs. Commissioner*, 77 F.3d 217 (8th Cir. 1996). Vgl. ferner *Krauthamer, N.*, Brown Group, Journal of Taxation of Investments 2(1995), S. 155-160; *Burke, C. J.*, subpart F, The Journal of Taxation 7(1994), S. 4-10; *McCarthy, C. M.*, Brown Group, BIFD 1996, S. 448-458.

[38] Neben dem Gesetzestext existieren in den USA zahlreiche Materialien, die zur Interpretation desselben herangezogen werden (können). Gesetzescharakter (also vergleichbar mit den deutschen Durchführungsverordnungen) haben lediglich die Richtlinien des Finanzministers (*legislative or substantive regulations*). Neue Richtlinien oder Änderungen von bestehenden Richtlinien des Finanzministeriums werden als *proposed regulation* bezeichnet. Die vom *IRS* herausgegebenen Richtlinien (*procedual regulations*) sind lediglich für die Finanzverwaltung bindend, haben also keine Gesetzeskraft. Vgl. hierzu *Thiele, C.*, Einführung, 1997, S. 28.

[39] Die Nummerierung der Richtlinien in den USA erfolgt fortlaufend, wobei die erste Zahl einen Hinweis zur Steuerart gibt und die zweite die Regelung bezeichnet, zu welcher die Richtlinie erlassen wurde – im Beispiel betrifft die Richtlinie den Einkommensteuerbereich (1) und hier speziell § 952 *IRC*. Vgl. *Zschiegner, H.*, in: Kramer, J.-D., Grundzüge, 1990, S. 63 f.

[40] Nach § 954 (d)(3) *IRC* kann eine nahestehende Person eine Kapitalgesellschaft, eine Personengesellschaft, eine natürliche Person, ein Nachlass- oder Treuhandvermögen sein. Das Nahestehen ergibt sich aus den Beteiligungsverhältnissen: Die beherrschte Auslandsgesellschaft kontrolliert die Person oder vice versa bzw. beide werden von einer dritten Person beherrscht. Die Beherrschung resultiert hierbei aus der Mehrheit der Stimmrechte oder der Aktienanteile.

erlichen Konsequenzen sind identisch mit denen, die entstehen würden, wenn keine Zwischenschaltung erfolgt wäre, also der US-amerikanische Gesellschafter direkt an der beherrschten Auslandsgesellschaft beteiligt wäre. Das bedeutet, dass die steuerliche Erfassung der Einkünfte unmittelbar bei dem US-amerikanischen Anteilseigner erfolgt.

Als US-Gesellschafter werden gemäß § 951 (b) *IRC* nur Anteilseigner angesehen, die mindestens 10 % der Stimmrechte auf sich vereinen. Hierbei werden sowohl die direkten, die indirekten als auch die zurechenbaren Beteiligungen (*constructive ownership*)[41] erfasst. Dabei muss der Gesellschafter eine *United States person* gemäß § 7701 (a)(30) *IRC* sein, also ein US-Staatsbürger oder eine natürliche Person, die in den USA ansässig ist, eine inländische Personen- bzw. Kapitalgesellschaft, ein inländisches Nachlass- (*estate*) oder Treuhandvermögen (*trust*).

Die Subsumierung unter den Tatbestand der *controlled foreign corporation* allein ist noch nicht hinreichend für eine Besteuerung nach *subpart F*. Die Voraussetzungen, unter denen eine Gesellschaft als beherrschte Auslandsgesellschaft gilt, müssen für einen Mindestzeitraum von 30 Tagen innerhalb des Steuerjahres gegeben sein. Ist dieses Tatbestandsmerkmal erfüllt, treten die Rechtsfolgen der US-amerikanischen Hinzurechnungsbesteuerung nach § 957 (a) *IRC* für alle US-Gesellschafter ein, die am letzten Tag des Veranlagungszeitraumes an der Gesellschaft beteiligt sind.

Der Hinzurechnungsbesteuerung unterliegen nicht alle Einkünfte der Gesellschaft. Vielmehr wird die Abschirmwirkung im wesentlichen nur für zwei Komponenten des Gewinns aufgehoben: für schädliche Einkünfte (*subpart F income*) und für Einkünfte, die in US-amerikanische Vermögenswerte (*U.S. property*) investiert wurden, soweit die Gesellschaft diese Einkünfte im entsprechenden Steuerjahr während der Beherrschung erzielt hat und sie thesauriert wurden.[42] Die *subpart F*-Einkünfte setzen sich gemäß § 952 (a) *IRC* aus verschiedenen Kategorien zusammen. Die Regelungen erfassen Einkünfte i. S. v. § 953 *IRC*, die aus der Versicherung von sogenannten US-Risiken stammen (*insurance income*), bestimmte Einkünfte einer Basisgesellschaft (*base company*)[43] entsprechend § 954 *IRC* (*foreign base company income*), bestimmte Einkünfte – i. S. d. § 999 *IRC* – aus Ländern, die in einen Boykott einbezo-

---

[41] Als zurechenbare Beteiligung werden Beteiligungen bezeichnet, die von nahestehenden Personen gehalten werden. Hierbei handelt es sich um Beteiligungen, die sich über mehrere Generationen von Gesellschaften erstrecken. So können z. B. Mutter- und Tochtergesellschaft geringe Beteiligungen an einer ausländischen Enkelgesellschaft halten. Diese werden dann zusammengerechnet, um festzustellen, ob die Muttergesellschaft diesbezüglich ein US-amerikanischer Gesellschafter ist und somit die ausländische Gesellschaft möglicherweise als beherrschte Auslandsgesellschaft zu behandeln ist. Die Tochtergesellschaft könnte ebenso durch die Zusammenfassung der Anteile die Voraussetzungen erfüllen, jedoch werden die Beteiligungen nicht doppelt erfasst, weshalb jeweils bei nur einer der beiden Gesellschaften die Zurechnung erfolgt. Vgl. mit Beispiel *Abrams, H. E.; Doernberg, R. L.*, Essentials, 1999, Kapitel 4, S. 176.

[42] Der ursprünglicher Gesetzentwurf sah vor, alle Einkünfte einer beherrschten Auslandsgesellschaft beim Anteilseigner zu erfassen, sofern diese nicht in einem Entwicklungsland ansässig ist. Dieser Ansatz wurde jedoch zugunsten der Wettbewerbsfähigkeit der US-amerikanischen Unternehmen fallen gelassen. Vgl. *Crawford, T. W.; Tergian, L. A.*, Eliminating Deferral, Int'l Tax J. 3(1996), S. 1 f.

[43] Der Begriff *base company* wurde durch *Gibbons* geprägt. Vgl. *Gibbons, W. J.*, Tax Effects, Harv. L. Rev. 1956, S. 1207.

gen sind (*international boycott factor*) und bestimmte illegale Zahlungen nach § 162 (c) *IRC* (*illegal bribes and kickbacks*). Die bedeutendste Gruppe – die Einkünfte der Basisgesellschaften – besteht aus fünf weiteren Untergruppen, die sich aus § 954 *IRC* ergeben. Somit können die *subpart* F-Einkünfte wie folgt strukturiert werden:[44]

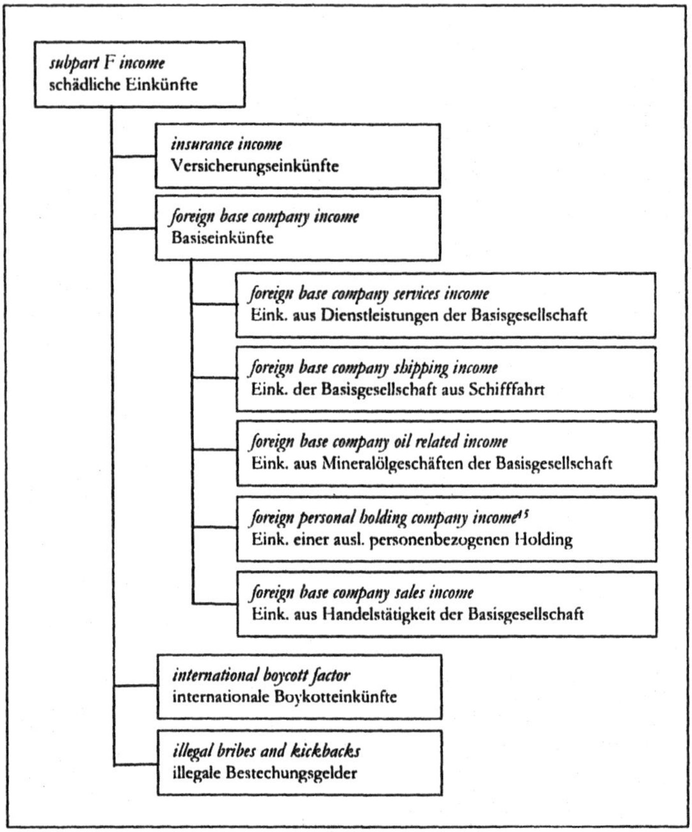

Abb. 1: System[46] der *subpart* F-Einkünfte

[44] Ähnlich auch die Einteilung bei *Smith, B. A.*, Components, http://www.intltaxlaw.com/outbound/cfc/subpartf.htm.

[45] Zu beachten ist, dass die Definition der ausländischen personenbezogenen Holdingeinkünfte nach *subpart* F sich von der des § 553 *IRC* unterscheidet. Die letztgenannte Vorschrift definiert die Einkünfte, die einem Anteilseigner einer ausländischen personenbezogenen Holding zugerechnet werden.

[46] Die letzten beiden Kategorien stehen etwas außerhalb des Systems. Sie wurden erst 1976 den *subpart* F-Einkünften hinzugefügt und stellen nicht explizit auf Einkünfte ab, die typisch für Steueroasen sind. Vgl. *Gordon, R. A.*, Tax Havens, 1981, S. 57.

Die *subpart F*-Einkünfte unterliegen diversen Modifikationen in Bezug auf die Ermittlung der tatsächlich der Hinzurechnungsbesteuerung unterliegenden Einkünfte. So werden bspw. Gewinne, die die beherrschte Auslandsgesellschaft aus US-amerikanischen Quellen im Rahmen eines Gewerbebetriebes bezieht und deren Besteuerung nicht auf Grund eines Doppelbesteuerungsabkommens eingeschränkt ist, gemäß § 952 (b) *IRC* ausgenommen.

In der bisher dargestellten Form würde nahezu jede beherrschte Auslandsgesellschaft in den Rahmen der US-amerikanischen Hinzurechnungsbesteuerung fallen. Da dies als nicht sachgerecht erschien, wurde mit § 954 (b)(3)(A) *IRC* eine Regelung geschaffen, entsprechend der bei geringen Basis- und Versicherungseinkünften einer beherrschten Auslandsgesellschaft eine Besteuerung nach *subpart F* unterbleibt (*de minimis rule*). Die Geringfügigkeit der erwähnten Einkünfte wird angenommen, wenn sie weniger als 5 % der Bruttoeinkünfte der Gesellschaft betragen oder die Summe von 1 Mio. US $ nicht übersteigen.[47]

Übersteigen die für die *de minimis rule* maßgeblichen Einkünfte einen der kritischen Werte, erfolgt trotzdem keine Hinzurechnungsbesteuerung, sofern angenommen werden kann, dass die ausländische Gesellschaft nicht ausschließlich aus steuerlichen Motiven heraus handelt.[48] Um hier über einen objektiven Standard zu verfügen, beschränkt sich das US-amerikanische Steuerrecht darauf, die Motive aus dem effektiven Steuersatz, der auf die im Ausland erwirtschafteten Gewinne erhoben wird, abzuleiten.[49] Ist dieser höher als 90 % des maximalen US-amerikanischen Körperschaftsteuersatzes, der zur Zeit laut § 11 *IRC* 35 % beträgt, so wird die Investition in dem entsprechenden Land gemäß § 954 (b)(4) *IRC* als nicht steuerlich motiviert angesehen. Das bedeutet, dass der ausländische Effektivsteuersatz nicht weniger als 31,5 % betragen darf.[50]

Der US-Gesellschafter, für den die Hinzurechnungsbesteuerung letztlich einsetzt, muss den Hinzurechnungsbetrag im Rahmen seiner Steuererklärung seinem Bruttoeinkommen hinzufügen. Der Hinzurechnungsbetrag ergibt sich gemäß § 952 (c) *IRC* auf der Grundlage der laufenden Erträge und Gewinne (*current earnings & profits*) der beherrschten Auslandsgesell-

---

[47] Auf der anderen Seite werden jedoch nach § 954 (b)(3)(B) *IRC* alle Einkünfte einer beherrschten Auslandsgesellschaft im Rahmen des *subpart F* besteuert, wenn die passiven Einkünfte mehr als 70 % der Bruttoeinkünfte der Gesellschaft ausmachen.

[48] Vgl. zu den möglichen Funktionen einer Basisgesellschaft z. B. *Haas, G.*, Basisgesellschaften, RIW/AWD 1976, S. 421; *Henkel, U. W.*, in: Mössner, J. M. et al., Steuerrecht, 1998, S. 730.

[49] Zunächst enthielt das Gesetz eine Klausel, dass im Rahmen der Hinzurechnungsbesteuerung nur ausländische Tochtergesellschaften erfasst werden, die „zu Steuerumgehungszwecken in wesentlichem Umfang" genutzt werden. Vgl. *Niehus, R. J.*, Steuerreformgesetz, RIW/AWD 1963, S. 12. Dies hat sich offenbar als nicht praktikabel erwiesen und wurde mit dem *Tax Reform Act 1986* in der oben beschriebenen Weise geändert.

[50] Dieser effektive (durchschnittliche) Steuersatz ergibt sich gemäß *Treas. Reg.* § 1.954-1(d)(2) als Quotient aus dem ausländischen Steuerbetrag auf die schädlichen Einkünfte, bezogen auf die nach US-Recht ermittelten schädlichen Einkünfte, jeweils in US-Dollar. In die Berechnung der ausländischen effektiven Steuerbelastung gehen nur ausländische Steuern ein, die im Rahmen des US-amerikanischen Anrechnungsverfahren geeignet sind, die US-amerikanische Steuerzahllast zu mindern. Vgl. zum Anrechnungsverfahren Abschnitt B4.2.4, Der Methodenartikel, S. 16.

schaft, die einen Teil des ausschüttungsfähigen Gewinns[51] darstellen. Er wird nach US-Steuerrecht ermittelt. Dabei sind für die Berechnung des Hinzurechnungsbetrages die gleichen Grundsätze anzuwenden wie Dividenden.[52] Im Gegensatz zur Bestimmung der Beteiligungsverhältnisse ist für die Berechnung des Anteils an den schädlichen Einkünften lediglich auf die direkte und indirekte Beteiligung des Gesellschafters abzustellen. Die zurechenbare Beteiligung bleibt hierbei unberücksichtigt. Der Hinzurechnungsbetrag unterliegt dann dem individuellen Einkommen-/Körperschaftsteuersatz des Gesellschafters. Eine spätere Ausschüttung von Gewinnen, die der Hinzurechnungsbesteuerung unterlegen haben, ist steuerlich unbeachtlich.

Aus der obigen Darstellung wird deutlich, dass die Regelung nicht die rechtliche Selbständigkeit der ausländischen Gesellschaft negiert (Durchgriff), sondern eine Ausschüttung der als schädlich klassifizierten Einkünfte fingiert (Ausschüttungsfiktion). Die steuerlichen Konsequenzen beschränken sich auf eine vorgezogene Besteuerung der Erträge beim Anteilseigner.

4.2 Die Bedeutung des US-MA bei Anwendung des *subpart F*

Soll die US-amerikanische Hinzurechnungsbesteuerung in ihren Besteuerungswirkungen einer umfassenden Analyse unterzogen werden, ist der Einfluss eines möglicherweise bestehenden Doppelbesteuerungsabkommens zu prüfen.[53] Dabei ist zunächst auf die Abkommensberechtigung des US-Gesellschafters sowie den sachlichen und räumlichen Geltungsbereich des Abkommens einzugehen. Besteht der Anspruch auf den Schutz der Bestimmungen des Doppelbesteuerungsabkommens, sind im nächsten Schritt die der Hinzurechnungsbesteuerung unterliegenden Einkünfte unter eine der Verteilungsnormen[54] zu subsumieren. Ist dies nicht möglich, erfährt der Gesellschafter keine Erleichterung der Steuerbelastung auf Grund der bilateralen Vereinbarungen. Abschließend ist auf mögliche Sonderbestimmungen des US-MA sowie die durch den Wohnsitzstaat (hier den USA) anzuwendende Methode der Vermeidung der Doppelbesteuerung – somit also Anrechnungsmethode – und deren spezifische Ausgestaltung einzugehen.

---

51 Der ausschüttungsfähige Gewinn (*earnings & profits*) entspricht weder dem steuerpflichtigen Gewinn noch dem handelsrechtlichen Jahresüberschuss (*earned surplus*), kommt aber dem letztgenannten nahe. Vgl. *Wolff, U.*, in: Debatin, H.; Wassermeyer, F., Doppelbesteuerung, Art. 10 Rz. 106 DBA-USA.

52 Dies ergibt sich aus § 951 (a)(2) i. V. m. § 952 (c) *IRC*.

53 Die nachfolgenden Ausführungen orientieren sich am US-MA, welches von der US-amerikanischen Finanzverwaltung veröffentlicht wurde und die Basis der Vertragsverhandlung beim Abschluss oder der Revision eines Doppelbesteuerungsabkommens bildet.
Vgl. http://www.treas.gov/taxpolicy/t0txmod1.html. Zur Erläuterung einzelner Bestimmungen wird z. T. auf die Kommentierungen des OECD-MA zurückgegriffen. Eine solche Vorgehensweise ist möglich, da sich im Zeitablauf das US-MA dem OECD-MA angenähert hat. Vgl. hierzu *Shannon, H. A.*, US-Musterabkommen, RIW 1986, S. 271 f.

54 *Debatin* hält diese Bezeichnung für irreführend und bezeichnet die Regelungen als Schranken- bzw. Verzichtsnormen. Vgl. *Debatin, H.*, Doppelbesteuerungsabkommen, DB 1985 Beilage 23, S. 2 f.; *ders.*, Betriebsstättenprinzip (Teil 1), DB 1989, S. 1692.

4.2.1 Der Geltungsbereich

Die nachfolgenden Überlegungen beziehen sich auf die Abkommensberechtigung des Anteilseigners der beherrschten Auslandsgesellschaft, da er in diesem Fall Steuersubjekt ist.[55] Der persönliche Geltungsbereich – also die Nennung des Personenkreises, auf den das Abkommen anwendbar ist – findet sich in Art. 1 US-MA.[56] Er stellt auf Personen ab, die in mindestens einem der Vertragsstaaten ansässig sind, wobei die verwendeten Begriffe der Person und der Ansässigkeit in Art. 3 und 4 US-MA erläutert werden. Das US-amerikanische Musterabkommen geht in der Definition der Person über das hinaus, was das OECD-MA[57] in Art. 3 vorschlägt. Es erfasst neben natürlichen Personen, Gesellschaften und Personenvereinigungen auch Personengesellschaften[58], Nachlass- und Treuhandvermögen.

Die Anknüpfung der Abkommensberechtigung orientiert sich i. d. R. an den gleichen Merkmalen wie die unbeschränkte Steuerpflicht in dem Staat, der sich die Besteuerung des Welteinkommens der Person vorbehält.[59] In diesem Sinne knüpft Art. 4 US-MA an den Wohnsitz, den gewöhnlichen Aufenthalt, die Staatsangehörigkeit, den Ort der Geschäftsleitung, den Ort der Errichtung[60] oder ein ähnliches Merkmal an.[61] Die Abweichungen von den Empfehlungen der OECD gehen abermals auf nationales US-amerikanisches Recht zurück, die mit dem Einbeziehen der Staatsangehörigkeit und dem Ort der Errichtung alle Kriterien in das bilaterale Recht übernehmen wollen, an denen die unbeschränkte Steuerpflicht anknüpft.[62]

Die expliziten Bestimmungen zur Ansässigkeit von Personengesellschaften, Nachlass- und Treuhandvermögen stellen nach Art. 4 Abs. 1 Buchst. b US-MA darauf ab, wo die Einkünfte einer unbeschränkten Steuerpflicht unterliegen. Für US-amerikanische Personengesellschaf-

---

[55] In der deutschsprachigen Literatur existieren Ansätze, die fordern, ebenfalls die Abkommensberechtigung der Gesellschaft zu prüfen. Vgl. bspw. *Mersch, E.*, Hinzurechnungsbesteuerung, 1986, S. 132.

[56] Das US-MA ergänzt die Definition des persönlichen Geltungsbereichs um eine als *saving-clause* bekannte Regelung. Dieser Besonderheit der US-amerikanischen Abkommenspraxis bleibt ein gesonderter Abschnitt vorbehalten: B4.2.3 Der Einfluss der *saving clause*, S. 15.

[57] Den Ausführungen liegt das OECD-MA in der Fassung von 2001 zugrunde.
Vgl. http://www.bundesfinanzministerium.de/fachveroeff/AbtIV/oecd-ma.pdf.

[58] Zu der bisher nicht eindeutigen Formulierung des OECD-MA (i. d. F. von 1997) vgl. *Vogel, K.*, Doppelbesteuerungsabkommen, 1996, Art. 3 Rz. 17 f. Zur Erweiterung des OECD-Musterkommentars bezüglich der Abkommensberechtigung von Personengesellschaften nach der Revision im Jahr 2000 vgl. *Krabbe, H.*, OECD-Musterabkommen, IStR 2000, S. 197 f.

[59] Vgl. *Debatin, H.*, in: Debatin, H.; Wassermeyer, F., Doppelbesteuerung, Systematik III, Rz. 22.

[60] Der Ort der Errichtung ist in den USA das Anknüpfungsmerkmal für die Ansässigkeit einer Gesellschaft. Nach nationalem Recht begründet das Tatbestandsmerkmal „Ort der Geschäftsleitung" keine unbeschränkte Steuerpflicht in den USA. Diese Regelung des US-MA ist wohl auf den Einfluss des OECD-MA zurückzuführen. Vgl. ausführlicher dazu *Shannon, H. A.*, Doppelbesteuerungsabkommen, 1987, S. 114-117.

[61] Vgl. weiterführend diesbezüglich *Schaumburg, H.*, Steuerrecht, 1998, S. 845-856.

[62] Vgl. *Lehner, M.*, in: Vogel, K., Doppelbesteuerungsabkommen, 1996, Art. 4 Rz. 33. Die Nennung der beiden Kriterien war notwendig, da nach allgemeinem Verständnis als ähnliches Merkmal nur ein ortsbezogenes angesehen werden kann. Vgl. dazu *Firlinger, R.*, in: Gassner, W.; Lang, M.; Lechner, E., Methoden, 1995, S. 316 f.

ten kommt es somit darauf an, wo der Gesellschafter ansässig ist.[63] Nachlass- und Treuhandvermögen als eigenständige Steuersubjekte sind abkommensberechtigt, wenn sie als inländische Gebilde nach § 643 (a)(6) i. V. m. § 7701 (a)(31) *IRC* betrachtet werden. Ein Vergleich mit den Vorschriften zur Bestimmung eines US-Gesellschafters i. S. d. *subpart F* zeigt, dass alle Personen, die theoretisch US-Gesellschafter sein können, nach dem US-MA abkommensberechtigt sind.

Der sachliche Geltungsbereich wird durch Art. 2 US-MA begrenzt. Die Doppelbesteuerungsabkommen gelten im allgemeinen – so nach OECD-MA – für die Steuern vom Einkommen und Vermögen. Das US-MA verzichtet auf diese Formulierung.[64] Die Abgrenzung des Umfangs der Steuern, die durch das Doppelbesteuerungsabkommen erfasst werden, wird in Abs. 1 durch eine abschließende Aufzählung vorgenommen.[65] Somit ist das jeweilige Abkommen nur für die explizit erwähnten Steuern anwendbar. Das US-MA gilt nach Art. 2 Abs. 1 Buchst. a unter anderem für alle Bundeseinkommensteuern.[66] Somit ist die Einkommen-/Körperschaftsteuer des Gesellschafters, die in den USA auf im Ausland thesaurierte Gewinne einer beherrschten Auslandsgesellschaft erhoben werden, von dem sachlichen Geltungsbereich des US-MA gedeckt.

Der räumliche Geltungsbereich des US-MA wird durch die Definition der *United States* in Art. 3 Abs. 1 Buchst. f eindeutig festgelegt.[67] Er umfasst die Einzelstaaten, den *District of Columbia* und den Festlandssockel der USA.[68] Diese Übereinstimmung des nationalen Rechts mit dem Musterabkommen führt dazu, dass besagter US-Gesellschafter als Steuersubjekt des

63 Das US-MA scheint hierbei im Gegensatz zum nationalen Recht nicht zu unterscheiden, ob die Personengesellschaft als Zusammenschluss der Gesellschafter oder als Einheit angesehen wird (dazu FN 37). Vielmehr wird lediglich auf die Behandlung nach dem Mitunternehmerkonzept abgestellt. Vgl. *U.S. Treasury Department,* Technical Explanation, 1996, S. 22 f.

64 Die universale Umschreibung würde für alle Steuern vom Einkommen gelten, die in den USA erhoben werden. Da der Bund jedoch nicht ermächtigt ist, Verträge für die Bundesstaaten abzuschließen, hätten sämtliche Einkommensteuern der Einzelstaaten explizit ausgenommen werden müssen. Vgl. *Shannon, H. A.,* US-Musterabkommen, RIW 1986, S. 276.

65 Später eingeführte Steuern können über Art. 2 Abs. 2 US-MA berücksichtigt werden, soweit sie identisch oder den aufgeführten Steuern ähnlich sind.

66 Auffällig ist der Verzicht auf eine allgemeine Definition der erfassten Steuern. Die in früheren US-MA – bspw. im US-MA 1981 – ausgegrenzten *accumulated earnings tax (AET)* und die *personal holding company tax* fallen unter den Geltungsbereich des aktuellen Musterabkommens. Diese beiden Steuern werden von der US-amerikanischen Steuerverwaltung als strafähnliche Sanktionen angesehen, bei denen der Strafcharakter den Lenkungscharakter einer Einkommensteuer überkompensiert. Vgl. *U.S. House of Representatives,* Hearing, 96th Cong., 2nd Sess., 1980, S. 71. Die Finanzverwaltung begründet die Änderung in der Abkommenspolitik damit, dass der Anwendungsbereich relativ gering ist, und selbst wenn sie anfallen sollten, ist die daraus resultierende Steuerbelastung als geringfügig anzusehen. Vgl. *U.S. Treasury Department,* Technical Explanation, 1996, S. 11.

67 Der früher (und somit häufig auch für bereits abgeschlossene Doppelbesteuerungsabkommen) notwendige Rückgriff auf § 638 *IRC* entfällt. Zu den Problemen der Definition im nationalen US-Steuerrecht vgl. *Shannon, H. A.,* Doppelbesteuerungsabkommen, 1987, S. 103-105.

68 In speziellen Fällen ist eine Erweiterung dieser Definition beabsichtigt, die jedoch für die Anwendung des *subpart F* unerheblich ist. Vgl. zu den Erweiterungen *U.S. Treasury Department,* Technical Explanation, 1996, S. 16.

einen Vertragsstaates, nämlich der USA, den Abkommensschutz für die nach *subpart F* erhobene Steuer beanspruchen kann.

4.2.2 Die Verteilungsnorm

Eine mögliche Subsumtion des Hinzurechnungsbetrages unter eine der Verteilungsnormen des US-MA hat sich zunächst nach den Regelungen des Abkommens zu richten. In Zweifelsfragen ist auf den Sinnzusammenhang abzustellen und erst dann kann das nationale Recht herangezogen werden, es sei denn, das Abkommen verweist ausdrücklich auf das Recht eines der Vertragsstaaten.[69] Naheliegend ist die Behandlung des Hinzurechnungsbetrages als eine vorweggenommene Dividende und somit eine Subsumtion unter den selben Artikel wie den nachfolgenden Zahlungsstrom – nämlich Art. 10 US-MA.

Die in Art. 10 Abs. 5 US-MA zu findende Dividendendefinition beschreibt selbige als Einkünfte aus Aktien und anderen Rechten mit Gewinnbeteiligung. Das US-MA enthält keine Definition, welche Vermögensmehrungen nach dem Abkommen als Einkünfte anzusehen sind. Dies bestimmt sich nach dem nationalen Recht des Anwendestaates. Anwendestaat ist im Fall der Besteuerung nach *subpart F* die USA,[70] nach deren Steuerrecht – genauer gesagt nach § 951 *IRC* – der Hinzurechnungsbetrag eine Komponente des Bruttoeinkommens darstellt und somit unter den Einkünftebegriff des Abkommens fällt. Die Hinzurechnungsbesteuerung erfolgt – stark vereinfacht formuliert –, weil die in den USA ansässige Person an der *CFC* beteiligt ist. Als eine Vermögensmehrung, die ihren Ursprung in einer Beteiligung hat, steht einer abkommensrechtlichen Einordnung als Dividende nichts entgegen.[71] Der Zeitpunkt der Besteuerung der Dividenden in den USA als Ansässigkeitsstaat des Gesellschafters ist für die Anwendung des Art. 10 irrelevant.[72]

4.2.3 Der Einfluss der *saving clause*

Trotz der bereits dargestellten Vereinbarkeit der Besteuerung nach *subpart F* mit dem US-MA sei an dieser Stelle auf eine Besonderheit des US-MA hingewiesen – die *saving clause*. Diese Vorbehaltsklausel des Art. 1 Abs. 3 US-MA gestattet es den USA, ihre Gebietsansässigen und ihre Staatsangehörigen so zu besteuern, als wäre das entsprechende Abkommen nie in Kraft getreten.[73] Somit kommt dieser Vorbehaltsklausel praktische Bedeutung zu, wenn eine der Verteilungsnormen die Besteuerungskompetenz ausschließlich dem Quellenstaat zuweist.[74] Die *saving clause* ist in verschiedenen Formen in die Doppelbesteuerungsabkom-

---

[69] Vgl. *Debatin, H.*, in: Debatin, H.; Wassermeyer, F., Doppelbesteuerung, Systematik III, Rz. 122.

[70] Ein Widerspruch zu dem letzten Halbsatz der Dividendendefinition, der ausdrücklich auf das Recht des Sitzstaates der ausschüttenden Gesellschaft verweist, ist darin nicht zu sehen. So instruktiv *Tischbirek, W.*, in: Vogel, K., Doppelbesteuerungsabkommen, 1996, Art. 10 Rz. 219.

[71] Zu dieser weiten Definition des Dividendenbegriffs *U.S. Treasury Department*, Technical Explanation, 1996, S. 51.

[72] Vgl. *Wolff, U.*, in: Debatin, H.; Wassermeyer, F., Doppelbesteuerung, Art. 10 Rz. 39 DBA-USA; *Tischbirek, W.*, in: Vogel, K., Doppelbesteuerungsabkommen, 1996, Art. 10 Rz. 24.

[73] Die *saving clause* ist ein wesentlicher Grundsatz der US-amerikanischen Abkommenspraxis. Vgl. dazu *U.S. House of Representatives*, Hearing, 1980, S. 3, 28.

[74] Vgl. *Vogel, K.*, Doppelbesteuerungsabkommen, 1996, Art. 1 Rz. 52.

men der USA eingegangen[75] und gilt nach Auffassung der US-amerikanischen Finanzverwaltung für alle derzeit bestehenden Doppelbesteuerungsabkommen der USA.[76]

In Absatz 4 werden einige der Bestimmungen des Musterabkommens von der *saving clause* ausgenommen, die somit für alle Abkommensberechtigten gelten. Dazu gehören bestimmte Einkünfte im Zusammenhang mit verbundenen Unternehmen (Art. 9), Ruhegehälter, Renten und (Kindes-)Unterhalt (Art. 18), Einkünfte aus öffentlichem Dienst (Art. 19), Einkünfte von Studenten und Praktikanten (Art. 20), der Methodenartikel (Art. 23), die Regelungen zu Diplomaten und Konsularbeamten (Art. 27) sowie die Vorschriften über die Gleichbehandlung (Art. 24) und das Verständigungsverfahren (Art. 25). Aus dieser Aufstellung ist unmittelbar ersichtlich, dass es den USA in jedem Fall möglich ist, die Besteuerung nach *subpart* F durchzuführen, da der Dividendenartikel unter die *saving clause* fällt. Wäre also in einem bestehenden Doppelbesteuerungsabkommen der USA die Besteuerung der Dividenden abweichend vom US-MA geregelt, würde dies die Durchführung der Hinzurechnungsbesteuerung nicht beeinflussen, da die *saving clause* ihre Anwendung ermöglichen würde.[77]

4.2.4 Der Methodenartikel

Das US-MA sieht zur Vermeidung einer nach Anwendung der Verteilungsnormen verbleibenden Doppelbesteuerung ausnahmslos die Anrechnungsmethode vor. Eine Steuerfreistellung ist lediglich auf Grund der Regelungen in den Verteilungsnormen möglich, aber auch hier eher die Ausnahme.[78] Diese Vorgehensweise geht abermals auf US-amerikanische Besteuerungsprinzipien zurück, die eine Einschränkung der Besteuerung ihrer unbeschränkt Steuerpflichtigen grundsätzlich als nicht sachgerecht ansehen.[79] Eine konkrete Ausgestaltung der Anrechnung enthält Art. 23 Abs. 1 US-MA nicht. Er verweist ausdrücklich auf das nationale Recht.[80]

---

[75] So ist sie bspw. im deutsch-amerikanischen Doppelbesteuerungsabkommen von 1989 Bestandteil des Protokolls (Nr. 1 Buchst. a) Abkommensrecht geworden. Vgl. auch die Systematisierung bei *Shannon, H. A.*, saving clause, RIW 1987, S. 372 f.

[76] An dieser Stelle sei auf *Rev. Rul.* 59-56 verwiesen, das für den Methodenartikel auch älterer Doppelbesteuerungsabkommen eine analoge Vorgehensweise bestimmt, selbst wenn keine explizite *saving clause* existiert. Vgl. *Rev. Rul.* 59-56, 1959-1 CB 737.

[77] So im Ergebnis auch *Debatin, H.*, Reform (Teil II), DB 1963, S. 113.

[78] Grund dafür ist die *saving clause*, die zu meist die einschränkende Regelung hinsichtlich der US-amerikanischen Besteuerung wieder aufhebt.

[79] Vgl. *Shannon, H. A.*, Doppelbesteuerungsabkommen, 1987, S. 80 f., 153.

[80] Hier sei angemerkt, dass die US-amerikanische Anrechnungsmethode als äußerst kompliziert anzusehen ist und nachfolgend nur ein Grundriss aufgezeigt werden kann, der sich zudem weitgehend auf die für die Hinzurechnungsbesteuerung notwendigen Aspekte beschränkt. Zu Kritik und Vereinfachungsvorschlägen vgl. beispielhaft *Tillinghast, D. R.*, Tax Simplification, Am. J. Tax Pol'y 1990, S. 212-246; *Lainoff, St.*, Commentary, Am. J. Tax Pol'y 1990, S. 251 f. Die Regelungen für die Anrechnung sind durch den *Tax Act 1986* wesentlich verändert und erweitert. Nachfolgend soll jeweils auf einen Verweis auf den davor gültigen Rechtsstand verzichtet und nur die aktuelle Regelung dargestellt werden. Dies betrifft unter anderem auch die Berechnung des Anrechnungsbetrages bei der indirekten Anrechnung, wenn die *e & p* aus der Zeit vor 1987 stammen.

Die Grundlage der direkten Anrechnung in den USA bildet § 901 *IRC*, der durch die Vorschriften über die indirekte Anrechnung in § 902 *IRC* ergänzt wird. Beide unterliegen den Limitierungen des § 904 *IRC*. Wie auch im deutschen Einkommensteuerrecht bildet die Anrechnungsmethode jedoch nur eine der unilateralen Maßnahmen zur Vermeidung der Doppelbesteuerung. Der Steuerpflichtige kann zwischen dem Abzug der ausländischen Steuer von der Bemessungsgrundlage oder der Anrechnung auf die US-amerikanische Steuerschuld wählen. In der Regel wird die Wahl zugunsten der Anrechnung ausfallen.[81] Dies liegt unter anderem darin begründet, dass das US-amerikanische Steuerrecht die Möglichkeit einräumt, ungenutzte Anrechnungsbeträge (*excess foreign tax credit*) nach § 904 (c) *IRC* zwei Jahre zurück- bzw. fünf Jahre vorzutragen. Auf Grund ihrer Bedeutung – insbesondere für das zu entwickelnde Modell – sei nachfolgend näher auf die Ausgestaltung und Besonderheiten der US-amerikanischen Anrechnungsmethode eingegangen.

Die Berechtigung zur Anrechnung ausländischer Steuern ist unbeschränkt Steuerpflichtigen vorbehalten – mithin US-Staatsangehörigen, Ansässigen und Gesellschaften.[82] Anrechenbar sind gemäß § 901 (j) *IRC* ausländische Einkommensteuern, es sei denn, der steuererhebende Staat wird von den USA nicht als solcher anerkannt, die USA unterhalten keine diplomatischen Beziehungen zu diesem Staat oder der ausländische Staat unterstützt internationalen Terrorismus.

Die Anrechnung kann nach § 27 i. V. m. § 901 *IRC* für gezahlte ausländische Steuern gewährt werden. Somit ist zu entscheiden, ob die Zahlung an den ausländischen Fiskus der nationalen Definition einer Steuer entspricht. Dabei sind folgende Kriterien zu prüfen:

» Handelt es sich bei der Zahlung um eine Steuer, eine freiwillige Zahlung oder um eine Abgabe, die für eine bestimmte Gegenleistung getätigt wurde?

» Ist die Steuer eine eigenständige Abgabe oder ist sie Bestandteil einer anderen (übergeordneten) Steuer?

» Kann die ausländische Steuer nach US-amerikanischem Verständnis als eine Steuer vom Einkommen angesehen werden?

» Falls die ausländische Steuer keine Steuer vom Einkommen ist, kann sie trotzdem anrechenbar sein, wenn sie als Zahlung an Stelle einer Einkommensteuer erachtet wird.[83]

Diese Kriterien sind jedoch nur zu beachten, wenn die Gewährung der Anrechnung allein auf nationalem Recht beruht. Finden hingegen die nationalen Bestimmungen Anwendung als Folge der Verpflichtung, die Doppelbesteuerung auf Grund eines Doppelbesteuerungsab-

---

[81] Vgl. *Doernberg*, R. L., Taxation, 1999, S. 173 f.

[82] Ausnahmen hiervon sind nach § 906 *IRC* gegeben, wenn ein nichtansässiger Ausländer oder eine ausländische Gesellschaft – also ein beschränkt Steuerpflichtiger – in den USA gewerblich tätig ist und sogenannte Drittstaateneinkünfte erzielt.

[83] Ausführlich zu den Einzelheiten dieser Kriterien *Doernberg*, R. L., Taxation, 1999, S. 176-188. Des weiteren existieren umfassende Richtlinien zur Bestimmung der anrechenbaren Steuer. Vgl. dazu *Treas. Reg.* § 1.901-2.

kommens zu vermeiden, ist lediglich auf den sachlichen Anwendungsbereich – mithin die unter das Abkommen fallenden Steuern – abzustellen, um die anrechenbaren Steuern zu bestimmen.[84] Dies wurde explizit in Art. 23 Abs. 1 S. 2 US-MA aufgeführt, um Missverständnissen vorzubeugen.[85] Sind alle Voraussetzungen für die Anwendung der Anrechnungsmethode erfüllt, unterliegt die Anrechnung der ausländischen Steuer diversen Beschränkungen. So wird z. B. gemäß *Treas. Reg.* § 1.901-2(e)(2) der Teil der Auslandssteuer, der mit einer gewissen Wahrscheinlichkeit erstattet, angerechnet, rabattiert oder erlassen wird, von der Anrechnung ausgeschlossen.

Weitreichender sind die Beschränkungen, die sich aus der eigentlichen Ausgestaltung der Anrechnungsmethode ergeben.[86] Diese Begrenzungen resultieren im wesentlichen aus zwei Zielen, die der US-amerikanischen Steueranrechnung zugrunde liegen: Die Anrechnung ausländischer Steuern soll eine Verminderung der US-Steuer auf ausländische Einkünfte im Rahmen der Besteuerung des Welteinkommens bewirken und nicht dazu führen, dass die Steuer auf Einkünfte aus US-amerikanischen Quellen verringert wird. Zweitens soll verhindert werden, dass eine Nivellierung der ausländischen Steuerbelastung dahingehend möglich ist, dass hohe ausländische Steuern mit geringen Auslandssteuern verrechnet werden und somit ein Anrechnungsüberhang vermieden werden kann. Daraus ergeben sich Schwierigkeiten, die hohe Anforderungen an das System der Anrechnung stellen, da die ausländische Steuer für jeden ausländischen Einkunftsposten zu ermitteln ist.[87] Probleme bereiten kann dabei, dass in den einzelnen Ländern die Steuersätze unterschiedlich hoch sind. Zudem variieren die Steuersätze oft für verschiedene Einkünfte innerhalb eines Staates. Zusätzlich wird die Erreichung des gesteckten Zieles durch die Tatsache erschwert, dass der Einkünftebegriff in den einzelnen Ländern abweichend definiert ist.[88] Als Kompromiss zwischen den Zielen und dem, was dem Steuerzahler zumutbar ist, verwendet das US-Steuerrecht im Grundsatz die *overall-method*, jedoch nur innerhalb bestimmter Arten von Einkünften (*baskets*).

---

[84] Dies kann zu einer Erweiterung der nationalen Vorschriften führen, da Steuern, die nach nationalem Recht nicht anrechenbar wären, die US-Steuerschuld mindern.

[85] Nach § 7852 (d) *IRC* sind Doppelbesteuerungsabkommen und das nationale US-amerikanische Steuerrecht gleichrangig; im Zweifel ist nach US-amerikanischem Verständnis das aktuellere Recht (*later-in-time rule*) anzuwenden. In Deutschland wird die Konkurrenz durch § 2 AO grundsätzlich zugunsten der Doppelbesteuerungsabkommen entschieden.

[86] Die Ausgestaltung der Anrechnungsmethode hat sich im Zeitablauf häufig geändert. Einen kurzen geschichtlichen Überblick bietet *Krebühl, H.-H.*, in: Kley, M. D.; Sünner, E.; Willemsen, A., Festschrift für Ritter, 1997, S. 151-153. Ausführlich auch *Isenbergh, J.*, Taxation, 2000, S. 123-133. Die Limitierungen wurden notwendig, um das US-amerikanische Steueraufkommen zu sichern. Auch die häufigen Änderungen dienten diesem Zweck. Vgl. *Duvall Alsobrook, A.*, Foreign Tax Credit, Am. U. J. Int'l L. & Pol'y 5(1997), S. 876 f.

[87] Vgl. *Duvall Alsobrook, A.*, Foreign Tax Credit, Am. U. J. Int'l L. & Pol'y 5(1997), S. 887-889.

[88] Die Berücksichtigung all dieser Kriterien würde zu einer starken Belastung des Steuerzahlers führen, der seine Unterlagen entsprechend führen müsste. Vgl. *Wilensky, A. J.*, Interim Report, 1993, S. 19.

Gemäß § 904 (d) *IRC* existieren derzeit neun *baskets.*[89] Der anrechnungsfähige Betrag ergibt sich als Summe der jeweiligen Quotienten aus den ausländischen Einkünften eines *baskets* und dem Welteinkommen multipliziert mit der US-amerikanischen Einkommensteuer. Die Zuordnung zu den einzelnen *baskets* erweist sich als aufwendig und komplex. Der Steuerpflichtige muss die Einnahmen, die dem entsprechenden *basket* zugeordnet werden, ermitteln und Ausgaben der jeweiligen Einkunftsgruppe bestimmen. Anschließend sind die ausländischen Steuern, die dem *basket* zugeteilt werden können, zu benennen und es ist zu überprüfen, ob *look-through-rules* anzuwenden sind, ob sich ein Anrechnungsüberhang für den jeweiligen *basket* verrechnen lässt und inwieweit besondere Regelungen für Verluste zu berücksichtigen sind.[90] Weiterhin ist zu beachten, dass die Möglichkeit, gemäß § 904 (c) *IRC* Anrechnungsüberhänge in andere Steuerjahre zu übertragen, jeweils auf den entsprechenden *basket* beschränkt ist.

Im Rahmen der Hinzurechnungsbesteuerung von besonderer Bedeutung ist die *look-through-rule* des § 904 (d)(3) *IRC.* Sie ist nur anzuwenden, wenn eine Besteuerung nach *subpart F* erfolgt oder eine *CFC* Gewinne ausschüttet. Die Zuordnung zu den *baskets* ist dann entsprechend der Art der Einkünfte der Gesellschaft, aus denen die Zuwendungen stammen, vorzunehmen.[91] So ist bspw. eine Dividende anteilsmäßig auf die Einkunftsarten aufzuteilen, die die „ausschüttende" Gesellschaft erzielt hat.[92]

Die den einzelnen *baskets* gemäß § 904 (d)(1) *IRC* zuzuordnenden Einkünfte sind:[93]

» passive Einkünfte (*passive income*),

» Zinsen, die einer hohen Quellensteuer unterlagen (*high withholding tax interest*),

» Einkünfte aus Finanzdienstleistungen (*financial services income*),

» Einkünfte aus Schifffahrt (*shipping income*),

» Dividenden einer nicht beherrschten Kapitalgesellschaft i. S. d. § 902 *IRC* (*in case of a corporation, dividends from each non-controlled section 902 corporation*),

» Dividenden einer *domestic international sales corporation* (*dividends from a DISC or former DISC*),

» bestimmte Einkünfte von Exportunternehmen (*taxable income attributable to foreign trade income*),

89 Diese Zahl ist als trügerisch bezeichnet worden, da in der Realität eine große international tätige Gesellschaft in den USA über mehr als 1.000 *baskets* benötigen kann. Vgl. *Kramer, J. L.; Kramer, S. S.*, Foreign Tax Credit, International Tax Journal 1992, S. 85.

90 Vgl. *Wilensky, A. J.*, Interim Report, 1993, S. 19 f.

91 Vgl. *Katz, St.*, in: IFA, Anti-Avoidance Rules, 1995, S. 24. Diese Regelung dient der Gleichstellung der *CFC* mit einer ausländischen Betriebsstätte. Vgl. *Doernberg, R. L.*, Taxation, 1999, S. 216.

92 Dieser Anteil errechnet sich gemäß § 904 (d)(3)(D) *IRC* als prozentualer Betrag der *e & p* einer Einkunftskategorie im Verhältnis zur Summe der *e & p* multipliziert mit dem Ausschüttungsbetrag.

93 Dieser Unterteilung liegt eine zunächst nicht augenscheinliche Systematik zugrunde. Jedoch beinhalten die ersten vier *baskets* Kapitaleinkünfte, die in hohem Maße mobil sind und die im Ausland häufig nicht oder nur geringfügig besteuert werden. Vgl. *Isenbergh, J.*, Taxation, 2000, S. 148 f.

» Dividenden einer *foreign sales corporation* (*distributions from a FSC*) und

» alle verbleibenden Einkünfte (*overall basket*).

Einer der wichtigsten – im Hinblick auf die zu untersuchende Hinzurechnungsbesteuerung vielleicht sogar der wichtigste – *basket* ist der für passive Einkünfte. Zu diesen gehören laut § 904 (d)(2)(A)(i), § 954 (c)(1) *IRC* Dividenden, Zinsen, Miet-/Pachtzinsen, Lizenzgebühren, Renten, Veräußerungsgewinne und Einkünfte aus Handelsgeschäften, mithin alle Einkünfte, die im Rahmen der Hinzurechnungsbesteuerung als *foreign personal holding company income* bezeichnet werden. Ausnahmen bestehen gemäß *Treas. Reg.* § 1.904-4(b)(2) für Miet- bzw. Pachtzinsen oder Lizenzgebühren, die ihren Ursprung in aktiven Geschäftstätigkeiten mit unabhängigen Personen haben, und für Finanzierungszinsen nach § 904 (d)(2)(A)(iii)(II) *IRC*. Können Einkünfte ihrer Art nach sowohl im *passive basket* als auch in einem anderen *basket* aufgenommen werden, so erfolgt die Zuordnung zu dem jeweils anderen *basket*. Zudem werden diesem *basket* nach § 904 (d)(2)(A)(iii)(III) *IRC* keine passiven Einkünfte zugeordnet, die einer hohen Besteuerung unterlagen (*high tax kick-out*). Als eine hohe Steuerbelastung wird entsprechend § 904 (d)(2)(F) *IRC* eine Besteuerung mit einem effektiven ausländischen Steuersatz angesehen, der den maximalen US-Steuersatz übersteigt.[94]

Der zweite *basket* für passive Einkünfte ist gemäß § 904 (d)(1)(B) *IRC* hoch besteuerten Zinsen vorbehalten, wobei als hohe Besteuerung bereits ein Steuersatz von 5 % angenommen wird.[95] Ebenso wie der andere *basket* für passive Einkünfte erfasst dieser nicht (Zins-)Einkünfte aus der Finanzierung bestimmter Exportgeschäfte. Die Separierung dieser Einkünfte soll verhindern, dass im Rahmen der Steueranrechnung mögliche Anrechnungsüberhänge hoch besteuerter Zinsen mit nicht ausgelasteten Anrechnungsmöglichkeiten bei niedrig oder nicht besteuerten Zinsen zu Ungunsten des US-amerikanischen Steueraufkommens ausgeglichen werden.

Dem *basket*, dem alle verbleibenden Einkünfte zugeordnet werden, kommt die größte Bedeutung in Bezug auf ausländische Einkünfte allgemein zu. Er enthält überwiegend Einkünfte aus der Produktion, dem Verkauf und aus Dienstleistungen und umfasst etwa 79 % aller ausländischen Einkünfte.[96]

Die allgemeinen Bestimmungen zur Anrechnungsmethode sehen laut § 902 (a) *IRC* eine indirekte Steueranrechnung für Kapitalgesellschaften vor, soweit die Mindestbeteiligung von

---

[94] Dieser richtet sich nach der Rechtsform des inländischen Steuersubjektes – also für juristische Personen mindestens 35 %; für natürliche Personen 39,6 %. Diese hoch besteuerten Einkünfte sind grundsätzlich dem *overall basket* zuzuordnen. Vgl. *McIntyre, M. J.*, Limitations, http://www.tax.org/ritp.nsf, Foreign Tax Credit.

[95] Der Steuersatz von 5 % wird bei beschränkter Steuerpflicht im Ausland regelmäßig auf die Bruttoeinnahmen erhoben. Die Belastungsquote steigt, wenn, wie bei unbeschränkter Steuerpflicht, die Steuerzahlung auf die Bruttoeinnahmen vermindert um Aufwendungen (*deductions;* §§ 162 bis 196, 211 bis 219, 241 bis 250 *IRC*) bezogen wird.

[96] Vgl. *Wilensky, A. J.*, Interim Report, 1993, S. 20.

10 % der Stimmrechte der ausschüttenden Gesellschaft erreicht wird.[97] Dabei ist die Anrechnung nicht auf Steuern beschränkt, die im Ansässigkeitsstaat der *controlled foreign corporation* erhoben werden.[98] Natürlichen Personen bleibt die indirekte Anrechnung grundsätzlich versagt,[99] selbst wenn ihre Beteiligung die 10 %-Grenze übersteigt und es sich aus US-amerikanischer Sicht nicht mehr um eine reine Portfolioinvestition handelt. Im Fall einer Besteuerung nach *subpart* F führt die direkte Anrechnung zu keiner Steuererleichterung, da im Ausland keine Steuerpflicht des US-Gesellschafters hinsichtlich des Hinzurechnungsbetrages besteht und somit keine dem US-Gesellschafter zuzurechnende Steuer erhoben wird. Dem soll durch eine Entschärfung der Limitierungen des § 904 durch § 960 (b) IRC begegnet werden. Dieser regelt, dass die Quellensteuer bei nachfolgender Ausschüttung anrechenbar ist. Ergänzt wird diese Maßnahme durch eine Option nach § 962 *IRC*, die die indirekte Anrechnung natürlichen Personen ermöglicht. Voraussetzung für die Optionsausübung ist, dass die Einkünfte, für die die indirekte Anrechnung begehrt wird, den für US-amerikanische Kapitalgesellschaften geltenden Vorschriften zu unterwerfen sind.

5 Die deutsche Hinzurechnungsbesteuerung im Rahmen des internationalen Steuerrechts

Die Steuerflucht in Deutschland kann auf eine lange Geschichte verweisen, die sich nach einer kurzen Pause in der Aufbauphase nach dem II. Weltkrieg mit „deutscher Gründlichkeit" entwickelte.[100] Dem stand die deutsche Regierung zunächst machtlos gegenüber, was in der Literatur zu regelrechten Werbemaßnahmen für Steuerverlagerungen führte.[101] In der Tat war das Instrumentarium bis dato weitgehend auf die Anwendung von Generalklauseln – die wirtschaftliche Betrachtungsweise nach § 39 AO, die Behandlung unwirksamer Rechtsgeschäfte gemäß § 41 AO sowie den in § 42 AO kodifizierten Missbrauch von Gestaltungsmöglichkeiten – beschränkt.[102] Dies veranlasste die Bundesregierung, eine Untersuchung in

[97] Die Mindestbeteiligung muss im Zeitpunkt des Erhalts der Dividenden bestehen. Dabei sind gemäß § 902 (b)(1), (2) *IRC* die Steuern von Tochter- und Enkelgesellschaften bis zur sechsten Ebene anrechenbar, sofern die Multiplikation der Beteiligungsquoten für die letzte Gesellschaft mindestens einen Wert von fünf ergibt.

[98] Implizit geht dies bereits aus § 960 (a)(2) *IRC* hervor; eindeutiger insoweit ist der Text der Richtlinien; vgl. *Treas. Reg.* 1.960-1 (c)(2). Dies entspricht der Ausgestaltung der allgemeinen indirekten Anrechnung nach § 902 *IRC*.

[99] Vgl. *Thiele, C.*, Einführung, 1997, S. 57. Dieses Vorgehen steht im Einklang mit der Behandlung von Dividenden in rein nationalem Kontext. Ein natürlicher Anteilseigner kann die von der ausschüttenden Gesellschaft gezahlten Steuern nicht anrechnen (klassisches Körperschaftsteuersystem). Vgl. dazu *Worley, R. A.*, Foreign Tax Credit, Int'l Tax & Business Lawyer 2(1996), S. 183.

[100] Vgl. für einen kurzen Abriss *Jagdfeld, A.*, Steuerflucht, StuW 1972, S. 258-263; wörtliche Übernahme von S. 260.

[101] Vgl. z. B. *Flüge, H.*, Steuerplanung, 1960, der auf S. 42 das Risiko der Nichtanerkennung einer schweizerischen Basisgesellschaft durch den deutschen Fiskus als „nicht sehr groß" einschätzt.

[102] Zu beachten ist jedoch, dass die Missbrauchsklausel lediglich eingreift, wenn die Zwischenschaltung nur „Feigenblattfunktion" hat, was bei den neueren Gestaltungen nicht der Fall war. Vgl. *Wassermeyer, F.*, in: Haarmann, W., Grenzen, 1994, S. 57; *Baumgärtel, M.; Perlet, H.*, in: Maßbaum, M.; Meyer-Scharenberg, D.; Perlet, H., Unternehmensbesteuerung, 1994, S. 176; zum Missbrauchsbegriff in diesem Zusammenhang

Auftrag zu geben, die die Wettbewerbsverfälschungen analysierte, die auf Sitzverlagerungen in das Ausland und auf das zwischenstaatliche Steuergefälle zurückzuführen sind.[103] Der daraufhin entstandene sogenannte Oasenbericht[104] beschreibt zunächst die Möglichkeiten der Verlagerung von Einkommen und Vermögen, was ihm den Beinamen „amtlicher Leitfaden zur Erlangung von Steuervorteilen"[105] einbrachte. Im Bericht wird versucht, das Ausmaß der Steuerflucht am Beispiel der Schweiz zu ermessen.[106] Als erste Maßnahme, die dieser Entwicklung entgegenwirken sollte, wurde 1965 der sogenannte Oasenerlass verabschiedet,[107] der jedoch zunehmend als unzureichend zur Bekämpfung der Steuerflucht angesehen wurde.[108] Handlungsbedarf seitens des Gesetzgebers wurde ebenfalls auf Grund der drohenden Zweifel an der Integrität des Besteuerungssystems festgestellt.[109]

Die Verabschiedung des Außensteuerreformgesetzes 1972[110], dessen Bestandteil auch das Außensteuergesetz (AStG) war, sollte diesen Einkünfteverlagerungen entgegenwirken. Auf der Suche nach einem probaten Mittel fiel der Blick auf die USA.[111] So stand die Regelung des *subpart F* Pate bei der Entwicklung der deutschen Hinzurechnungsbesteuerung, die demzufolge auf dem gleichen Grundkonzept basiert: Der inländische Anteilseigner muss Teile der Gewinne einer im Ausland ansässigen Gesellschaft versteuern, obwohl diese ihre Gewinne thesauriert.

5.1 Die Hinzurechnungsbesteuerung nach §§ 7 bis 14 AStG

Die deutsche Hinzurechnungsbesteuerung ist im vierten Teil des AStG geregelt.[112] Durch § 7 Abs. 1 AStG wird hierbei der Grundtatbestand und im wesentlichen die Rechtsfolge festgelegt. Die sich anschließenden Regelungen dienen der Konkretisierung. Ausgangspunkt bildet eine ausländische Gesellschaft, an der in Deutschland unbeschränkt steuerpflichtige

---

vgl. BFH vom 29.01.1975, BStBl. II 1975, S. 553; BFH vom 29.07.1977, BStBl. II 1976, S. 263; BFH vom 09.12.1980, BStBl. II 1981, S. 339; BFH vom 05.03.1986, BStBl. II 1986, S. 496.

103 Vgl. Entschließungsantrag vom 12.04.1962, Umdruck 75.

104 Oasenbericht, BT-Drs. IV/2412.

105 So *Großfeld, B.*, Basisgesellschaften, 1974, S. 121.

106 Die Zahl der Gründung von Holdinggesellschaften, bei denen eine deutsche Mehrheitsbeteiligung unterstellt werden kann, wurde im Jahr 1961 auf etwa 60 und im Jahr 1962 auf nahezu 90, im Jahr 1971 bereits auf ca. 2500 geschätzt. Vgl. Oasenbericht, BT-Drs. IV/2412, S. 10; AStG-Entwurf, BR-Drs. 394/71, S. 19.

107 Oasenerlaß, BStBl. II 1965, S. 74 f.

108 Vgl. Gutachten der Steuerreformkommission 1971, S. 585.

109 Vgl. *Hessischer Minister der Finanzen*, Entwurf, 1970, S. 18.

110 Vgl. Steueroasengesetz, BGBl. I 1972, S. 1713.

111 Vgl. *Bellstedt, Ch.*, Neuregelung, DStR 1962/63, S. 331. Schon im Oasenbericht wurde zur Bekämpfung der Steuerflucht die Orientierung an dem *Revenue Act 1962* in Erwägung gezogen; vgl. S. 13.

112 Eine Betrachtung der erweiterten Hinzurechnungsbesteuerung erfolgt nicht, da für das Eingreifen erweiterten Hinzurechnungsbesteuerung die Freistellung im Ansässigkeitsstaat des Anteilseigners (Deutschland) wesentlich ist. In den USA existiert die Methode der Freistellung praktisch nicht, weshalb dort die Probleme, auf Grund derer in Deutschland die erweiterte Hinzurechnungsbesteuerung eingeführt wurde, unbekannt sind. Die angestrebte vergleichende Darstellung ist also nicht möglich. Zur erweiterten Hinzurechnungsbesteuerung vgl. z. B. *von Waldthausen, J.*, Steuerlastgestaltung, 1999, S. 17-91.

Personen zu mehr als der Hälfte beteiligt sind – mithin eine beherrschte Auslandsgesellschaft. Das Gesetz verweist bei der Bestimmung, welche Gesellschaften für eine mögliche Hinzurechnungsbesteuerung relevant sind, auf das KStG, womit also die ausländische Gesellschaft ihrem Aufbau und ihrer wirtschaftlichen Bedeutung nach einer der in § 1 Abs. 1 KStG aufgezählten juristischen Personen vergleichbar sein muss.[113] Ausschlaggebend ist demnach eine der deutschen Kapitalgesellschaft, Personenvereinigung oder Vermögensmasse ähnliche,[114] im Ausland über Sitz oder Geschäftsleitung verfügende Wirtschaftseinheit.[115] Die inländische (deutsche) Beherrschung resultiert gemäß § 7 Abs. 2 AStG entweder aus der Mehrheit der Stimmrechte oder der Mehrheit der Aktien, die sich in deutscher Hand befinden müssen. Es wird nicht darauf abgestellt, dass die Gesellschafter die Geschicke der Zwischengesellschaft lenken, sondern auf die rechtliche Möglichkeit, den Einfluss dazu zu nutzen. Die Regelung ist als unwiderlegbare Vermutung im Rahmen des Besteuerungsverfahrens zu sehen, die eine im Einzelfall aufwendige Überprüfung der tatsächlichen Beherrschungsverhältnisse entbehrlich werden lässt.[116] Für die Ermittlung der Beherrschungsquote werden die unmittelbaren, mittelbaren[117] und zurechenbaren[118] Beteiligungen, wie sie sich am Ende des maßgebenden Wirtschaftsjahres der beherrschten Auslandsgesellschaft ergeben,[119] der in Deutschland unbeschränkt steuerpflichtigen Anteilseigner zusammengenommen. Dabei werden jedoch gegebenenfalls nicht nur die Anteile von in Deutschland unbeschränkt Steuerpflichtigen berücksichtigt, sondern auch die von Personen, die § 2 AStG unterliegen – mithin von erweitert beschränkt Steuerpflichtigen. Personen, die in Deutschland beschränkt steuerpflichtig und an der ausländischen Gesellschaft beteiligt sind, bleiben dagegen bei der Ermittlung der an der Gesellschaft beteiligten Deutschen außen vor.[120] Eine Bagatellgrenze hinsichtlich der Beteiligungshöhe des einzelnen Gesellschafters existiert nicht. Auf sie wurde verzichtet, um Umgehungsmöglichkeiten zu vermeiden.[121] Die praktische Feststellung der Beteiligungsverhältnisse dürfte sich als schwierig erweisen – sowohl für den

[113] Vgl. dazu BFH vom 03.02.1988, BStBl. II 1988, S. 588.

[114] Die Zwischenschaltung einer Personengesellschaft bietet keinen Gestaltungsspielraum, eine Hinzurechnungsbesteuerung dadurch zu vermeiden, dass die beherrschte Gesellschaft nicht einer solchen i. S. d. § 1 Abs. 1 KStG entspricht, da nach § 7 Abs. 3 AStG die Personengesellschaft als transparent gilt und die entsprechenden Beteiligungen den jeweiligen Gesellschaftern zugerechnet werden.

[115] Vgl. dazu BFH vom 03.02.1988, BStBl. II 1988, S. 588; BFH vom 23.06.1992, DB 1992, S. 2067 mit Anmerkung von *Knobbe-Keuk, B.*

[116] Vgl. *Schaumburg, H.*, Steuerrecht, 1998, S. 433.

[117] Eine mittelbare Beteiligung wird hinzugerechnet, sofern der Steuerinländer diese Gesellschaft nicht beherrscht und die vermittelnde Gesellschaft im Ausland ansässig ist. Vgl. *Wassermeyer, F.*, in: Flick, H.; Wassermeyer, F.; Baumhoff, H., Außensteuerrecht, § 7 AStG Anm. 73.

[118] Als zurechenbare Beteiligungen werden nach § 7 Abs. 4 AStG solche angesehen, die von Personen gehalten werden, die gegenüber einem (un-)mittelbar Beteiligten weisungsgebunden sind.

[119] Durch eine Veräußerung der fraglichen Anteile unmittelbar vor Ablauf des Wirtschaftsjahres kann die erforderliche Beherrschung vermieden werden. Vgl. *Schaumburg, H.*, Steuerrecht, 1998, S. 435.

[120] Kritisch dazu *Schaumburg, H.*, Steuerrecht, 1998, S. 431.

[121] Der ursprüngliche Gesetzentwurf sah eine solche Grenze noch vor. Vgl. AStG-Entwurf, BT-Drs. VI/2883, S. 5 - § 7 Abs. 3 AStG.

Steuerpflichtigen als auch für die Finanzverwaltung.[122] Die Hinzurechnungsbesteuerung gewinnt dadurch einen eher zufälligen Charakter.

Die Hinzurechnungsbesteuerung löst nur bei in der Bundesrepublik Deutschland unbeschränkt steuerpflichtigen Personen Steuerfolgen aus, unabhängig davon, ob es sich um natürliche oder juristische Personen handelt. Dabei muss die unbeschränkte Steuerpflicht unmittelbar nach Ablauf des jeweiligen Wirtschaftsjahres der Gesellschaft gegeben sein, also zu dem Zeitpunkt, in dem Hinzurechnungsbeträge als Einkünfte anzusetzen sind. Für natürliche Personen ist es unerheblich, ob eine unbeschränkte Steuerpflicht nach § 1 Abs. 1, 2 oder 3 EStG vorliegt.[123]

Der deutsche Gesetzgeber unterwirft der Hinzurechnungsbesteuerung nicht alle Gewinne der beherrschten Auslandsgesellschaft, sondern nur die, für die die ausländische Gesellschaft Zwischengesellschaft ist (Einkünfte aus passivem Erwerb). Es wurde der Weg einer negativen Abgrenzung gewählt, indem in § 8 Abs. 1, 2 AStG Einkünfte aufgezählt werden, die aus aktiven Tätigkeiten stammen.[124] § 8 AStG vermittelt ein eigenes System der abschließend aufgezählten aktiven Einkünfte, für welches jedoch ebenfalls die allgemeinen ertragsteuerlichen Grundsätze gelten.[125] Wesentlich ist hierbei, dass der Einkünftekatalog des AStG nicht über den des EStG hinausgeht, so dass im Ergebnis nur Einkünfte der Hinzurechnungsbesteuerung unterliegen können, die bei unbeschränkter Steuerpflicht mit deutscher Einkommensteuer belegt werden. Das „System" der aufgezählten Einkünfte ist an eine funktionale Betrachtungsweise geknüpft.[126] Es werden keine Einkunftsarten aufgeführt, sondern lediglich bestimmte Tätigkeiten bzw. Tätigkeitsbereiche umschrieben und die daraus resultierenden Einkünfte als aktiv definiert. Wirtschaftlich zusammengehörende Tätigkeiten sind dabei einheitlich zu subsumieren. Entsprechend dieser funktionalen Betrachtungsweise sind die Einkünfte der Tätigkeit des § 8 Abs. 1 AStG zuzuordnen, die den Schwerpunkt bildet.[127] Somit erzielt die beherrschte Auslandsgesellschaft nicht nur Einkünfte aus einer Einkunfts-

---

122 So im Ansatz auch *Wassermeyer, F.*, in: Hansmeyer, K.-H., Staatsfinanzierung, 1982, S. 590; ähnlich *Menck, T.*, Rechtsmechanismus, DStZ/A 1978, S. 107.

123 Für beschränkt steuerpflichtige Personen greift die Hinzurechnungsbesteuerung nicht; dies könnte sich somit negativ auf die Überlegungen auswirken, eine fiktiv unbeschränkte Steuerpflicht anzustreben. Vgl. zu diesem Wahlrecht *Große, S.*, Wahl der Steuerpflicht, StuW 1999, S. 357-362.

124 Dies ist kritisch im Hinblick auf die durch Art. 20 Abs. 3 GG verlangte Bestimmtheit des Besteuerungsgegenstandes. Vgl. dazu *Menck, T.*, in: Blümich, W.; Ebling, K., EStG, KStG, GewStG, § 8 Rz. 4 AStG.

125 Vgl. BFH vom 01.07.1992, BStBl. II 1993, S. 222. Zur Kritik an der Abgrenzung als abschließende Aufzählung vgl. *Baumgärtel, M.; Perlet, H.*, in: Maßbaum, M.; Meyer-Scharenberg, D.; Perlet, H., Unternehmensbesteuerung, 1994, S. 187.

126 Die auf das Veranlassungsprinzip zurückgehende Zuordnung der Einkünfte wurde als funktionale Betrachtungsweise bezeichnet. Umfassend dazu *Flick, H.; Wassermeyer, F.*, Funktionale Betrachtungsweise, BB 1973, S. 857-860, insbesondere S. 859.

127 Vgl. BFH vom 16.05.1990, BStBl. II 1990, S. 1049. § 8 Abs. 1 AStG kennt keinerlei Subsidiaritätsklauseln, weshalb die Subsumtion unter mehrere Einkünftekategorien denkbar ist. Vgl. *Wassermeyer, F.*, in: Flick, H.; Wassermeyer, F.; Baumhoff, H., Außensteuerrecht, § 8 AStG Anm. 7.

art,[128] obwohl sie eine Gesellschaft nach § 1 Abs. 1 KStG sein muss.[129] Die unschädlichen Einkünfte können wie folgt dargestellt werden:

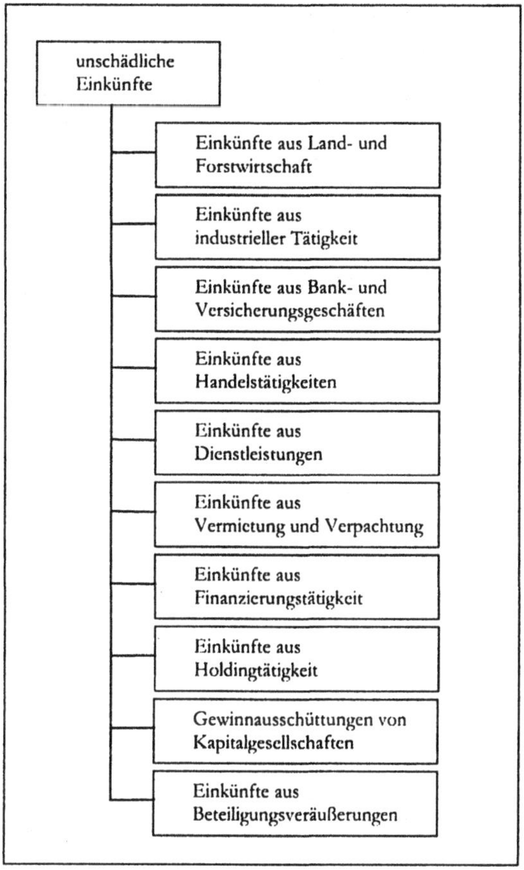

Abb. 2: System der unschädlichen Einkünfte[130]

Die beherrschte Auslandsgesellschaft ist nur Zwischengesellschaft für die passiven Einkünfte, die einer niedrigen Besteuerung unterliegen. Als Niedrigbesteuerung gilt nach § 8 Abs. 3 AStG eine Belastung der passiven Einkünfte mit Ertragsteuern von weniger als 25 %. Für die Bestimmung der Belastung mit ausländischen Steuern werden die passiven Einkünfte nach deutschem Steuerrecht ermittelt und die Durchschnittsbelastung anhand der im Aus-

[128] Bei einer in Deutschland ansässigen Kapitalgesellschaft werden nach § 8 Abs. 2 KStG alle von ihr erzielten Einkünfte als solche aus Gewerbebetrieb behandelt.

[129] Vgl. *Wassermeyer, F.*, in: Flick, H.; Wassermeyer, F.; Baumhoff, H., Außensteuerrecht, § 8 AStG Anm. 8h.

[130] In Anlehnung an *Jacobs, O. H.*, Unternehmensbesteuerung, 1999, S. 435 f.

land geschuldeten Steuer errechnet. Dabei wird im Gegensatz zu früheren Formen der Hinzurechnungsbesteuerung[131] auf alle Steuern abgestellt, die die Zwischengesellschaft auf diese Einkünfte gezahlt hat. Damit verbessert sich die Situation für Kapitalgesellschaften mit passiven Einkünften aus Drittstaaten.[132]

Die Höhe der ausländischen Steuer im Rahmen des Belastungsvergleichs unterliegt dabei unter Umständen einer Korrektur durch die deutsche Finanzverwaltung. Für die Bestimmung einer möglichen Niedrigbesteuerung wird die nach deutschem Recht ermittelte Bemessungsgrundlage mit der, die sich nach ausländischem Recht ergibt, verglichen. Übersteigt die für den Belastungsvergleich nach deutschem Recht ermittelte Bemessungsgrundlage die im Ausland der Besteuerung zugrunde liegende, so ist nach den Ursachen zu suchen. Für den Fall, dass die positive Differenz zur ausländischen Bemessungsgrundlage auf Vorgängen beruht, die außerhalb der passiven Einkünfte liegen, wird diese „korrigiert" und die deutsche Finanzverwaltung berechnet für die Bestimmung der Niedrigbesteuerung die auf die korrigierte Bemessungsgrundlage entfallene ausländische Steuer.[133]

Eine Erleichterung erfährt die Durchführung der Hinzurechnungsbesteuerung durch § 9 AStG, der eine Freigrenze im Fall von gemischten Einkünften – also solchen aus aktivem und passivem Erwerb – vorsieht. Diese Freigrenze soll verhindern, dass die Hinzurechnungsbesteuerung einsetzt, wenn die passiven Einkünfte der Gesellschaft eine untergeordnete Rolle spielen und im Zusammenhang mit aktiven Tätigkeiten entstanden sind. Die Freigrenze setzt sich aus drei Teilbedingungen zusammen, die gleichzeitig erfüllt sein müssen:

» Die passiven Bruttoerträge [der Gesellschaft] sind geringer als 10 % der gesamten Bruttoerträge (relative Freigrenze).

» Die passiven Einkünfte betragen sowohl bei der beherrschten Gesellschaft als auch bei dem einzelnen Gesellschafter weniger als 62.000 € (absolute Freigrenzen).[134]

Die Voraussetzungen der Hinzurechnungsbesteuerung sind für jeden Gesellschafter getrennt zu prüfen. Eine „Infizierung" dahingehend, dass die Überschreitung der absoluten gesellschafterbezogenen Freigrenze durch einen der Anteilseigner zum Einsetzen der Hinzurechnungsbesteuerung für alle anderen Gesellschafter führt, ist nicht möglich.[135]

Die Berechnung des Hinzurechnungsbetrages erfolgt gemäß § 10 AStG auf der Grundlage der von der Zwischengesellschaft erzielten passiven Einkünfte, die diversen Modifikationen

131 Vgl. dazu das Kapitel: D1 Bemühungen um eine Reform der Hinzurechnungsbesteuerung in Deutschland, S. 129 der Arbeit.

132 Vgl. *Rättig, H.; Protzen, P. D. G.*, Hinzurechnungsbesteuerung, DStR 2002, S. 242.

133 Vgl. *Wassermeyer, F.*, in: Flick, H.; Wassermeyer, F.; Baumhoff, H., Außensteuerrecht, § 8 AStG Anm. 120 f.

134 Die Freigrenzen sind in der Praxis nur von untergeordneter Bedeutung, da die absolute Freigrenze regelmäßig überschritten wird. Vgl. *Schaumburg, H.*, Steuerrecht, 1998, S. 470; ähnlich auch *Wassermeyer, F.*, in: Klein, F.; Stihl, H. P.; Wassermeyer, F., Festschrift für Flick, 1997, S. 1068.

135 Vgl. *Wassermeyer, F.*, in: Flick, H.; Wassermeyer, F.; Baumhoff, H., Außensteuerrecht, § 9 AStG Anm. 25-27.

unterliegen.[136] Die Zurechnung richtet sich nach der (unmittelbaren und mittelbaren) Beteiligung des Gesellschafters. Bei der Ermittlung finden die gleichen Vorschriften Anwendung, die für Dividenden maßgebend sind.[137] Der Hinzurechnungsbetrag wird dem Gesellschafter als Einkünfte aus Kapitalvermögen (natürliche Person) oder als solche aus Gewerbebetrieb (juristische Person bzw. wenn eine natürliche Person die Anteile im Betriebsvermögen hält) zugerechnet und erhöht im letzten Fall auch den gewerbesteuerpflichtigen Gewinn.

Eine später erfolgende Ausschüttung an eine natürliche Person ist nach § 3 Nr. 41 Buchst. a EStG steuerfrei, wenn der Steuerpflichtige nachweist, dass die Einkünfte innerhalb der letzten sieben Jahre der Hinzurechnungsbesteuerung unterlegen haben. Eine Gewerbesteuerpflicht wird über § 8 Nr. 5 GewStG vermieden, der Einnahmen, die – vereinfacht ausgedrückt – zuvor der Hinzurechnungsbesteuerung unterlegen haben, dem Gewerbeertrag nicht hinzurechnet werden.

Eine Ausschüttung an eine Kapitalgesellschaft ist nach § 8b Abs. 1 KStG steuerfrei. Jedoch werden über § 8b Abs. 5 KStG nichtabzugsfähige Betriebsausgaben in Höhe von 5 % der Dividende fingiert, so dass sich die Freistellung faktisch nur auf 95 % bezieht.[138] Eine Befreiung der ausländischen Dividende von der Gewerbesteuer ist nicht zweifelsfrei durch den Gesetzeswortlaut gedeckt. Die Hinzurechnungsvorschrift des § 8 Nr. 5 GewStG schließt nur Gewinnausschüttungen i. S. d. § 3 Nr. 41 Buchst. a EStG von einer Hinzurechnung zum Gewerbeertrag aus. Hier ist jedoch eine abstrakte Auslegung geboten. Die aus der wortgetreuen Anwendung des Gesetzestextes resultierende Doppelbelastung der Beteiligungserträge mit Gewerbesteuer – einmal bei der Hinzurechnungsbesteuerung und nachfolgend bei einer Ausschüttung – steht mit der Systematik der Hinzurechnungsbesteuerung nicht im Einklang.[139] Daher ist von einer vollständigen Steuerbefreiung der auf die Hinzurechnungsbesteuerung folgenden Ausschüttung an eine Kapitalgesellschaft auszugehen.

---

[136] Zu den Modifikationen vgl. Anlage 3 zum BMF-Schreiben vom 02.12.1994, BStBl. I 1995, Sondernummer 1, S. 75.

[137] Dies wird unter anderem durch § 10 Abs. 5 AStG deutlich, der abkommensrechtlich die Behandlung des Hinzurechnungsbetrages der einer Dividende gleichstellt. Dazu auch *Wassermeyer, F.*, Hinzurechnungsbesteuerung, IStR 2000, S. 194 f.

[138] Kritisch dazu *Rättig, H.; Protzen, P. D.*, Änderungen der Hinzurechnungsbesteuerung, IStR 2001, S. 606. Von einer Anwendung dieser Vorschrift müsste demnach wegen der erfolgenden Doppelbesteuerung abgesehen werden. Vgl. *Rödder, T.; Schumacher, A.*, Regierungsentwurf (Teil II), DStR 2001, S. 1692 FN 69.

[139] Vgl. *Rödder, T.; Schumacher, A.*, Unternehmensteuerfortentwicklungsgesetz, DStR 2002, S. 113; *Rättig, H.; Protzen, P. D. G.*, Hinzurechnungsbesteuerung, DStR 2002, S. 243.

5.2 Die Hinzurechnungsbesteuerung unter Berücksichtigung des OECD-MA

Eine Analyse der deutschen Hinzurechnungsbesteuerung darf nicht nur auf die Vorschriften des nationalen Rechts beschränkt bleiben, sondern muss sich auch damit auseinandersetzen, ob und wenn ja, inwieweit die Anwendbarkeit der §§ 7 bis 14 AStG durch ein bestehendes Doppelbesteuerungsabkommen[140] verhindert oder zumindest eingeschränkt wird.

Die Abkommensberechtigung knüpft nach Art. 1 OECD-MA an die Ansässigkeit der Person in einem der Vertragsstaaten an. Gemäß Art. 4 OECD-MA wird für die Bestimmung der Ansässigkeit auf eine Steuerpflicht in einem der Vertragsstaaten auf Grund eines Wohnsitzes, des gewöhnlichen Aufenthalts oder des Ortes der Geschäftsleitung abgestellt. Die Abkommensberechtigung ist somit durch die unbeschränkte Steuerpflicht des Gesellschafters in Deutschland gegeben,[141] so dass ein Anspruch auf die Schutzbestimmungen des Abkommens besteht.

Grundlegend ist festzuhalten, dass der Gesetzgeber das möglicherweise entstehende Problem der Vereinbarkeit der Hinzurechnungsbesteuerung mit den bestehenden DBA gesehen hat. Bereits in dem Entwurf des AStG wurde darauf hingewiesen, dass diese neuen Vorschriften internationale Steuerverträge nicht antasten und keine Zusatzlasten entstehen sollen.[142] Mithin wurde die Frage der systematischen Einordnung des Hinzurechnungsbetrages wichtig für die abkommensrechtliche Behandlung. In diesem Zusammenhang regelt zur Zeit noch § 10 Abs. 5 AStG, dass auf den Hinzurechnungsbetrag die DBA-Vorschrift anzuwenden ist, die im Fall einer Ausschüttung relevant wäre – mithin der Dividendenartikel. Nach dem Bericht zur Fortentwicklung der Unternehmenssteuerreform sollte diese Vorschrift abgeschafft werden. Nach dem jetzt vorliegenden Referentenentwurf der Bundesregierung soll diese Änderung im Rahmen des Steuervergünstigungsabbaugesetz (SteVAG) durchgesetzt werden. [143]

Unabhängig von den obigen Ausführungen können sich für den Fall einer Doppelansässigkeit des Gesellschafters zusätzlich durch Art. 4 OECD-MA Einschränkungen ergeben. Die Vorschrift regelt die für die nachfolgenden Bestimmungen des Doppelbesteuerungsabkommens wesentliche Ansässigkeit einer Person, indem sie festlegt, welcher der Vertragsstaaten der Ansässigkeitsstaat ist. Fällt diese Entscheidung zu Ungunsten Deutschlands aus, würden

---

[140] Nachfolgend wird auf das OECD-Musterabkommen i. d. F. von 2000 Bezug genommen, um zu verallgemeinerungsfähigen Aussagen zu gelangen. Dies ist möglich, weil die jeweiligen Musterabkommen auf deutscher Seite stets die Grundlage der Verhandlungspolitik bilden. Vgl. *Krabbe, H.*, in: Herzig, N., Steuerberater-Jahrbuch 1993/94, 1994, S. 32.

[141] Wie dargestellt, ist die unbeschränkte Steuerpflicht des Gesellschafters Voraussetzung für das Eingreifen der Hinzurechnungsbesteuerung, weshalb sie hier als gegeben angesehen werden kann. Wie ebenfalls bereits erwähnt, wird der Gesellschafter der Hinzurechnungsbesteuerung unterworfen, weshalb bei der Prüfung der Abkommensberechtigung auf ihn abgestellt wird.

[142] Vgl. AStG-Entwurf, BT-Drs. VI/2883, S. 15 f.

[143] Vgl. http://www.bundesfinanzministerium.de/Anlage15065/Entwurf-des-Steuerverguenstigungsabbaugesetz.pdf; Stand: 31. Dezember 2002.

die Verteilungsnormen des Doppelbesteuerungsabkommens der Durchführung der Hinzurechnungsbesteuerung entgegenstehen, da Deutschland für die der Hinzurechnungsbesteuerung unterliegenden Zwischeneinkünfte nicht der Quellenstaat sein kann.

Soweit die Hinzurechnungsbesteuerung nach §§ 7 bis 14 AStG einsetzt, wird eine mögliche Doppelbesteuerung durch die Anrechnungsmethode verringert bzw. vermieden. Die in den Doppelbesteuerungsabkommen enthaltene Regelung besagt jedoch nichts über die konkrete Ausgestaltung bzw. das Verfahren. Dies ist dem nationalen Recht zu entnehmen. Der Gesetzgeber hat in § 10 Abs. 1 AStG geregelt, dass sich der Hinzurechnungsbetrag als Differenz aus den schädlichen Einkünften und den darauf von der ausländischen Gesellschaft gezahlten Steuern ergibt. Somit ist – anders als im EStG und KStG – im AStG die Regelmethode der Abzug. Nach § 12 Abs. 1 AStG bleibt es dem Steuerpflichtigen jedoch vorbehalten, zur Anrechnungsmethode zu optieren.

Die Anrechnung erfolgt entsprechend auf die Einkommen-/Körperschaftsteuer, die auf den Hinzurechnungsbetrag erhoben wurde. Der Hinzurechnungsbetrag ist im Gegenzug um diese Steuern zu erhöhen. Da § 10 Abs. 1 AStG keine räumliche Beschränkung vorsieht, kann der der Hinzurechnungsbesteuerung unterliegende Gesellschafter alle von der Zwischengesellschaft auf die hinzugerechneten Einkünfte gezahlten Steuern anrechnen oder abziehen. Zusätzlich wird natürlichen Personen über § 12 Abs. 3 AStG die Möglichkeit eingeräumt, Quellensteuer, die auf die spätere Dividende einbehalten wird, ebenfalls auf die Steuer anrechnen, die er auf den Hinzrechnungsbetrag gezahlt hat.

Die Anrechnung ausländischer Quellensteuern auf die Dividende ist für juristische Personen als Anteilseigner der Zwischengesellschaft jedoch nach dem eindeutigen Wortlaut des § 12 Abs. 3 AStG nicht möglich. In der Literatur wird jedoch vertreten, dass die Vorschrift weit auszulegen und analog auf Kapitalgesellschaften anzuwenden sei.[144] Eine Anwendung des § 3 Nr. 41 Buchst. a EStG – die Regelung der § 12 Abs. 3 AStG bezieht sich Einkünfte i. S. dieser Regelung – sei über § 8 Abs. 1 KStG möglich. Dies ist jedoch verfehlt. Die Steuerfreiheit der Dividende, die eine Kapitalgesellschaft bezieht, stützt sich auf die insoweit speziellere Vorschrift des § 8b Abs. 1 KStG.[145] Für einen Bezug auf das EStG ist hier kein Raum.[146]

[144] Vgl. *Rättig, H.; Protzen, P. D. G.*, Hinzurechnungsbesteuerung, DStR 2002, S. 242.

[145] Vgl. bspw. UntStFG-Entwurf, BT-Drs. XIV/6882, S. 42.

[146] So auch *Rödder, T.; Schumacher, A.*, Unternehmensteuerfortentwicklungsgesetz, DStR 2002, S. 113; *Krawitz, N.; Büttgen, D.; Hick, Ch.*, Zwischenholdinggesellschaften, WPg 2002, S. 95 f.

6 Zusammenfassender Überblick

Zum Abschluss des ersten einleitenden Teils der Arbeit die Tatbestandsmerkmale und Rechtsfolgen der deutschen Hinzurechnungsbesteuerung und des *subpart F* noch einmal gegenübergestellt:

Tatbestandsmerkmale	USA	Deutschland
im Ausland ansässige Gesellschaft	Kapitalgesellschaft (controlled foreign corporation)	Kapitalgesellschaft, Personenvereinigung, Vermögensmasse
Beherrschung	50 % der Stimmrechte oder des Nennkapitals	50 % der Stimmrechte oder des Nennkapitals
passive Einkünfte	positive Abgrenzung: Aufzählung der passiven Einkünfte	negative Abgrenzung: Aufzählung der aktiven Einkünfte
Niedrigbesteuerung	≤ 31,5 %	< 25 %
Mindestbeherrschung	10 % der Stimmrechte	keine

Tab. 1: Überblick über die Tatbestandsmerkmale der Hinzurechnungsbesteuerung in den USA und in Deutschland

Rechtsfolgen	USA	Deutschland
Besteuerung des Hinzurechnungsbetrages	· tarifliche Einkommensteuer · Abzug ausländischer Steuern	· tarifliche Einkommensteuer (ggf. zzgl. Gewerbesteuer) · Abzug (alt. Anrechnung) ausländischer Steuern
Besteuerung der nachfolgenden Dividende	· $t_2 - t_n$: keine Steuererhebung in den USA	· $t_2 - t_8$: keine Steuererhebung in Deutschland; Anrechnung ausländischer Quellensteuer möglich · $t_9 - t_n$: Dividendenbesteuerung in Deutschland (HEV); Anrechnung ausländischer Quellensteuer möglich

Tab. 2: Überblick über die Rechtsfolgen der Hinzurechnungsbesteuerung in den USA und in Deutschland

C Betriebswirtschaftliche Analyse der Hinzurechnungsbesteuerung

Gesamtziel der Untersuchung ist es, Eckpunkte einer Hinzurechnungsbesteuerung zu definieren, die die Ziele des Gesetzgebers erfüllen kann, die mit der Besteuerung allgemein und der Einführung der Hinzurechnungsbesteuerung im besonderen erreicht werden soll(t)en. Zuvor sind diese Ziele abzustecken und kurz zu erläutern sowie mit der tatsächlichen Besteuerung zu vergleichen. Mit anderen Worten: Es soll auf der Basis der Bestimmung von Zielen der Besteuerung, Steuerbelastungen und Steuerwirkungen Vorschläge für eine Umgestaltung des Steuerrechts erarbeitet werden.[147]

1 Einordnung der Hinzurechnungsbesteuerung in das System der Steuernormen

1.1 Ziele und Funktionen des Steuersystems

In der Literatur finden die Begriffe Ziel und Funktion häufig synonym Verwendung,[148] meist tritt noch der Zweck hinzu. So wird die Tatsache, dass die Erhebung der Steuern erfolgt, um Mittel zur Deckung des staatlichen Finanzbedarfs aufzubringen,[149] sowohl als Funktion[150], Ziel[151] und Zweck[152] der Besteuerung bezeichnet.

Die Begriffe Zweck und Ziel erscheinen dabei als austauschbar.[153] Der Zweck gilt als angestrebte Wirkung.[154] Die angestrebte Wirkung eines Gesetzes ist subjektiv, also die vom Gesetzgeber mit der Regelung beabsichtigte Wirkung.[155] Die Funktion hingegen ist ein vom Zweck verschiedener Begriff, wobei der Zweck im allgemeinen als Unterfall der Funktion zu sehen ist.[156] Die Funktion wird auch als objektiver Zweck bezeichnet, als Wirkung, die durch die Anwendung des Gesetzes erzielt wird.[157] Somit unterscheiden sich das Ziel und die Funktion einer Regelung durch ihre Ausprägung als beabsichtigte bzw. erzielte Wirkung derselben.

---

[147] So z. B. *Elschen* zu den Problembereichen der betriebswirtschaftlichen Steuerlehre. Vgl. *Elschen*, R., Entscheidungsneutralität, StuW 1991, S. 100.

[148] Beispielsweise bei *Bayer, H.-W.*, Wirtschaftslenkung, StuW 1972, S. 151.

[149] Ablehnend gegenüber einem solchen Ziel *Rose, M.*, Das fiskalische Ziel, Kyklos 1973, S. 815-840.

[150] Vgl. *Kaiser, M.*, Konsumorientierte Reform, 1992, S. 7.

[151] So Gutachten der Steuerreformkommission 1971, S. 28.

[152] Vgl. *Vogel, K.; Walter, H.*, Grundgesetz, 1971, Art. 105 Rn. 46; *Vogel, K.*, Besonderheit, DStZ/A 1977, S. 8; *Kirchhof, P.*, Steuergesetzgebung, NJW 1987, S. 3219; *Haller, H.*, Finanzpolitik, 1968, S. 128.

[153] So z. B. bei *Vogel, K.; Walter, H.*, Grundgesetz, 1971, Art. 105 Rn. 51; ähnlich auch *Rose, M.*, Das fiskalische Ziel, Kyklos 1973, S. 817, implizit auch bei *Neumark, F.*, Grundsätze, 1970, S. 383.

[154] So auch *Luhmann, N.*, Funktionsbegriff, VerwArch 1958, S. 102; ähnlich auch bei *Mösbauer, H. H.*, Steuerrecht, DStR 1975, S. 683, Fn. 96.

[155] Vgl. dazu *Larenz, K.; Canaris, C.-W.*, Methodenlehre, 1995, S. 137 f.

[156] So *Vogel, K.*, Besonderheit, DStZ/A 1977, S. 9.

[157] Vgl. *Vogel, K.*, Abschichtung, StuW 1977, S. 106; dazu auch *Larenz, K.; Canaris, C.-W.*, Methodenlehre, 1995, S. 137 f.

In der Literatur wird daneben auch zwischen Zielen und Grundsätzen der Besteuerung unterschieden. Hier erfolgt eine klare Unterordnung des Grundsatzes unter das Ziel, mit einem bestimmten Grundsatz wird ein Ziel verfolgt.[158]

Eine Trennung dieser Begriffe ist für die Untersuchung dahingehend von Bedeutung, dass zum Einen die Auslegung von Gesetzen sich zunächst an ihrem Zweck orientieren sollte. Erst wenn dieser nicht zu ermitteln sei, ist das Abstellen auf ihre Funktion zulässig. Zum Anderen kann aus dem Zweck einer Vorschrift auf eine nötige Ausgestaltung des Mittels geschlossen werden.[159] Ein gleichbleibender Zweck kann hierbei durch verschiedene, funktional äquivalente Handlungen erreicht werden.[160] Ist es also möglich, den Zweck einer Vorschrift exakt herauszuarbeiten, kann nach Alternativen gesucht werden, sofern die bestehende Regelung sich (hinsichtlich ihrer Funktion) als unzulänglich erweist.

Neben der Erbringung von Einnahmen werden Steuern auch vielfältige außerfiskalische Zielsetzungen zugedacht. Die Steuer wird als Instrument der wirtschaftlichen Lenkung und Umverteilung eingesetzt.[161] So dienen viele Bestimmungen der Steuergesetze wirtschaftspolitischen Lenkungszwecken,[162] so z.B. der Standort-, Struktur-, Konjunktur-, Wachstums-, Sozial-, Einkommens- und Vermögenspolitik.[163] Hier wird versucht, durch steuerliche Regelungen gesamtwirtschaftliche Größen wie Konsum, Sparen und Investitionen zu beeinflussen (Globalsteuerung) und einzelwirtschaftliche Vorgänge zu steuern: Gesetzlich erwünschtes Verhalten wird steuerlich entlastet, unerwünschtes belastet.[164] Weiterhin wird als Ziel der Besteuerung genannt, den Finanzbedarf unter den Steuerbürgern gerecht zu verteilen.[165] Die Besteuerung soll gerecht und allokationsneutral sein.[166]

Die unterschiedlichen Ziele der Besteuerung können gleichrangig sein oder sich einander unterordnen. Daneben ist es denkbar, dass sie miteinander konfligieren. Daher ist es wesentlich, eine Hierarchie der mit einer Regelung bzw. mit dem Steuersystem als Ganzem zu verwirklichenden Ziele zu entwickeln. Dies ist eine Frage, die nicht abschließend beantwortet werden kann, da die einzelnen Ziele in ihrer Bedeutung von dem aktuellen Stand und den Entwicklungstendenzen von Wirtschaftsstruktur und -konjunktur, aber auch politisch-gesellschaftlichen Kräften und Ideologien abhängen.[167]

---

[158] Vgl. *Neumark, F.*, Grundsätze, 1970, S. 383.

[159] Vgl. ausführlicher dazu *Vogel, K.*, Besonderheit, DStZ/A 1977, S. 8.

[160] Vgl. *Luhmann, N.*, Funktionsbegriff, VerwArch 1958, S. 102.

[161] Vgl. *Vogel, K.*, Besonderheit, DStZ/A 1977, S. 5.

[162] Vgl. *Vogel, K.*, Abschichtung, StuW 1977, S. 107.

[163] Vgl. Gutachten der Steuerreformkommission 1971, S. 35 f.

[164] Vgl. *Ruppe, H. G.*, in: Herrmann, C.; Heuer, G.; Raupach, A., Einkommensteuer- und Körperschaftsteuergesetz, Einf. ESt, Anm. 54.

[165] Vgl. statt vieler *Kaiser, M.*, Konsumorientierte Reform, 1992, S. 1.

[166] Vgl. *Schwinger, R.*, Steuersysteme, 1992, S. 8.

[167] So *Neumark, F.*, Grundsätze, 1970, S. 382 f.

1.2 Ziele der Hinzurechnungsbesteuerung

Die Bewertung einzelner Regelungen eines Steuersystems kann dadurch erfolgen, dass Kriterien ermittelt werden, anhand derer die durch die Besteuerung erreichte Wirkung an den mit der Regelung verbundenen Zielen verglichen wird. Die Beantwortung der Frage, inwieweit die Hinzurechnungsbesteuerung sinnvoll und notwendig ist und wie eine solche ausgestaltet sein sollte, setzt also eine Untersuchung ihrer Ziele voraus.

In den USA wurde der i. d. R. gewährte Steueraufschub als Mittel der Steuerflucht durch eine ungerechtfertigte Nutzung von Steueroasen angesehen.[168] Die Hinzurechnungsbesteuerung nach *subpart F* sollte US-amerikanische Steuerpflichtige davon abhalten, US-amerikanische Steuern aufzuschieben, indem sie ausländische Kapitalgesellschaften dazu benutzen, bestimmte Einkünfte dort anzusammeln.[169] Dieses Verhalten behindere eine effiziente Ressourcenallokation.[170] Somit sollte die Einführung des *subpart F* Neutralität hinsichtlich von Investitionsentscheidungen US-amerikanischer Steuerinländer – mithin Kapitalexportneutralität – herstellen und daher zur Effizienz beitragen.[171]

In den deutschen gesetzgeberischen Unterlagen wird als Ziel der Hinzurechnungsbesteuerung die Eindämmung ungerechtfertigter Steuervorteile aus dem internationalen Steuergefälle genannt.[172] Eine darüber hinaus gehende Steuererschwernis, die einen Strafcharakter der Hinzurechnungsbesteuerung begründen würde, sollte vermieden werden.[173] Zudem war eine Rückführung der ins Ausland verlagerten Einkünfte und Vermögen Bestandteil des Zielkatalogs.[174] Es lag dabei in der Absicht des Gesetzgebers, inländische Anteilseigner ausländischer Gesellschaften zur Ausschüttung der Gewinne ins Inland zu bewegen und sie so einer deutschen Besteuerung zugänglich zu machen.[175] Weiterhin sollten bestehende Steuerverträge (DBA) nicht angetastet werden. Vielmehr wurde eine Ergänzung oder Revision dieser Vereinbarungen angestrebt, um möglicherweise bestehende Einschränkungen der Hinzurechnungsbesteuerung zu vermeiden.[176]

---

168 Vgl. 1962 Tax Message of the President to the Congress, abgedruckt in: *Joint Committee on Taxation*, International Competitiveness, JCS-6-91, S. 90; vgl. auch *Flick, H.*, Steuervermeidung, StuW 1961, Sp. 620.

169 Vgl. dazu auch *Doernberg, R. L.*, Taxation, 1999, S. 283.

170 So bei *Warren, R. M.*, Proposal for Reform, Rutgers Law Journal 1988, S. 375.

171 Vgl. *Isenbergh, J.*, Perspectives, Taxes 1988, S. 1064.

172 Vgl. Oasenbericht, BT-Drs. IV/2412, S. 12; AStG-Entwurf, BT-Drs. VI/2883, S. 14. Jedoch erfolgt im Oasenbericht die Bezeichnung zunächst als „unangebracht" (S. 3) und erst später als „ungerechtfertigt" (S. 12).

173 Vgl. AStG-Entwurf, BT-Drs. VI/2883, S. 19.

174 Vgl. AStG-Entwurf, BT-Drs. VI/2883, S. 20.

175 So *Mersch, E.*, Hinzurechnungsbesteuerung, 1986, S. 11.

176 Vgl. AStG-Entwurf, BT-Drs. VI/2883, S. 15 f.

1.2.1 Eindämmung ungerechtfertigter Steuervorteile

Der US-amerikanische Gesetzgeber blieb bei seiner Definition der „ungerechtfertigten Nutzung von Steueroasen" unscharf. Hier findet sich lediglich der Hinweis, dass die künstlich anmutenden Gestaltungen der Beziehungen zwischen Mutter- und Tochtergesellschaft unter Ausnutzung des ausländischen Steuerrechts und internationaler Vereinbarungen dazu führten, dass sowohl die ausländische als auch die US-Steuer stark reduziert oder vollständig vermieden wurde. Beispielhaft werden Vereinbarungen zu Verrechnungspreisen, der Transfer von Patentrechten und die Verlagerung von Geschäftsführungsgehältern erwähnt.[177] Die Trennung zwischen legitimierten Auslandsaktivitäten und „schlechten" Steueroasengeschäften, die als missbräuchlich anzusehen seien, erfolgte damit über die Abgrenzung der Einkünfte: Das Erzielen von passiven Einkünften und die Verlagerung von Einkünften aus dem Land der wirtschaftlichen Aktivität in Niedrigsteuergebiete gelten als Missbrauch.[178] Eine Orientierung am objektiven (im vorstehenden Abschnitt aufgezeigten) und subjektiven Zweck der Vorschrift zeigt, dass die rechtliche Ausgestaltung des Sachverhaltes durch den Steuerpflichtigen im Kern anerkannt wird. Die Besteuerung nach *subpart F* negiert die ausländische Kapitalgesellschaft nicht. Lediglich die durch die Thesaurierung und die mit dem Steueraufschub eintretenden Zinswirkungen werden nicht gewährt.

Das primäre Ziel der deutschen Hinzurechnungsbesteuerung liegt in der Eindämmung „ungerechtfertigter Steuervorteile". Eine Überprüfung, ob und in welchem Umfang dieses Ziel[179] erreicht wird, verlangt nach einer Präzisierung desselben. Entscheidend ist in diesem Zusammenhang, was als „ungerechtfertigt" gelten soll. In den Gesetzgebungsmaterialien findet sich keine explizite Definition. Es wird lediglich darauf verwiesen, dass die ungerechtfertigten Steuervorteile aus der Verletzung des Grundsatzes der Gleichmäßigkeit der Besteuerung entstehen und damit zu steuerlichen Wettbewerbsverzerrungen führen.[180] Dem folgend soll durch die Hinzurechnungsbesteuerung Wettbewerbsneutralität gewährleistet und die Gleichmäßigkeit der Besteuerung (wieder) hergestellt werden.[181] Mit *Hadenfeldt* kann damit festgestellt werden, dass dies die eigentlichen Ziele der Hinzurechnungsbesteuerung sind.[182]

1.2.2 Wettbewerbsneutralität und Gleichmäßigkeit der Besteuerung

Ähnlich wie zuvor bei die Erörterung des Begriffes „ungerechtfertigt", lässt der Gesetzgeber den Rechtsanwender allein mit der Frage, was hier als Wettbewerbsneutralität zu verstehen ist. *Mersch* versucht deshalb, dies aus den übrigen „Nebenzielen" des Gesetzes abzuleiten.

[177] Vgl. dazu *Flick, H.*, Steuervermeidung, StuW 1961, Sp. 620.

[178] Vgl. *Isenbergh, J.*, Perspectives, Taxes 1988, S. 1064

[179] Das Ziel selbst stellt eine politische Primärwertung dar, die von einer demokratisch legitimierten Regierung grundsätzlich hingenommen werden muss. Vgl. *Kuhlmann, J.-H.*, Systematik, 1983, S. 25.

[180] So bereits im Oasenbericht, BT-Drs. IV/2412, S. 3 f.

[181] Vgl. AStG-Entwurf, BT-Drs. VI/2883, S. 14.

[182] Vgl. *Hadenfeldt, B.*, Hinzurechnungsbesteuerung, 2001, S. 38.

Das führt dazu, dass er Wettbewerbsneutralität als Vermeidung einer Erschwernis von Auslandsinvestitionen und einer steuerlichen Doppelbelastung interpretiert.[183] Der Anspruch, dass Auslandsinvestitionen nicht erschwert werden sollen, lässt den Schluss zu, dass der Gesetzgeber nicht beabsichtigte, ausländische Investitionen im Vergleich zu inländischen steuerlich schlechter zu stellen.[184] Insofern stellt die Vermeidung einer steuerlichen Doppelbelastung eigentlich nur eine Ergänzung des erstgenannten Ziels dar. Fraglich ist nun, welche inländische Investition als Vergleichsmaßstab diente. Dies kann aus der Forderung nach einer Gleichmäßigkeit der Besteuerung abgeleitet werden.

Unter Gleichmäßigkeit der Besteuerung ist dabei die Allgemeinheit der Besteuerung und die Gleichbehandlung der allgemein erfassten Steuerpflichtigen zu verstehen.[185] Eine gleichmäßige Besteuerung erfordert eine gleiche Belastung von Steuerpflichtigen.[186] Es ist nach einem konkreten Vergleichsmaßstab zu fragen.[187] Ein solcher kann nur aus der Wertung oder Regel, auf der das Gesetz basiert, also dem systemtragenden Prinzip gewonnen werden.[188] Er ist damit ein Wertmaßstab, den der Gesetzgeber angelegt hat. Die Aussage, dass die Hinzurechnungsbesteuerung eine ungerechtfertigte Ausklammerung aus der deutschen Besteuerung durch die Nutzung von Basisgesellschaften verhindern soll,[189] liefert dabei einen ersten Anhaltspunkt. Offenbar war durch die Hinzurechnungsbesteuerung eine Gleichstellung der steuerlichen Folgen mit denen geplant, die durch den Direktbezug der Einkünfte ausgelöst werden,[190] also ohne die Einschaltung der Basisgesellschaft.[191]

Das Steuersenkungsgesetz[192] vom 23.10.2000, mit dem – wie später gezeigt werden soll[193] – die Hinzurechnungsbesteuerung grundlegend verändert wurde, liefert einen anderen Vergleichsmaßstab.[194] Nun soll die Hinzurechnungsbesteuerung sicherstellen, dass die niedrig besteuerten ausländischen Einkünfte aus passivem Erwerb einem Belastungsniveau ver-

---

[183] Vgl. *Mersch, E.*, Hinzurechnungsbesteuerung, 1986, S. 145 und AStG-Entwurf, BT-Drs. VI/2883, Tz. 34.

[184] Die steuerliche Gleichstellung von in- und ausländischen Investitionen wird als Kapitalexportneutralität bezeichnet.

[185] Vgl. *Tipke, K.*, Steuerrecht, 1983, S. 23 f. Vgl. zur Allgemeinheit der Besteuerung auch *Isensee, J.*, in: Stödter, R.; Thieme, W., Festschrift für Ipsen, 1977, S. 418.

[186] Abgestellt wird nicht auf absolut gleiches, sondern auf relativ gleiches. Vgl. *Tipke, K.*, Steuergerechtigkeit, 1981, S. 54.

[187] Vgl. *Tipke, K.*, Steuergerechtigkeit, 1981, S. 54.

[188] Vgl. *Tipke, K.*, Steuerrecht, 1983, S. 25.

[189] Vgl. AStG-Entwurf, BT-Drs. VI/2883, S. 19.

[190] Dies geht unmittelbar daraus hervor, dass der Hinzurechnungsbetrag keiner Sondersteuer, sondern der tariflichen Einkommen-/Körperschaftsteuer unterliegt und die von der ausländischen Kapitalgesellschaft gezahlte Steuer indirekt auf die deutsche Einkommensteuerschuld angerechnet werden kann.

[191] Ähnlich erfolgt die Feststellung des zu bekämpfenden Missbrauchs bei *Thömmes, O.*, EG-rechtliche Anmerkungen, IStR 2001, S. 441.

[192] Vgl. Gesetz zur Senkung der Steuersätze und zur Reform der Unternehmensbesteuerung vom 23.10.2000, BGBl. I 2000, S. 1433.

[193] Vgl. dazu Kapitel D1.2 Die Hinzurechnungsbesteuerung nach dem Steuersenkungsgesetz 2000, S. 131.

[194] Vgl. StSenkG-Entwurf, BT-Drs. XIV/2683, S. 133.

gleichbarer inländischer Einkünfte zugeführt werden.[195] Es sei nun das Ziel der Hinzurechnungsbesteuerung, die für das Halbeinkünfteverfahren notwendige Vorbelastung herzustellen. Das Unternehmensteuerfortentwicklungsgesetz, das die Hinzurechnungsbesteuerung abermals änderte, legte dieser Reformierung explizit keinen anderen Maßstab zugrunde. Es verweist vielmehr nochmals auf die notwendige Vorbelastung, um dann jedoch zu ergänzen, dass die Hinzurechnungsbesteuerung in Form einer Zusatzsteuer erhoben werden soll.[196] Für Kapitalgesellschaften als Anteilseigner der Basisgesellschaft entspricht die Vorbelastung durch die Hinzurechnungsbesteuerung zwar der, der eine in Deutschland ansässige Kapitalgesellschaft unterliegen würde. Einkünfte, die eine natürliche Person als Gesellschafter der Zwischengesellschaft bezieht, würden hingegen dem Vorbelastungskonzept folgend, entsprechend ihrem persönlichen Einkommensteuersatz vorbelastet sein, was einer solchen Zielsetzung widerspricht. Somit bleibt das eigentliche Ziel des Gesetzgebers im Dunkeln.[197]

Damit scheinen das Ziel und die Funktion der deutschen Hinzurechnungsbesteuerung von denen des *subpart* F abzuweichen. Es geht offenbar nicht um die Vermeidung des Steueraufschubs aus der Thesaurierung[198] – wie dies jedoch ursprünglich auch in Deutschland beabsichtig war,[199] sondern um eine irgendwie geartete Vorbelastung. Auffallend ist zudem, dass in Deutschland nunmehr das Ziel und die Funktion der Hinzurechnungsbesteuerung auseinanderzufallen scheinen. Während der Gesetzgeber angibt, er wolle mit der Hinzurechnungsbesteuerung eine Vorbelastung herstellen, orientiert sich die Ausgestaltung an dem Direktbezug der Einkünfte ohne Zwischenschaltung einer Basisgesellschaft. De facto wird damit die gewählte rechtliche Gestaltung für den Bereich der passiven Einkünfte nicht anerkannt. Vor diesem Hintergrund ist jedoch die Besteuerung der Dividende im Rahmen des Halbeinkünfteverfahrens nach Verstreichen der Präklusionsfrist von sieben Jahren trotz vorangegangener Hinzurechnungsbesteuerung mehr als fragwürdig. Insgesamt scheint die deutsche Hinzurechnungsbesteuerung bereits in ihrer Grundkonzeption nicht durchdacht.

1.3 Abschichtung der Hinzurechnungsbesteuerung

Die Abschichtung von Steuerrechtsnormen soll eine Trennung der Wirkungen derselben nach Ausnahme und Regel ermöglichen.[200] Dazu werden die steuerlichen Vorschriften in drei Kategorien unterteilt. In der Literatur erfolgt die Differenzierung der einzelnen Regelungen, zumindest rein terminologisch, nicht einheitlich.[201] Inhaltlich scheint sich jedoch die

[195] Vgl. StSenkG-Entwurf, BT-Drs. XIV/2683, S. 120.

[196] Vgl. Bericht zur Fortentwicklung des Unternehmenssteuerrechts, FR 2001, Beilage zu Heft 11, S. 27.

[197] Ähnlich auch *Rättig, H.; Protzen, P. D.*, Änderungen der Hinzurechnungsbesteuerung, IStR 2001, S. 604.

[198] Rättig & Protzen bezeichnen das Ziel der Vermeidung der Steuerstundung – zumindest für Kapitalgesellschaften – als sinnlos, da die Ausschüttung nach § 8b Abs. 1 KStG steuerfrei ist und so eine Thesaurierung steuerlich keine Vorteile bringt. Vgl. *Rättig, H.; Protzen, P. D.*, Änderungen der Hinzurechnungsbesteuerung, IStR 2001, S. 604. Dies gilt jedoch nicht für natürliche Personen, bei denen die Dividende im Halbeinkünfteverfahren erfasst wird.

[199] Vgl. Leitsätze der Bundesregierung vom 17.12.1970, DB 1971, S. 17.

[200] Vgl. *Vogel, K.*, Abschichtung, StuW 1977, S. 106.

[201] Vgl. die Übersicht bei *Tipke, K.*, Steuerrechtsordnung, Bd. I, 2000, S. 75 f.

Unterscheidung von Fiskalzweck-, Sozialzweck- und Vereinfachungsnormen durchgesetzt zu haben.[202] Ziel der Abschichtung ist es, die Wirkungen der Sozialzwecknormen von denen der Fiskalzwecknormen zu isolieren[203] und so Vergünstigungen oder Benachteiligungen aufzuzeigen.[204]

Fiskalzwecknormen dienen dazu, den Finanzbedarf der öffentlichen Haushalte zu decken.[205] Sie treffen dabei eine konkrete Steuerwürdigkeitsentscheidung und orientieren sich überwiegend am Leistungsfähigkeitsprinzip.[206] Sozialzwecknormen sind Vorschriften, mit denen verschiedene soziale oder wirtschaftliche Ziele erreicht werden, die bestimmte Handlungen im nationalen Interesse auslösen sollen.[207] Sie sind jedoch nicht vorrangig fiskalisch motiviert und treffen keine Steuerwürdigkeitsentscheidungen. Trotzdem haben sie Auswirkungen auf das Steueraufkommen, sie können es je nach Ausprägung erhöhen oder vermindern.[208] Sozialzwecknormen sind lediglich technisch in das Steuergesetz eingebaut, sie haben inhaltlich nichts mit der Besteuerung zu tun.[209] Innerhalb der Sozialzwecknormen kann noch einmal differenziert werden zwischen Lenkungs- und Umverteilungsnormen, wobei Lenkungsnormen ein Gemeinwohlverhalten des Steuerpflichtigen provozieren und Umverteilungsnormen eine Wohlstandskorrektur anstreben.[210] Eine echte Lenkungsvorschrift soll dabei einen umgrenzten Kreis von Steuerpflichtigen betreffen.[211] Die wesentliche Unterscheidung der Normen als Fiskalzweck- und Sozialzwecknormen ist wichtig, soll eine Untersuchung nicht bereits im Ansatz zu Fehlschlüssen und -interpretationen führen. Die Einordnung steuerlicher Vorschriften in dieses System hat Auswirkungen auf die Rechtsanwendung respektive die Auslegung, auf die Entscheidung, ob eine Steuervergünstigung vorliegt oder aber auf die Bewertung der einzelnen Norm hinsichtlich der individuell gerechten Verteilung von Lasten oder Vorteilen.[212] Dies sei nachfolgend kurz erläutert.

---

[202] Die Vereinfachungsnorm ist den beiden anderen untergeordnet. Vgl. dazu detaillierter *Tipke, K.*, Steuerrechtsordnung, Bd. I, 2000, S. 74. Diese Unterteilung ist auf die unterschiedlichen Ziele der Besteuerung zurückzuführen. Vgl. *Vogel, K.*, Abschichtung, StuW 1977, S. 106 f., der diese allerdings als Funktionen bezeichnet.

[203] Die Vereinfachungsnormen werden nachfolgend vernachlässigt. Die stets als überaus kompliziert beschriebenen Regelungen der Hinzurechnungsbesteuerung können nicht den Anspruch erheben, eine Vereinfachungsnorm zu sein. Für die USA z. B. *Tillinghast, D. R.*, Tax Simplification, Am. J. Tax Policy 1990, S. 190.

[204] Vgl. *Vogel, K.*, Abschichtung, StuW 1977, S. 98, 100.

[205] Vgl. *Surrey, St. S.*, Tax Incentives, Harv. Law Rev. 1970, S. 706 f.

[206] Vgl. *Lang, J.*, in: Tipke, K.; Lang, J., Steuerrecht, 1998, S. 71; *Vogel, K.*, Abschichtung, StuW 1977, S. 107.

[207] Vgl. *Surrey, St. S.*, Tax Incentives, Harv. Law Rev. 1970, S. 706 f.

[208] Vgl. *Knies, W.*, Steuerzweck, 1976, S. 123-126.

[209] Vgl. *Tipke, K.*, Steuerrechtsordnung, Bd. I, 2000, S. 85.

[210] Vgl. *Lang, J.*, in: Tipke, K.; Lang, J., Steuerrecht, 1998, S. 71.

[211] Vgl. *Neumark, F.*, Grundsätze, 1970, S. 225; *Timm, H.*, Bemerkungen, FA N.F. 1968, S. 91, ähnlich auch *Bayer, H.-W.*, Wirtschaftslenkung, StuW 1971, S. 155.

[212] Vgl. *Lang, J.*, in: Tipke, K.; Lang, J., Steuerrecht, 1998, S. 73.

Die Auslegung von Gesetzesnormen sollte – wie bereits erwähnt – vorrangig nach ihrem Zweck erfolgen.[213] Für Fiskalzwecknormen würde dies zu einer exzessiven Besteuerung führen.[214] Eine teleologische Auslegung ist nicht möglich. Hier muss ergänzend das Kriterium der austeilenden Gerechtigkeit herangezogen werden.[215] Anders ist die Lage bei den Lenkungsnormen. Hier wird nach dem Lenkungszweck auszulegen sein, den der Gesetzgeber bereits „mit hinreichender Bestimmtheit tatbestandlich"[216] vorzuzeichnen hat.

Die Unterscheidung wird weiterhin deutlich, soll eine Vorschrift dahingehend bewertet werden, wie sie zur individuell gerechten Verteilung von Lasten und Vorteilen beiträgt. Eine gerechte Besteuerung wird demnach als gegeben angesehen, wenn wirtschaftlich gleiche Vorgänge steuerlich gleich behandelt werden. Als Vergleichsmaßstab zur Feststellung der Gleichheit von Vorgängen wird hierbei das Leistungsfähigkeitsprinzip herangezogen. Dieses ist jedoch nur geeignet, wenn die fragliche Vorschrift auf die gerechte Verteilung steuerlicher Lasten ausgelegt ist, mithin eine Fiskalzwecknorm ist. Für Sozialzwecknormen sind Prinzipien heranzuziehen, die eine Abweichung vom Leistungsfähigkeitsprinzip zu begründen vermögen.[217] Dies sind das Gemeinwohlprinzip, das Bedürfnisprinzip und das Verdienstprinzip.[218] Ist eine Vorschrift als Lenkungsnorm identifiziert, so ist sie auf ihre Geeignetheit, Erforderlichkeit und Verhältnismäßigkeit hin zu prüfen.[219]

Wie fügt sich nun also die Hinzurechnungsbesteuerung in dieses System? Soweit ersichtlich, ist *Kuhlmann* der einzige, der eine Einordnung vornimmt. Er sieht die §§ 7 bis 14 AStG als lenkende Normen, als sozialpolitisch und wirtschaftspolitisch motivierte Sozialzwecknormen. Er schließt dies u. a. aus der Tatsache, dass der Gesetzgeber eine befristete Regelung für eine begünstigte Rückführung des Vermögens aus Basisgesellschaften in das Inland (§ 19 AStG) erlassen hat.[220] Mit dieser Regelung begründet er, dass keine an der Steuerwürdigkeit orientierte Fiskalzwecknormen vorliegen. Zudem führt er an, dass der Gesetzgeber keine Definitivbelastung gewünscht habe, sondern die Hinzurechnungsbesteuerung zugunsten einer tatsächlichen Ausschüttung zurückgenommen wird. Dies spreche dafür, dass die Hinzurechnungsbesteuerung ein missbilligtes Verhalten von Inländern verhindern solle. Die zeitliche Begrenzung dieser Verrechnung stehe der Einordnung als Sozialzwecknorm nicht entgegen, sie habe lediglich der Vereinfachung gedient.[221]

---

[213] Vgl. *Lang, J.*, in: Tipke, K.; Lang, J., Steuerrecht, 1998, S. 148 f. Hierzu ist einschränkend zu sagen, dass zunächst der Wortlaut und der Sinnzusammenhang die Auslegung begrenzen und im Prinzip der nächste Schritt zur Auslegung einer Vorschrift die (historisch-)teleologische Auslegung ist. Vgl. *Larenz, K.; Canaris, C.-W.*, Methodenlehre, 1995, S. 164.

[214] Vgl. *Vogel, K.*, Anwendungsbereich der Verwaltungsrechtsnorm, 1965, S. 390 f.

[215] Vgl. *Vogel, K.*, Besonderheit, DStZ/A 1977, S. 9.

[216] Beschluss des Zweiten Senats v. 22.06.1995, BVerfGE 93, S. 148.

[217] Vgl. *Lang, J.*, in: Tipke, K.; Lang, J., Steuerrecht, 1998, S. 87.

[218] Vgl. *Lang, J.*, in: Tipke, K.; Lang, J., Steuerrecht, 1998, S. 102 f.

[219] Vgl. *Vogel, K.*, Besonderheit, DStZ/A 1977, S. 10.

[220] Vgl. AStG-Entwurf, BT-Drs. VI/2883, S. 20.

[221] Vgl. AStG-Entwurf, BT-Drs. VI/2883, S. 19; *Kuhlmann, J.-H.*, Systematik, 1983, S. 23 f.

Diese Einordnung muss vor dem Hintergrund der Steuerfluchtproblematik zumindest verwundern. War es nicht gerade die Tatsache, dass der Steuerbürger erwarten darf, dass „eine gerechte Verteilung der Steuerlast auch dort durchgesetzt wird, wo internationale Zusammenhänge Möglichkeiten unangemessener steuerlicher Vorteilserlangung eröffnen"[222] Anlass, die Hinzurechnungsbesteuerung auf den Weg zu bringen? Diese Aussage würde gegen *Kuhlmann* sprechen. Relevant ist in diesem Zusammenhang die Frage, ob die Hinzurechnungsbesteuerung mit einer Erhöhung der Leistungsfähigkeit des inländischen Anteilseigners durch Zufluss von Einkünften bei der Zwischengesellschaft begründet werden kann.[223] Dies führt zu einer weiteren Wertung des Gesetzgebers – der Definition des Einkommens als Indikator der Leistungsfähigkeit.[224]

Inwieweit die steuerliche Leistungsfähigkeit durch das Einkommen wiedergegeben werden kann, ist von seiner Definition abhängig. Einkommen ist kein Phänomen, welches direkt beobachtet werden kann.[225] Es existieren vielmehr unterschiedliche theoretische Konzepte zur Messung des Einkommens, die die heutige Einkommensbesteuerung beeinflussen. Ausgangspunkt der aktuellen Form bilden die Reinvermögenszugangs- und Quellentheorie.[226] Die Zugehörigkeit einer Vermögensmehrung zum Einkommen wird in der Literatur unter dem Konzept der Reinvermögenszugangstheorie diskutiert, die Quellentheorie ist hier zur Bedeutungslosigkeit degeneriert.[227] Nach der Reinvermögenszugangstheorie gelten als Einkommen Reinerträge, die durch eine Beteiligung am allgemeinen wirtschaftlichen Verkehr im Rahmen einer längerfristigen Gewinnerzielungsabsicht erzielt wurden.[228] In Deutschland wird die Markteinkommenstheorie der Einkommensbesteuerung zugrunde gelegt,[229] was hinsichtlich des Umfang der als Einkommen einbezogenen zugegangenen Konsummöglichkeiten eine Einschränkung gegenüber der Reinvermögenszugangstheorie bedeutet.[230] Die

---

[222] AStG-Entwurf, BT-Drs. VI/2883, S. 15.

[223] Vgl. z. B. *Menck, T.*, in: Blümich, W.; Ebling, K., EStG, KStG, GewStG, Vorb. §§ 7-14 AStG, Anm. 13a.

[224] Vgl. dazu *Andrews, W. D.*, Personal Deductions, Harv. Law Rev. 1972, S. 318. Kritisch *Wagner, F. W.*, Neutralität, StuW 1992, S. 4-12. Weltweit orientieren sich die Steuersysteme derzeit ganz überwiegend am Einkommen als Grundlage der Ertragsteuern. Vgl. *Peffekoven, R.*, in: Neumark, F., Finanzwissenschaft, Bd. II, 1980, S. 418.

[225] Vgl. *Wissel, H.*, Einkommensbegriff, 1997, S. 55.

[226] Vgl. *Lang, J.*, Liebhaberei, StuW 1981, S. 227. Die Reinvermögenszugangstheorie und die damit zusammenhängende Definition von Einkommen gehen auf *Schanz* zurück. Vgl. *Schanz, G.*, Einkommensbegriff, FA 1896, S. 17, 23. Zur Quellentheorie vgl. *Fuisting, B.*, Preußischen direkten Steuern, 4. Bd., 1902, S. 110, 147-151.

[227] Vgl. z. B. *Schneider, D.*, Körperschaftsteuerreform, StuW 1975, S. 103; *Fohr, I.*, Besteuerungskonzept, 2001, S. 58-60.

[228] Vgl. *Bach, S.*, Perspektiven des Leistungsfähigkeitsprinzips, StuW 1991, S. 125; *Lang, J.*, in: Tipke, K.; Lang, J., Steuerrecht, 1998, S. 236.

[229] Vgl. *Lang, J.*, in: Tipke, K.; Lang, J., Steuerrecht, 1998, S. 96; etwa auch *Wittmann, R.*, Besteuerung des Markteinkommens, StuW 1993, S. 45 f.

[230] Diese Begrenzung ist der Objektivierung und Standardisierung der Einkommensmessung geschuldet. *Tipke* formuliert das so: „Die Markteinkommenstheorie erweist sich [...] als die auf das Praktikable zurückgenommene Reinvermögenszugangstheorie." *Tipke, K.*, Steuerrechtsordnung, Bd. II, 1993, S. 580.

Definition des Einkommens verlangt danach eine Realisation durch einen Leistungsaustausch am Markt.[231]

Fraglich ist insoweit, ob von der Kapitalgesellschaft thesaurierte Einkünfte einen Reinvermögenszugang beim Gesellschafter bewirken.[232] Das ist bejaht worden, da die Reinvermögenszugangstheorie nicht besage, wem das realisierte Einkommen zuzurechnen sei.[233] Dem ist entgegenzuhalten, dass die heutige Einkommensbesteuerung nur noch in Grundzügen auf die Reinvermögenszugangstheorie zurückgeführt werden kann.[234] Nach der (in Deutschland maßgeblichen) Markteinkommenstheorie wird demjenigen das Einkommen zugerechnet, der mit seinen Dispositionen die Entstehung desselben beeinflussen kann, also die Kontrolle über die Markthandlung hat.[235] Dies ist sowohl nach deutschem als auch nach US-amerikanischem Steuerrecht die Kapitalgesellschaft.[236] Die bloße Tatsache, dass die Gesellschaft Gewinn macht, hat keine unmittelbaren steuerlichen Auswirkungen auf ihren Anteilseigner. Für einen Reinvermögenszugang (ein Markteinkommen) bei dem Gesellschafter ist eine Ausschüttung erforderlich.[237] Jedoch soll die Erfassung nicht ausgeschütteter Gewinne als Reinvermögenszugang möglich sein, wenn eine Mehrheitsbeteiligung besteht.[238] Hier obliegt es dem Gesellschafter (im weitesten Sinne), den Zeitpunkt der Entstehung von Markteinkommen zu bestimmen. Eine solche Vorgehensweise wäre denkbar, wenn sie als Grundsatzwertung des gesamten Ertragsteuerrechts Gesetz würde. Dem ist jedoch nicht so. Das thesaurierte Einkommen der (ausländischen) Kapitalgesellschaft bewirkt nach dem geltenden theoretischen Ansatz für die Einkommensbesteuerung keine Erhöhung der steuerlichen Leistungsfähigkeit des Gesellschafters, da die realisierte Erhöhung der Konsummöglichkeiten erfasst wird und nicht das Potential, sie zu erhöhen.[239] Die Hinzurechnungsbe-

---

[231] Vgl. z. B. *Knobbe-Keuk, B.*, Besteuerung stiller Reserven, DStR 1985, S. 494; *Wittmann, R.*, Besteuerung des Markteinkommens, StuW 1993, S. 36; *Lang, J.*, in: Tipke, K.; Lang, J., Steuerrecht, 1998, S. 210.

[232] Trotz des oben beschriebenen eingeschränkten Umfangs hinsichtlich der erfassten Einkommensbestandteile der Markteinkommenstheorie gegenüber der Reinvermögenszugangstheorie wird der Einbezug thesaurierter Gewinne einer Kapitalgesellschaft bei ihrem Anteilseigner nur unter dem Blickwinkel der Reinvermögenszugangstheorie diskutiert. Vgl. die Quellen der nachfolgenden Fußnoten.

[233] Vgl. *Schneider, D.*, Körperschaftsteuerreform, StuW 1975, S. 103. Ähnlich wohl auch *Haig, R. M.*, Concept of Income, wieder abgedruckt in: Musgrave, R. A.; Shoup, C. S., Readings, 1959, S. 61.

[234] Vgl. *Lang, J.*, in: Tipke, K.; Lang, J., Steuerrecht, 1998, S. 236.

[235] Vgl. *Ruppe, H. G.*, in: Tipke, K., Übertragung von Einkunftsquellen, 1979, S. 18 f.; *Stadie, H.*, Zurechnung von Einkünften, 1983, S. 24-26.

[236] Kritisch zu diesem Vorgehen *Siegel, T.*, in: Handbuch der Wirtschaftsethik, Bd. 3, 1999, S. 369. In den USA scheint sich die Diskussion auf das Problem des Steueraufschubs *(deferral)* zu beschränken. Die vorgelagerten Aspekte der Zurechnung von Einkommen werden nur am Rande erwähnt. Trotzdem kann die oben gemachte Aussage auch auf die USA übertragen werden. Vgl. dazu kurz *Garrett-Nelson, L.*, in: Brown, K. B.; Fellows, M. L., Taxing America, 1996, S. 235.

[237] Vgl. *Kraft, C.*, Steuergerechtigkeit, 1991, S. 107 f; *Schneider, D.*, Steuerbilanzen, 1978, S. 54-59. Die Änderung der Auffassung *Schneiders* hinsichtlich dieses Aspektes wird von ihm nicht begründet. Die Markteinkommenstheorie stellt auf einen entsprechenden Liquiditätszuwachs ab. Vgl. *Wittmann, R.*, Besteuerung des Markteinkommens, StuW 1993, S. 46.

[238] Vgl. *Fohr, I.*, Besteuerungskonzept, 2001, S. 48; ähnlich auch *Siegel, T.*, in: Handbuch der Wirtschaftsethik, Bd. 3, 1999, S. 369.

[239] Vgl. dazu *Wosnitza, M.; Treisch, C.*, Leistungsfähigkeitskonzeptionen, DBW 1999, S. 353-356.

steuerung kann also nicht durch das Leistungsfähigkeitsprinzip gerechtfertigt werden; sie ist keine Fiskalzwecknorm.[240] Sie ist als Durchbrechung einer einmal getroffenen Steuerwürdigkeitsentscheidung zu sehen.

Dies legt die Vermutung nahe, dass es sich bei der Hinzurechnungsbesteuerung tatsächlich um Lenkungsnormen handelt. Dafür spricht auch die häufig bemühte Begründung der Präventivgesetzgebung, die einer gänzlichen Abschaffung der §§ 7 bis 14 AStG entgegensteht.[241] Der eigentliche Zweck der Steuererhebung – die Finanzmittelbeschaffung – degeneriert zum Nebenzweck.[242] In dieses Bild fügt sich nahtlos die Tatsache ein, dass das direkte Mehraufkommen aus der Hinzurechnungsbesteuerung geradezu verschwindend gering ist und die Messung des Mehraufkommens aus zusätzlicher Einkommen- und Körperschaftsteuer, die auf die Präventivwirkung zurückzuführen sind, nicht erfolgt ist.[243]

Meines Erachtens handelt es sich hierbei um eine Zweckverwechslung durch den Gesetzgeber. Geplant war eine Verwirklichung des sozialen Rechtsstaates auf dem Gebiet der Besteuerung, der insbesondere durch die Einführung der Hinzurechnungsbesteuerung Rechnung getragen werden sollte.[244] Die Formel vom sozialen Rechtsstaat ist eine allgemeine Staatszielbestimmung, also eine Verfassungsnorm, die Aufgaben und Richtung gegenwärtigen und künftigen staatlichen Handelns verbindlich festlegt.[245] Diese Formel ist sehr weit gefasst, was die Bestimmung ihres Inhaltes erschwert.[246] Dabei ist die Grundlage der verfassungsmäßig festgeschriebene Rechtsstaat, der neben anderen durch die Sozialstaatsklausel des Grundgesetzes ergänzt wird. Diese Klausel sieht ihr Ziel in der Durchsetzung sozialer Gerechtigkeit.[247] (Soziale) Gerechtigkeit wird heute im Steuerrecht über das Leistungsfähigkeitsprinzip konkretisiert.[248] Wie gezeigt, ist aber die Hinzurechnungsbesteuerung nicht durch das Leistungsfähigkeitsprinzip zu rechtfertigen. Dem Gesetzgeber ist demnach bei der Rechtfertigung der Einführung der Hinzurechnungsbesteuerung ein Fauxpas unterlaufen.

---

240 Vgl. *Tipke, K.*, Steuerrechtsordnung, Bd. I, 2000, S. 82.

241 Vgl. z. B. *Koch, K.*, in: Vogel, K.; Ellis, M. J., Außensteuergesetze, 1981, S. 88.

242 So *Wassermeyer, F.*, in: Hansmeyer, K.-H., Staatsfinanzierung, 1982, S. 590; *Wassermeyer, F.*, in: Klein, F.; Stihl, H. P.; Wassermeyer, F., Festschrift für Flick, 1997, S. 1058 f., 1065.

243 Vgl. z. B. *Wassermeyer, F.*, Elf Jahre, RIW 1984, S. 463 f.; *Koch, K.*, in: Vogel, K.; Ellis, M. J., Außensteuergesetze, 1981, S. 85 f.; aus jüngerer Zeit *Hadenfeldt, B.*, Hinzurechnungsbesteuerung, 2001, S. 37.

244 Vgl. AStG-Entwurf, BT-Drs. VI/2883, S. 16.

245 Vgl. *Hesse, K.*, Grundzüge, 1995, S. 91. In diesem Zusammenhang wird auf die vielfältigen Möglichkeiten zur Auslegung des Wortes „sozial" verwiesen und davor gewarnt, diesen Begriff beliebig auszufüllen. Weiterhin sei darauf hingewiesen, dass sich die Auffassungen davon, was sozial ist, im Zeitablauf ändern. Vgl. *Benda, E.*, in: Benda, E.; Maihofer, W.; Vogel, H.-J., Handbuch, 1994, S. 755-761, insbesondere S. 760 f., S. 768.

246 Vgl. *Hesse, K.*, Grundzüge, 1995, S. 91 f.

247 Vgl. *Benda, E.*, in: Benda, E.; Maihofer, W.; Vogel, H.-J., Handbuch, 1994, S. 768.

248 Alternative Prinzipien sind das Kopfsteuerprinzip und das Äquivalenzprinzip. Vgl. dazu *Tipke, K.*, Steuerrechtsordnung, Bd. I, 2000, S. 473-479.

1.4 Steueraufschub als Subvention?

In diesem Zusammenhang sei kurz auf eine weitere Frage eingegangen, deren Antwort sich möglicherweise leicht aus den vorstehenden Ausführungen extrahieren lässt, die jedoch noch einmal expliziert werden soll. Dies gilt insbesondere im Hinblick auf die in den USA geführte Diskussion: Ist die Gewährung eines Steueraufschubs für thesaurierte Gewinne einer Kapitalgesellschaft eine Subvention? Die Beantwortung dieser Frage setzt eine Definition dessen voraus, was als Subvention anzusehen ist.

Wesentlich für die Identifikation der Steuersubvention ist also zunächst eine Definition des Steuerobjektes. Dazu kommt die Beachtung eines zeitlichen Aspektes; die Verschiebung von Steuerzahlungen auf einen späteren Zeitpunkt soll nach *Ault* grundsätzlich als Subvention zu betrachten sein. Er will jedoch eine Eingrenzung dahingehend vornehmen, dass ein Bezugspunkt bzw. eine Vorschrift zu identifizieren ist, die als Norm gilt, mit deren Hilfe eine Abweichung erkennbar werden soll.[249] Sowohl in Deutschland als auch in den USA wird seit einigen Jahrzehnten in gewissen Zeitabständen ein Subventionsbericht resp. *Tax Expenditure Budget* aufgestellt. Damit soll eine Identifizierung von Subventionen und – soweit möglich – ihrer fiskalischen Auswirkungen erfolgen.[250]

Im deutschen Subventionsbericht werden Steuervergünstigungen als „spezielle steuerliche Ausnahmeregelungen, die für die öffentliche Hand zu Mindereinnahmen führen"[251] definiert. Die Bestimmung der Ausnahme erfolgt mithin in Abgrenzung zu den im geltenden Recht als Regel identifizierten Normen. Im Gegensatz dazu wird gefordert, dass als Grundlage für den Einkommensbegriff der Vermögenszuwachs dienen soll. Eine Abweichung davon soll ihre Begründung im Begriff der Leistungsfähigkeit oder in verwaltungstechnischen Gründen finden, andernfalls ist sie eine Steuervergünstigung.[252] Eine solche Vorgehensweise ist denkbar, ihr Problem ist jedoch darin begründet, dass sich u. a. der Umfang des maßgeblichen Einkommensbegriffes wissenschaftlich nicht eindeutig bestimmen lässt.[253]

Es stellt sich hierbei also die Frage, ob die Nichteinbeziehung bestimmter Vermögensmehrungen einen Verzicht auf Steuermehreinnahmen darstellt oder ob es sich um eine Nichtausschöpfung steuerlicher Möglichkeiten handelt.[254] Zu diesem Zweck kann als Steuervergünstigung betrachtet werden, was im Widerspruch zu einer grundlegenden Belastungsentscheidung des Gesetzgebers steht, sich also nicht auf eine Steuerwürdigkeitsentscheidung zurückführen lässt.[255] Dies kann für die Gewährung eines Steueraufschubs hinsichtlich thesaurierter

---

[249] Vgl. *Ault, H. J.*, Steuervergünstigungen, StuW 1974, S. 337; dazu auch *Vogel, K.*, Abschichtung, StuW 1977, S. 100.

[250] Vgl. dazu *Ault, H. J.*, Steuervergünstigungen, StuW 1974, S. 335.

[251] Vgl. den 18. Subventionsbericht, http://www.bundesfinanzministerium.de/Anlage6737/18.-Subventionsbericht-der-Bundesregierung.pdf, S. 10.

[252] Vgl. *Ault, H. J.*, Steuervergünstigungen, StuW 1974, S. 336 f.

[253] Vgl. *Ruppe, H.-G.*, Ausnahmebestimmungen, 1971, S. 7.

[254] Vgl. *Hansmeyer, K.-H.*, Subventionsbericht, FA N.F. 1971, S. 106.

[255] Vgl. *Ruppe, H.-G.*, Ausnahmebestimmungen, 1971, S. 3 f.

Gewinne einer Kapitalgesellschaft gegenüber dem Anteilseigner verneint werden. Die Abschirmwirkung ist ein grundlegender Bestandteil des deutschen Steuersystems und kann somit nicht als Ausnahme im Sinne einer „Durchbrechung des allgemeinen Rechtsgedankens“[256], als „auf ganz bestimmte Zwecke gerichtete gesetzespolitische Sondermaßnahme gewertet“[257] werden.

Ähnlich wie die deutsche klingt auch die US-amerikanische Definition der Steuervergünstigungen *(tax expenditures)*. Steuervergünstigungen sind demnach Steuermindereinnahmen des Fiskus, die auf Grund von Vorzugsbestimmungen des Bundessteuergesetzes entstehen, wie z. B. besondere Freistellungen, Abzüge, Anrechnungen, Steueraufschübe und Steuersätze. Sie gelten als alternative Instrumente zu Zuschüssen (*spending*) oder Regulierungsprogramme (*regulatory programs*) zur Durchsetzung staatlicher Ziele (*Federal policy goals*).[258] Im *Tax Expenditure Budget* ist nun nicht genau festgelegt, auf welcher Grundlage darüber zu entscheiden ist, was als Vergünstigung anzusehen ist. Zu Identifizierung von Steuervergünstigungen haben sich daher zwei Konzepte herausgebildet:[259] die normale steuerliche Grundlage (*normal tax baseline)* und die auf das Gesetz verweisende Grundlage (*reference law baseline*). Die *normal tax baseline* nimmt sich einen umfassenden Einkommensbegriff zum Vorbild, nach dem Einkommen als Summe des Verbrauchs (konsumtive Einkommensverwendung) und der Veränderung des Reinvermögens in einer Periode gilt. Dies entspricht der Definition des Reinvermögenszugangs.[260] Die *reference law baseline* legt ebenfalls einen umfassenden Einkommensbegriff zugrunde, orientiert sich aber stärker am bestehenden Recht. Unter diesem Konzept werden Vergünstigungen nur dann bejaht, wenn sie besondere Ausnahmen sind, die einer programmatischen Funktion dienen.[261] Beide Konzepte führen nicht immer zum gleichen Ergebnis. Für die Berechnungen der Steuerausfälle scheint jedoch die *normal tax baseline* ausschlaggebend zu sein. Gilt die entsprechende Regelung nach dem alternativen Konzept nicht als Steuervergünstigung, wird dies lediglich vermerkt.[262]

Der Steueraufschub als eine Form der Steuervergünstigungen wird nicht näher definiert. In Bezug auf ausländische Einkünfte bestimmt die *normal tax baseline*, dass beherrschte ausländische Kapitalgesellschaften nicht als eigenständige Rechtssubjekte anerkannt werden und somit der Steueraufschub als Steuervergünstigung zu werten ist. Im Gegensatz dazu wird unter der *reference law baseline* die Rechtsfähigkeit der ausländischen beherrschten Kapitalgesellschaft anerkannt, es sei denn, sie übt *tax haven activities* aus. Dies liegt darin begründet, dass US-

---

256 *Ruppe, H.-G.*, Ausnahmebestimmungen, 1971, S. 3.

257 Vgl. *Strickrodt, G.*, Subventionsthema, 1960, S. 14.

258 Ausführlicher dazu Tax Expenditures Chapter, Tax Notes 1998, S. 911.

259 Diese beiden Möglichkeiten zur Definition von Steuervergünstigungen werden auch im deutschsprachigen Raum genannt. Vgl. *Ruppe, H.-G.*, Ausnahmebestimmungen, 1971, S. 7.

260 Vgl. *Schanz, G.*, Einkommensbegriff, FA 1896, S. 23; *Haig, R. M.*, The Concept of Income, wieder abgedruckt in: Musgrave, R. A.; Shoup, C. S., Readings in the Economics of Taxation, 1959, S. 59; *Simons, H. C.*, Personal Income Taxation, 1938, S. 50.

261 Vgl. Tax Expenditures Chapter, Tax Notes 1998, S. 928.

262 Vgl. dazu die Übersichten 5-1, 5-2 und 5-3 in Tax Expenditures Chapter, Tax Notes 1998, S. 913-927.

amerikanische Steuerpflichtige grundsätzlich mit dem entstandenem und nicht mit ihrem realisiertem Einkommen *(accrued but unrealized income)* steuerpflichtig sind.[263] Die Argumentationen in der Literatur stützen sich zum einen auf die grundlegende Wertung, die dahingehend getroffen wurde, dass die Anerkennung der rechtlichen Selbständigkeit von Kapitalgesellschaften Bestandteil der US-amerikanischen Einkommensteuer ist.[264] Zum anderen wird ungenau mit dem Einkommensbegriff hantiert und ein Vergleich zu Betriebsstätten und Personengesellschaften im Ausland gezogen.[265] Die Ungenauigkeit besteht hierbei darin, dass mit dem gesetzlichen Einkommensbegriff argumentiert wird,[266] der jedoch eine wie auch immer geartete Realisation voraussetzt,[267] die bei dem US-amerikanischen Gesellschafter nicht gegeben ist.

Die Anführung der sofortigen Besteuerung anderer ausländischer Gewinne als Argument für die Aufhebung des Steueraufschubs ist hingegen eine Frage von ethischen Werturteilen und ordnungspolitischen Wertungen,[268] wie sie sich in der Definition des Einkommens widerspiegeln. Das *Tax Expenditure Budget* legt einen umfassenden, auf die Reinvermögenszugangstheorie aufbauenden Einkommensbegriff der Identifikation von Vergünstigungen zugrunde und stellt somit nicht auf die Gleichstellung Gesellschafter in- und ausländischer Kapitalgesellschaften oder die Gleichbehandlung aller Auslandsaktivitäten ab. Nach der Reinvermögenszugangstheorie wird die Erhöhung der Konsummöglichkeiten gemessen.[269] Entscheidend ist der Betrag, der entnommen werden kann, ohne das Anfangsvermögen zu schmälern. Insoweit fällt es schwer nachzuvollziehen, wie auf der Grundlage der Reinvermögenszugangstheorie das thesaurierte Einkommen einer Kapitalgesellschaft die Konsummöglichkeiten des Gesellschafters erhöhen soll und entsprechend der normalerweise gewährte Steueraufschub eine Vergünstigung darstellt. Der in der Literatur geführt Streit ist unfruchtbar, da er auf verschiedenen Ausgangspunkten basiert, die jeder für sich eine geeignete Begründung der einen oder anderen Ansicht darstellen.

---

263 Vgl. Tax Expenditures Chapter, Tax Notes 1998, S. 933 f.

264 Vgl. *Garrett-Nelson, L.*, in: Brown, K. B.; Fellows, M. L., Taxing America, 1996, S. 238; *Davie, B. F.; Nauheim, S. A.*, Tax Incentives, CDFI LXIa, S. 319; *Joint Committee on Taxation*, International Competitiveness, JCS-6-91, S. 90.

265 Vgl. z. B. *Fleming, J. C. Jr.; Peroni, R. J.; Shay, St. E.*, Deferral, Tax Notes 2000, S. 839, 842 f.

266 Vgl. *Fleming, J. C. Jr.; Peroni, R. J.; Shay, St. E.*, Deferral, Tax Notes 2000, S. 842.

267 Vgl. die Definition in § 61 IRC; dazu auch *Debatin, H.* Einkommensbegriff, StuW 1958, Sp. 310.

268 Vgl. *Schneider, D.*, Steuervergünstigungen, DB 1992, S. 1737.

269 Vgl. z. B. *Hackmann, J.*, in: Hansmeyer, K.-H., Staatsfinanzierung, 1983, S. 669 f.

2 Modellierung zur Explikation der Steuerwirkungen der Hinzurechnungsbesteuerung

Gegenstand der nachfolgenden Untersuchung ist eine (internationale) Steuerwirkungsanalyse. Ziel ist es, Steuerwirkungen auf ein und denselben Sachverhalt unter alternativen (dem deutschen und dem US-amerikanischen) Steuerrechtssystemen zu beurteilen.[270] Dabei ist nicht beabsichtigt, einzelwirtschaftliche Entscheidungshilfen zu formulieren. Die Investitionsentscheidung durch das Unternehmen gilt als bereits getroffen, sämtliche damit in Verbindung stehende Abwägungen sind erfolgt und gehen als Konstanten in die Untersuchung ein. Es wird also nicht untersucht, ob das Unternehmen in dem betreffenden Land investieren soll, sondern welche steuerlichen Konsequenzen sich aus dieser Entscheidung ergeben. Die hier interessierenden Steuerwirkungen beziehen sich auf die Hinzurechnungsbesteuerung in ihren unterschiedlichen Ausprägungen. Es soll ermittelt werden, inwieweit die Wahl ihrer Ausgestaltung dem mit ihr verbundenen Ziel gerecht wird. Außerdem ist zu analysieren, ob das in den USA entwickelte Grundkonzept hinsichtlich seiner Steuerwirkungen im Kontext des deutschen Steuersystems von den in den USA ausgelösten abweicht und eine Anwendung geboten und/oder vertretbar erscheint.

Das Ziel der Untersuchung ist damit, eine steuerpolitische Entscheidungshilfe zu entwickeln. Die Legitimität in der Praxis von in einer theoretischen Abhandlung ermittelten Ergebnissen hängt jedoch entscheidend davon ab, inwieweit sie als allgemeingültig bezeichnet werden können und ob das entwickelte Modell Rückschlüsse auf die Wirklichkeit zulässt.[271] Es ist dabei keine Isomorphie zwischen Modell und Realität anzustreben.[272] Eine solche würde zu einem Totalmodell führen, also eine genaue Abbildung der Realität darstellen, die als nicht handhabbar einzustufen ist.[273] Grundlage eines jeden Modells ist somit eine vereinfachte Darstellung der Realität.[274] Der allgemeine Rahmen dieser Untersuchung wird mithin durch ein Partialmodell gesteckt. Somit sind die aus dem Modell gewonnenen Erkenntnisse und die daraus abgeleiteten Empfehlungen unter Vorbehalt zu betrachten.[275]

Die Ableitung von Empfehlungen setzt voraus, dass die Untersuchungskriterien, auf denen die Analyse der Hinzurechnungsbesteuerung beruht, genannt und ihr Zusammenhang mit dem Untersuchungsgegenstand herausgearbeitet wird. Dazu soll auf die Zielsetzung der Gesetzgebung abgestellt werden. Wie oben dargestellt, besteht das Ziel der Hinzurechnungsbe-

---

[270] Auf eine allgemeine Umschreibung der steuerlichen Gegebenheiten in beiden Staaten sei verzichtet. Die für die Untersuchung notwendigen Regelungen werden kurz dargestellt, wenn die Modellierung erfolgt. Die Beschreibung der Hinzurechnungsbesteuerungen erfolgte bereits in Kap. B.

[271] Es muss mithin eine Strukturgleichheit oder zumindest -ähnlichkeit zwischen Realität und Modell gewährleistet werden. Vgl. *Bamberg, G.; Coenenberg, A. D.*, Entscheidungslehre, 2000, S. 13.

[272] Zu den damit verbundenen Problemen vgl. *Heinhold, M.*, Simultane Unternehmensplanungsmodelle, DBW 1989, S. 695 f.; *Schneider, D.*, in: Büschgen, H. E., Finanzwirtschaft, 1976, Sp. 565 f.

[273] Vgl. *Spengel, Ch.*, Steuerbelastungsvergleiche, 1995, S. 7 f.

[274] Vgl. *Bamberg, G.; Coenenberg, A. D.*, Entscheidungslehre, 2000, S. 13. Dazu auch *Henselmann, K.*, Steuerbelastung, 1994, S. 63 f.; *Widdau, P.*, Steuerbelastung, 1984, S. 179.

[275] Vgl. *Schneider, D.*, in: Fischer, L., Festschrift für Scherpf, 1983, S. 30-32.

steuerung in der Eindämmung ungerechtfertigter Steuervorteile, also der Herstellung der Gleichmäßigkeit der Besteuerung und von Wettbewerbsneutralität.[276]

Bei der Messung wirtschaftlicher Folgen des Steuerrechts kann hinsichtlich Entscheidungs- oder Verteilungswirkungen der Besteuerung unterschieden werden. Entscheidungswirkungen bilden die Auswirkungen der Besteuerung auf die Rangfolge konkurrierender Handlungsalternativen ab. Als Vergleichsmaßstab wird die Rangordnung unter einem alternativen Steuerrecht gewählt.[277] Wie dargelegt, handelt es sich bei der Hinzurechnungsbesteuerung um eine Lenkungsvorschrift. Diese Vorschriften sind darauf ausgelegt, Entscheidungswirkungen hervorzurufen.[278] Die angestrebte Wettbewerbsneutralität ist als Einflusslosigkeit der Besteuerung hinsichtlich der Entscheidungen der Wirtschaftssubjekte zu sehen.[279] Im internationalen Kontext kennt Wettbewerbsneutralität zwei Ausprägungen: Kapitalexport- und Kapitalimportneutralität. Wie oben dargelegt, wurde durch die Gestaltungen der Steuerpflichtigen Kapitalimportneutralität verwirklicht, während der Gesetzgeber mit der Hinzurechnungsbesteuerung das Ziel verfolgte, Kapitalexportneutralität herzustellen. Das Modell muss also in der Lage sein, Entscheidungswirkungen abzubilden. Bei einem staatlichen Eingriff dieser Art muss die Gefahr gesehen werden, im Vergleich zu entscheidungsneutralen Steuersystemen die Wohlfahrt zusätzlich zu senken,[280] da die Wirkungen der einzelnen Rechtssetzungen die bestehende „Verzerrung" auch verschärfen können, wenn die auslösenden Faktoren nicht genau bekannt sind. Die Berechtigung der Einführung einer Lenkungsvorschrift ist demnach im Modell zu überprüfen.

Verteilungswirkungen messen die Auswirkungen der Besteuerung auf die Verteilung der Steuerlasten zwischen einzelnen Personen bzw. Personengruppen und zeigen, ob dies der Absicht des Gesetzgebers entspricht beziehungsweise ob damit verbundenen Werturteilen entsprochen wurde.[281] Zunächst ist jedoch ein geeignetes Modell zu finden. Die Wahl der Untersuchungsmethode ist dabei von den Anforderungen, die an den Belastungsvergleich gestellt werden, abhängig.

2.1 Anforderungen an das Modell

Ziel der Untersuchung besteht in der Quantifizierung und dem Vergleich der durch die Hinzurechnungsbesteuerung ausgelösten Steuerbelastung in Deutschland und den USA. Eine Vergleichbarkeit der Ergebnisse ist nur gewährleistet, wenn die zu untersuchenden Einheiten hinsichtlich ihrer rechtlichen, wirtschaftlichen und personellen Daten identisch sind.[282] Bei

---

[276] Vgl. die Ausführungen zu den Zielen der Hinzurechnungsbesteuerung auf den S. 33-36.

[277] Vgl. *Schneider, D.*, Steuerbelastungsvergleiche, WPg 1988, S. 283.

[278] So in Bezug auf Steuervergünstigungen *Wagner, F. W.*, Steuervermeidungslehre, FA N. F. 1986, S. 38-40.

[279] Vgl. dazu und speziell in Bezug auf die Hinzurechnungsbesteuerung *Dueball, L.*, Zugriffsbesteuerung, DStR 1973, S. 563. In der Literatur wird der Begriff der Entscheidungsneutralität synonym verwendet. Vgl. *Schneider, D.*, Investition, 1992, S. 201.

[280] Vgl. *Schwinger, R.*, Steuersysteme, 1992, S. 15.

[281] Vgl. *Schneider, D.*, Steuerbelastungsvergleiche, WPg 1988, S. 283.

[282] Vgl. dazu *Spengel, Ch.* Steuerbelastungsvergleiche, 1995, S. 5.

der Abgrenzung der Untersuchungseinheit ist eine Beschränkung auf die Unternehmensebene für einen aussagekräftigen Steuerbelastungsvergleich grundsätzlich abzulehnen; im Rahmen der hier zu untersuchenden Hinzurechnungsbesteuerung wäre eine solche Einschränkung unsinnig. Problematisch an der Festlegung auf eine solche Untersuchungseinheit bzw. allgemein auf die Modellparameter ist die Allgemeingültigkeit der hiermit ermittelten Aussagen. Zum einen leidet die Übertragbarkeit der Ergebnisse auf die Praxis an den erforderlichen vereinfachenden Annahmen, die eine Lösung im Modell erst ermöglichen. Zum anderen sind die Ergebnisse für die gewählten Fallgestaltungen und nur für diese ein Indiz. Eine Verallgemeinerung der für die später zu beschreibenden Fallkonstellationen für alle unter die Hinzurechnungsbesteuerung fallenden Tatbestände ist nicht möglich. Sie können lediglich als Tendenzaussage[283] gewertet werden.

Neben das Problem der Ermittlung und Abgrenzung der Untersuchungseinheiten tritt die Forderung der Einbindung des steuerlichen Rahmens. Von diesem muss das Modell in der Lage sein, Unterschiede in den Tarifen, der Bemessungsgrundlage sowie Differenzen im Aufbau der Steuersysteme abzubilden.[284] Zudem sollte eine möglichst umfassende Berücksichtigung der relevanten Steuern erfolgen. Zudem ist zu klären, inwieweit das Modell in der Lage ist, die tatsächliche Steuerbelastung zu erfassen. Dabei ist entscheidend, wie genau die Höhe der Steuer bestimmt werden kann und ob auf die tatsächliche Belastung oder die Steuerzahlung abgestellt wird. Hinzu kommt die Frage, ob derivative Unternehmenslasten, deren Berücksichtigung gefordert wird,[285] einbezogen werden.

Die Berücksichtigung des Zeitaspekts hinsichtlich des Anfalls der Steuerzahlungen ist wesentlich für die Aussagefähigkeit des Modells. Insbesondere für die hier zu wählende Untersuchungsmethode ist dies entscheidend, da eine einperiodige Betrachtung der Hinzurechnungsbesteuerung wenig sinnvoll ist, wenn angestrebt wird, ihre volle Belastungswirkung darzustellen. Diese ergibt sich erst, wenn eine nachfolgende Ausschüttung berücksichtigt wird, also die insgesamt auf diesen Einkünften lastende Steuer einbezogen wird. Aus den Belastungsunterschieden resultierende Zins- und Liquiditätseffekte sind lediglich durch Mehrperiodenbetrachtungen zu berücksichtigen, weshalb ein statisches Modell zu kurz greift.[286]

Die Probleme der Steuerinzidenz sind im Modell auszublenden.[287] Im allgemeinen ist davon auszugehen, dass eine Person, der eine Steuer auferlegt wird, versucht, ihr auszuweichen oder sie zu überwälzen.[288] Gelingt eine Überwälzung, mindert sich die Steuerbelastung dieser Person. Solche Überwälzungen (effektive Inzidenz) ist derzeit noch nicht eindeutig messbar. Um willkürliche Annahmen zu vermeiden, die zu Lasten des Ergebnisses gehen würden,

---

283 Vgl. *Schreiber, U.*, Steuerpolitik, 1989, S. 11.

284 Vgl. *Smith, K. J.*, Analyse, 1991, S. 7; *Egner, H.*, Belastung, 1969, S. 19 f.; *Spengel, Ch.*, Steuerbelastungsvergleiche, 1995, S. 10.

285 Vgl. *Klein, F.*, in: Raupach, A.; Uelner, A., Festschrift für Schmidt, 1993, S. 600.

286 Vgl. *Smith, K. J.*, Analyse, 1991, S. 7.

287 Vgl. dazu *Kaefer, W.*, Grundlagen, 1974, S.16; *Schneider, D.*, Meßkonzepte, WiSt 1990, S. 497.

288 Vgl. *Schneider, D.*, Grundzüge, 1994, S. 13-15.

wird auf die formale Inzidenz abgestellt, die die eine Steuerbelastung des Steuerzahlers wiedergibt.[289] Das Abstellen auf die Steuerzahlung als Steuerbelastung wirft das Problem der Durchsetzung des Steueranspruchs durch die Finanzverwaltung auf.[290] Eine Berücksichtigung dieser sogenannten derivativen Steuerlasten wäre wünschenswert, da sie Auskunft über die Erhebungspraxis in den unterschiedlichen Länden gibt.[291] Die Einbeziehung solcher Kosten in die Untersuchung wäre ebenfalls nicht fruchtbar, da keine exakte Messung dieser Größe möglich ist.[292] Somit beschränkt sich die Untersuchung auf eine einzelwirtschaftliche Perspektive.

2.2 Methoden zur Durchführung eines internationalen Steuerbelastungsvergleichs

Eine allgemein anerkannte Methode zum Vergleich von Steuerbelastungen bei Direktinvestitionen existiert nicht. Es ist daher von den mit der Untersuchung angestrebten Zielen abhängig, welches Modell jeweils verwendet wird.[293] Im Rahmen dieser Untersuchung wird eine Steuerwirkungsanalyse durchgeführt, die darüber Aufschluss geben soll, ob durch die Hinzurechnungsbesteuerung Steuerwirkungen ausgelöst werden, die über eine Einebnung ungerechtfertigter Steuervorteile hinausgehen und wie eine Hinzurechnungsbesteuerung ausgestaltet sein sollte, damit sie sich in das übrige Steuersystem einfügt. Damit steht letztlich die Politikbeurteilung und -beratung im Vordergrund.

Als Steuerwirkung wird allgemein ein Zustand beschrieben, in dem die Besteuerung dazu führt, dass die Rangfolge von Handlungsalternativen verändert wird.[294] Eine solche Änderung der Rangfolge provoziert eine Verhaltensänderung des einzelwirtschaftlichen Entscheidungsträgers.[295] Die Betriebswirtschaftliche Steuerlehre betreibt nun im Rahmen ihrer Steuerwirkungsanalysen Ursachenforschung für die aufgezeigten Steuerwirkungen. Die Ergebnisse dieser Analysen werden i. d. R. aus investitionstheoretischen Modellen[296] abgeleitet.[297]

---

289 Vgl. *Schneider, D.*, Meßkonzepte, WiSt 1990, S.497.

290 Vgl. *Klein, F.*, in: Raupach, A.; Uelner, A., Festschrift für Schmidt, 1993, S. 600; *Fischer, L.*, in: Herzig, N., Festschrift für Rose, 1991, S. 235 f.

291 Insbesondere für Anleger am Kapitalmarkt dürfte es schwierig werden zu ermitteln, ob sie in den Einzugsbereich der Hinzurechnungsbesteuerung fallen, so dass die eigentliche Besteuerung eher zufällig erfolgt. Über eine Vereinfachungsregel für solche Anwendungsfälle wird nachgedacht. Vgl. Bericht zur Fortentwicklung des Unternehmenssteuerrechts, FR 2001, Beilage zu Heft 11, S. 38.

292 Vgl. *Spengel, Ch.*, Steuerbelastungsvergleiche, 1995, S. 9.

293 Vgl. *Spengel, Ch.*, Steuerbelastungsvergleiche, 1995, S. 1; *Müller-Dott, J. P.*, Steuerlast, BB 1990, Beilage 8, S. 2; *Jacobs, O. H.*, Steuerbelastung, DStR 1991, S. 257.

294 Vgl. etwa *Treisch, C.*, Entscheidungsneutralität, SteuerStud 2000, S. 368.

295 Dies zeigt sich bspw. darin, dass Projekte, die in einer Welt ohne Steuern durchgeführt werden würden, aufgrund der Besteuerung nicht mehr realisiert werden. Vgl. *Sinn, H.-W.*, in: Bradford, D., Tax Policy, Bd. 5, 1991, S. 28.

296 Vgl. *Künne, Th.*, Steuerbelastung, 1997, S. 120. Nur in investitionstheoretischen Ansätzen ist die Berücksichtigung unterschiedlicher Zeitpunkte der Zahlungen, die durch das Projekt veranlasst sind, und der Steuerzahlungen möglich. Vgl. *Pfitzer, N.*, Besteuerung, 1988, S. 291; *Jacobs, O. H.*, Steuerbelastung, DStR 1991, S. 258.

297 Daher wird nachfolgend auf die Darstellung von Methoden wie dem reinen Tarifvergleich oder statischen Berechnungen, die auf volkswirtschaftlichen Gesamtrechnungen oder Jahresabschlussstatistiken beruhen,

Damit erfolgt die Messung der Entscheidungswirkungen der Besteuerung über die Ermittlung finanzwirtschaftlicher Nachsteuerkennziffern – dem Kapitalwert bzw. dem Vermögensendwert – oder effektiven Steuerbelastungen. Die Integration der Steuern in die Modelle erfolgt entweder auf der Basis der Teilsteuerrechnung oder der kasuistischen Veranlagungssimulation, die nachstehend kurz besprochen werden sollen, bevor die investitionstheoretischen Modelle erläutert werden.

2.2.1 Teilsteuerrechnung

Das erste geschlossene Konzept zur Analyse der Steuerbelastung von Unternehmungen ist die von *Rose* entwickelte Teilsteuerrechnung.[298] Ihr Ziel besteht darin, steuerliche Wirkungen der Änderungen von Zielgrößen wie Gewinn, Leistungsvergütungen, Ausschüttungen etc. aufzuzeigen.[299] Die Ermittlung einzelner Steuerzahlungen ist eher nebensächlich.[300] Daher erscheinen die Versuche, progressive Steuertarife einzubeziehen, als verfehlt. Für eine exakte Ermittlung der Steuerbelastung einer konkreten Handlungsalternative wäre die kasuistische Veranlagungssimulation vorzuziehen.[301] In vorliegenden Untersuchungen wird der Versuch unternommen, über Zusatzrechnungen bspw. den progressiven Einkommensteuertarif in das Modell einzubinden. So ermittelt z. B. *Gelbert* die jeweiligen Teilsteuersätze auf der Basis des Grenzsteuersatzes, für dessen Bestimmung er jedoch die konkrete Steuer und die entsprechende Bemessungsgrundlage benötigt, also auf die kasuistische Veranlagungssimulation zurückgreifen muss.[302]

Die Berechnungen basieren auf Daten eines repräsentativen Modellunternehmens.[303] Die Teilsteuerrechnung wird als ein geeignetes Instrument zur Untersuchung von Steuerbelastungswirkungen unterschiedlicher Handlungsalternativen[304] und zur Erstellung internationa-

verzichtet. Ein kurzer Überblick zu entsprechenden Untersuchungen findet sich bspw. bei *Fischer, L.*, in: John, G., Festschrift für Wöhe, 1989, S. 140-143. Kritisch zur Verwendung der Daten aus statistischen Berechnungen in internationalen Steuerbelastungsvergleichen *Littmann, K.*, Steuerlast, 1987, S. 20; ähnlich auch *Schneider, D.*, Steuerbelastungsvergleiche, WPg 1988, S. 282 f.; *Wesselbaum-Neugebauer, C.*, Steuerbelastungsvergleiche, 1994, S. 8-11 m. w. N.

298 So *Jacobs, O. H.*, in: Herzig, N., Festschrift für Rose, 1991, S. 258. Grundlegend zur Teilsteuerrechnung *Rose, G.*, Untersuchungen, DB 1968, Beilage 7, S. 1-6. Kritisch zum Ansatz der Teilsteuerrechnung *Braun, A.*, Steuerlastrechnung, DStR 1987, S. 73 sowie die wesentlichen Kritikpunkte der Literatur zusammenfassend *Haberstock, L.*, Einfluß, 1984, S. 229.

299 Vgl. *Rose, G.*, Einführung, BFuP 1979, S. 298.

300 Vgl. *Spengel, Ch.*, Steuerbelastungsvergleiche, 1995, S. 27.

301 So *Bone-Winkel, T. J.*, Steuerbelastungsvergleiche, 1994, S. 114.

302 Er schlägt deshalb eine einmalige Berechnung aller Grenzsteuersätze vor, auf die im Rahmen der Teilsteuerrechnung zurückgegriffen werden soll. Vgl. *Gelbert, E.*, Einkommensteuerprogression, DB 1970, S. 1282-1284; ähnlich auch bei *Rose, G.*, Steuerbelastung, 1973, S. 203, 257-269; Lösungsvorschläge finden sich bei *Gaal, A.*, Teilsteuerrechnung, 1979, S. 101-115; *Schult, E.*; *Richter, H.*, Grenzsteuersätze, BB 1990, S. 610 f. Der Ansatz von *Bilstein* verlangt zumindest teilweise einen Rückgriff auf die Steuerartenrechnung; vgl. *Bilstein, J.*, Anwendungsprobleme, DB 1975, S. 2189. Der Vorschlag *Borghoffs* weist die gleichen Schwachpunkte auf wie der von *Gelbert*. Vgl. *Borghoff, G.*, Tarifdifferenzen, DB 1969, S. 3-5.

303 Vgl. *Jacobs, O. H.*, in: Herzig, N., Festschrift für Rose, 1991, S. 258; im Ergebnis auch *Rose, G.*, Steuerbelastung, 1973, S. 64-70.

304 So *Smith, J. K.*, Analyse, 1991, S. 17; *Kaefer, W.*, Grundlagen, 1974, S. 45.

ler Steuerbelastungsvergleiche angesehen.[305] Steuerwirkungen sind grundsätzlich unmittelbar am Teilsteuersatz ablesbar, ohne dass eine umfassende Neuberechnung erforderlich ist.[306] Steuerwirkungen werden i. d. R. durch Variation von Ausgangsgrößen aufgezeigt.

Rechnerisch vollzieht sich die Teilsteuerrechnung im wesentlichen in fünf Schritten.[307] Zunächst wird die gesetzlich definierte Bemessungsgrundlage in ihre ökonomischen Bestandteile, deren steuerliche Modifikationen (Hinzurechnungen und Kürzungen) sowie Freibeträge aufgespalten, wobei die Art und Weise der Zerlegung durch die Zielsetzung der Steuerbelastungsrechnung und den Umfang des Modells bestimmt wird. Im nächsten Schritt wird eine Grundgleichung für jede Steuerart aufgestellt, bei der die steuerliche Bemessungsgrundlage durch die ökonomischen Größen, Modifikationen und Freibeträge, die durch die Zerlegung gewonnen wurden, dargestellt wird. Anschließend werden diese Grundgleichungen zu einer Gesamtgleichung zusammengezogen, bei der sich durch weitere Umformungen die auf dem jeweiligen Bemessungsgrundlagenteil lastenden Steuerbelastungsfaktoren separieren lassen. Die sich dadurch ergebenden Gesamtbelastungsfaktoren, die entweder eine Summe, eine Differenz oder ein Produkt bilden, werden als Multifaktoren bezeichnet, die die Interdependenzen der Steuerarten berücksichtigen. Der Teilsteuersatz errechnet sich durch Einsetzen der tariflichen Steuersätze in diesen Multifaktor. Er beziffert die Be- und Entlastungen der Teilgrößen. Aus der Multiplikation der ökonomischen Bemessungsgrundlagenteile mit dem Teilsteuersatz resultiert die Teilsteuer; die Summe aller Teilsteuern stellt die Gesamtbelastung dar.

2.2.2 Veranlagungssimulation

Die Veranlagungssimulation stellt eine detaillierte Abbildung der Veranlagung dar; es werden aus den ökonomischen Größen Steuerbemessungsgrundlagen und daran anknüpfend Steuerbelastungen ermittelt. Die Höhe der jeweiligen Steuer wird getrennt nach Steuerarten berechnet. Die Gesamtbelastung bestimmt sich als Summe dieser Steuerzahlungen.[308] Die Reihenfolge der zu berechnenden Steuerzahlungen ist von den Dependenzen und Interdependenzen der einzelnen Steuerarten abhängig – begonnen wird mit den Steuern, die unabhängig von anderen ermittelt werden können und für die Bestimmung anderer Steuern notwendig sind. Somit ermöglicht die Veranlagungssimulation – im Gegensatz zur Teilsteuerrechnung – die Berücksichtigung interperiodischer Abhängigkeiten wie bspw. Verlustvorträge und die Berücksichtigung progressiver Tarifverläufe, Freibeträge und Freigrenzen, da die

[305] Vgl. bspw. die Arbeiten von *Stübben, D.*, Steuerbelastung, 1989, S. 393-520; *Widdau, P.*, Steuerbelastung, 1984, S. 258-334; auch die Bibliographie in *Rose, G.*, Steuerlehre, 1992, S. 78; im Rahmen der Hinzurechnungsbesteuerung *Wurster, H.-J.*, Basisgesellschaft, 1984, z. B. S. 460-498. Auch für nationale Steuerbelastungsvergleiche findet die Teilsteuerrechnung Anwendung, so etwa bei der Rechtsformwahl bei *Hauer, G.*, Steuerplanung, 1993, S. 89-91; *Siegel, Th.*, Steuerwirkungen, 1982, S. 233-337; *Wagner, F. W.; Dirrigl, H.*, Steuerplanung, 1980, S. 197-202.

[306] Vgl. *Jacobs, O. H.*, Bemerkungen, ZfB 1974, S. 198 f.

[307] Ausführliche Darstellungen finden sich in der Literatur. Vgl. z. B. *Rose, G.*, Steuerbelastung, 1973, S. 56-63; *ders.*, Steuerlehre, 1992, S. 38-63; *Eisenach, M.*, Steuerplanung, 1974, S. 136-160.

[308] Vgl. *Smith, J. K.*, Analyse, 1991, S. 18.

entsprechenden Bemessungsgrundlagen bekannt sind.[309] Die Methode erlaubt die zweckmäßige Berechnung von Steuerbelastungen,[310] auch in mehrperiodigen Betrachtungen.[311] Angewandt wurde die Veranlagungssimulation in nationalen Entscheidungsproblemen[312] wie auch in internationalen Steuerbelastungsvergleichen[313]. Allen Untersuchungen gemein ist, dass ein Modellunternehmen zu schaffen ist.[314]

Ein wesentlicher Aspekt der Veranlagungssimulation ist, dass die Steuerbelastung der gesamten Unternehmung gemessen, also zunächst eine Durchschnittsbelastung ermittelt wird.[315] Damit ermöglicht die Anwendung der Veranlagungssimulation keine Aussagen über Entscheidungswirkungen des Steuerrechts, die nur anhand von Grenzsteuerbelastungen betrachtet werden können.[316] Über die Ermittlung von Mehr- oder Minderbelastungen bei der Verwirklichung einzelner Alternativen ist jedoch ein Rückschluss auf die Grenzsteuerbelastung möglich.[317] Als Nachteil wird u. a. die komplette Neuberechnung im Falle der Variation von Einflussgrößen angegeben, die die Analyse von Steuerwirkungen als schwerfällig erscheinen lässt.[318] Durch die Weiterentwicklung der EDV ist dieser Mangel weitgehend gegenstandslos geworden.[319]

2.2.3 Kapitalwertmethode

Die Kapitalwertmethode ist ein finanzwirtschaftliches (klassisches) Partialmodell.[320] Diese Modelle stellen nicht auf die ursprünglichen finanziellen Zielgrößen eines Investors ab, son-

---

309 Vgl. *Scheffler, W.*, Teilsteuerrechnung, WiSt 1991, S. 74 f.

310 Vgl. *Fischer, L.*, in: John, G., Festschrift für Wöhe, 1989, S. 155. Als Zweck von Steuerbelastungsvergleichen führt er die Entscheidungshilfe – sowohl einzelwirtschaftlich als auch steuerpolitisch – an (S. 135).

311 Die Dynamisierung erfolgte regelmäßig auf der Grundlage der Vermögensendwertmethode; so z. B. bei *Schreiber, U.*, Unternehmensbesteuerung, 1987, S. 51; *Beranek, A.*, Rechtsform, 1993, S. 35 f.; *Smith, J. K.*, Analyse, 1991, S. 34-36; vergleichsweise selten auf der Grundlage der Kapitalwertmethode; vgl. *Leibfritz, W.; Meurer, C.*, Investitionsförderung, 1985, S. 126-128.

312 Vgl. z. B. noch *Jacobs, O. H.*, Rechtsform, 1988, S. 332-413; *Beranek, A.*, Rechtsform, 1993, S. 123-126.

313 So bei *Smith, J. K.*, Analyse, 1991, S. 152-234; *Wesselbaum-Neugebauer, C.*, Steuerbelastungsvergleiche, 1994, S. 143-153; *Jacobs, O. H.*, Steuerbelastung, DStR 1991, S. 258-262.

314 Vgl. *Fischer, L.*, in: John, G., Festschrift für Wöhe, 1989, S. 143. In der Literatur wird z. T. zwischen Veranlagungssimulation und kasuistischer Veranlagungssimulation unterschieden, wobei die erstgenannte eine Untersuchung anhand statisch ermittelter Daten, die zweite den Versuch, ein Totalmodell aufzustellen, bezeichnet. So bei *Claassen, F.*, Steuerbelastung, 1994, S. 38 f.

315 Vgl. dazu *Schneider, D.*, Investition, 1992, S. 191.

316 Allerdings kann die Grenz- mit der Gesamtsteuerbelastung übereinstimmen, nämlich wenn die Errichtung eines vollständig neuen Standortes betrachtet wird. Vgl. *Sigloch, J.*, Wirkungen, StuW 1990, S. 235, FN 30.

317 Vgl. *Claassen, F.*, Steuerbelastung, 1994, S. 40; *Fullerton, D.*, Tax Rate, NTJ 1984, S. 23; *Spooner, G. M.*, Tax Rates, NTJ 1986, S. 294.

318 Vgl. *Jacobs, O. H.*, Meinungsspiegel, BFuP 1979, S. 373.

319 Vgl. *Jacobs, O. H.*, in: Herzig, N., Festschrift für Rose, 1991, S. 259.

320 Andere Größen sind die Annuität und der interne Zinsfuß, die gleichwertige Transformationen des Kapitalwertmethode darstellen können. Vgl. *Spengel, Ch.*, Steuerbelastungsvergleiche, 1995, S. 19.

dern verwenden Ersatzzielgrößen.[321] Im Rahmen der Kapitalwertmethode werden die im Planungszeitraum anfallenden Ein- und Auszahlungen der betrachteten Alternative erfasst und durch Anwendung eines Kalkulationszinsfußes auf den Investitionszeitpunkt diskontiert:

$$K = \sum_{t=0}^{n} EZÜ_t \cdot (1+i)^{-t} \qquad (1)$$

mit:

K	Kapitalwert
$EZÜ$	Einzahlungsüberschüsse
t	Periodenindex
n	Periodenende

Wird für die Alternative ein positiver Kapitalwert ermittelt, so ist sie – im Vergleich zu einer alternativen Finanzanlage, deren Kapitalwert sich auf null beläuft – als vorteilhaft anzusehen; bei mehreren Alternativen ist die mit dem höchsten (positiven) Kapitalwert optimal. Der Kapitalwert ist damit ein auf den Entscheidungszeitpunkt bezogenes relatives Vorteilhaftigkeitskriterium.[322]

Dem Kalkulationszinsfuß kommt hierbei eine wesentliche Bedeutung zu. Er drückt die Verzinsung der Ein- und Auszahlungsüberschüsse (Differenzanlage) aus. Zudem beziffert er die Verzinsung einer anderen Verwendung des zu investierenden Kapitals (Alternativanlage).[323] Diese Funktionen – ausgedrückt durch einen einzigen Zinssatz – kann der Kalkulationszinsfuß nur erfüllen, wenn ein vollkommener Kapitalmarkt unterstellt wird. Es herrscht mithin ein einheitlicher Marktzinssatz, Soll- und Habenzinssatz fallen in den einzelnen Perioden zusammen.[324] Somit ist der Kapitalwert unabhängig von den zeitlichen Konsumwünschen und deren Höhe.[325] Zudem hängt die Verwendung eines einheitlichen Zinssatzes davon ab, dass mit der Investition ein Gewinn erwirtschaftet und dieser vollständig ausgeschüttet wird.[326] In dieser Konstellation bildet der Zinsfuß die Wiederanlage auf der Ebene des Gesellschafters ab und nur dann entspricht diese der Alternativanlage (des Gesellschafters).

Die Integration der Besteuerung in das Kapitalwertmodell erfolgt für die betrachtete Investition und die Alternativ- bzw. Differenzanlage getrennt. Die Steuern, die durch die zu beurteilende Alternative ausgelöst werden, gehen als Auszahlungen in den Zahlungsstrom ein; die Besteuerung der Alternativ- und Differenzanlage wird durch eine Verminderung des

[321] Begründet wurde der Kapitalwert als Ersatzgröße für das Ziel der Einkommens-/Konsummaximierung bei vollkommendem Kapitalmarkt von *Fisher, I.*, Theory of Interest, 1930, S. 12 f., 14 f., 331 f.

[322] Ähnlich *Wagner, F. W.; Wissel, H.*, Entscheidungsneutralität, WiSt 1995, S. 66.

[323] Dazu *Spengel, Ch.*, Steuerbelastungsvergleiche, 1995, S. 19.

[324] Vgl. *Blohm, H.; Lüder, K.*, Investition, 1995, S. 74 f. In unterschiedlichen Perioden sind jedoch verschiedene Zinssätze nicht ausgeschlossen. Vgl. *Hax, H.*, Investitionstheorie, 1993, S. 14.

[325] Vgl. *Wagner, F. W.; Dirrigl, H.*, Steuerplanung, 1980, S. 30.

[326] Vgl. *Künne, Th.*, Steuerbelastung, 1997, S. 123.

Besteuerung der Alternativ- und Differenzanlage wird durch eine Verminderung des Kalkulationszinsfußes um den Ertragsteuerfaktor antizipiert.[327]

2.2.4 Vermögensendwertmethode

Die Vermögensendwertmethode ist ein dynamisches kombinatorisches Partialmodell, dass einen direkten Bezug zur Zielgröße des Investors schafft. Alle abgebildeten Zahlungen werden auf das Ende des Planungshorizontes bezogen.

$$V = \sum_{t=0}^{n} EZÜ_t \cdot (1+i)^{n-t} \qquad (2)$$

mit:

V Vermögensendwert

Die Vermögensendwertmethode erlaubt einen Vorteilhaftigkeitsvergleich verschiedener (Investitions-)Alternativen, wobei diejenige vorteilhaft ist, die den höchsten Vermögensendwert aufweist. Die Einbindung der Besteuerung in das Modell erfolgt ähnlich wie bei der Kapitalwertmethode.

Wird im Rahmen der Vermögensendwertmethode ein vollständiger Finanzplan erstellt, gehen Steuern in ihrer exakten Höhe in die Kalkulation ein. Eine Berücksichtigung von speziellen Tarifen, den Vorschriften zur Ermittlung der Bemessungsgrundlage sowie der Beziehungen der Steuern untereinander ist ebenso realisierbar[328] wie die von Differenzinvestitionen und -krediten. So können unterschiedliche Soll- und Habenzinsen und Zahlungsmodalitäten in das Modell eingehen.[329] Dadurch werden neben der Beurteilung eines Projektes hinsichtlich seiner Rentabilität auch Aussagen über die Liquidität möglich.[330] Die Erstellung eines Finanzplanes hat zudem den Vorteil, dass dem Kalkulationszinsfuß lediglich die Aufgabe zukommt, die Wiederanlage der Einzahlungsüberschüsse der jeweiligen Perioden abzubilden.

---

[327] Ausführlich dazu *Mellwig, W.*, Investition, 1985, S. 13-16.

[328] Ausführlich zu den Vorteilen als kombinatorisches Partialmodell gegenüber anderen Investitionsrechenverfahren *Scheffler, W.*, Leasing, 1984, S. 121-128; *Pfitzer, N.*, Besteuerung, 1988, S. 322-333.

[329] Vgl. *Smith, K. J.*, Analyse, 1991, S. 34.

[330] Vgl. *Hitschler, W.*, Einfluß der Besteuerung, 1993, S. 244 f.

2.2.5 Effektive Grenzsteuersätze

Effektive Grenzsteuersätze messen unter Sicherheit[331] und unter Annahme eines vollkommenen Kapitalmarktes[332] die zusätzliche Steuerbelastung einer marginalen Investition.[333] Effektive Grenzsteuersätze sollen erklären, inwieweit die Besteuerung zusätzliche Investitionen (in bestimmten Branchen) fördert oder hemmt. Variationen dieses Ansatzes bildeten die Grundlage verschiedener internationaler Steuerbelastungsvergleiche.[334] Das von *King & Fullerton* verwendete Modell stellt dabei eine allgemein anerkannte Methode dar.[335] Ausgangspunkt des Modells ist ein gesamtwirtschaftliches Gleichgewicht. In einer Welt ohne Steuern stimmen die Rendite einer marginalen Investition p auf Unternehmensebene mit dem Grenzertrag s des Kapitalgebers überein.[336] Wird die Besteuerung in das Modell integriert, ergeben sich Unterschiedsbeträge zwischen der Investitionsrendite und den jeweiligen Nachsteuerrenditen, die als Steuerkeil (*tax wedge*) w bezeichnet werden.[337] Dabei kann einmal ein Unternehmensteuerkeil berechnet werden, indem die Vor- der Nachsteuerrendite auf Unternehmensebene gegenüber gestellt werden. Zum Anderen lässt ein Kapitalmarktsteuerkeil ermitteln, der sich als Unterschiedsbetrag zwischen der Vorsteuerrendite der Unternehmung und der Nachsteuerrendite des Kapitalgebers ergibt. Der Steuerkeil ist für eine Beurteilung der Vorteilhaftigkeit von Investitionen ausreichend. Allein die Entscheidung, ob es sich bei der analysierten Regelung um eine Vergünstigung oder Benachteiligung handelt, erfordert den Bezug des Steuerkeils auf eine Referenzgröße, die hier die Vorsteuerrendite ist.[338] Ergebnis ist der effektive Grenzsteuersatz:

$$EMTR = \frac{w}{p} \qquad \text{wobei:} \qquad w = p - s \tag{3}$$

---

[331] Dies schließt Principal-Agenten-Probleme zwischen dem Unternehmen und seinen Eignern aus. Vgl. *Claassen, F.*, Steuerbelastung, 1994, S. 46.

[332] Somit ist eine Trennung zwischen Konsum- und Sparentscheidungen auf Ebene der Eigner als auch von Investitions- und Finanzierungsentscheidung auf Unternehmensebene möglich. Diese Eigenschaft ist als Fisher-Separation bekannt. Vgl. *Fisher, I.*, Theory of Interest, 1930, S. 253-275; dazu auch *Schneider, D.*, Betriebswirtschaftslehre, Bd. I, 1993, S. 269-271.

[333] Vgl. *Spengel, Ch.*, Steuerbelastung, 2000, S. 6. Das Konzept der marginalen Investition ist ein volkswirtschaftliches. In der Betriebswirtschaftslehre wird üblicherweise eine zusätzliche Investition betrachtet. Dieser Ansatz ist hier jedoch unbrauchbar, da in diesem Fall nichts darüber ausgesagt wird, ob der Kapitalwert einer solchen Investition positiv ist. Ähnlich bei *Spengel, Ch.; Lammerson, L.*, Methoden, StuW 2001, S. 225.

[334] So z. B. für nationale Investitionen: *Dunn, D.; Pellechio, A.*, Business Income, World Bank Discussion Papers No. 79, 1990, S. 5-10; *OECD*, Taxation, 1994, S. 89-95; für Direktinvestitionen: *Devereux, M.; Pearson, M.*, Harmonization, 1989, S. 43-58; für nationale und Direktinvestitionen: *OECD*, Taxing Profits, 1991, S. 87-96, 123-126; *Schneider, D.*, Attraktivität, StuW 1994, S. 123-129. Eine Herleitung des Grundmodells findet sich bei *Claassen, F.*, Steuerbelastung, 1994, S. 45-108.

[335] Vgl. *King, M. A.; Fullerton, D.*, Taxation, 1984, S. 24-30.

[336] Vgl. *King, M. A.; Fullerton, D.*, Taxation, 1984, S. 9. Die Notation folgt weitgehend der Studie von *King & Fullerton.*

[337] Bei der Beschränkung der Betrachtung auf die Unternehmensebene wird dieser als Unternehmenssteuerkeil, bei Einbeziehung der Ebene der Kapitalgeber als Kapitalmarktsteuerkeil bezeichnet.

[338] Vgl. *Spengel, Ch.*, Steuerbelastungsvergleiche, 1995, S. 37.

mit:

EMTR	effektiver Grenzsteuersatz
w	Kapitalmarktsteuerkeil
p	Vorsteuerrendite der Unternehmung
s	Nachsteuerrendite des Kapitalgebers

2.2.6 Effektive Durchschnittssteuersätze

In jüngerer Zeit wird neben der Berechnung effektiver Grenzsteuersätze die Relevanz effektiver Durchschnittsteuerbelastungen betont.[339] Anders als bei der Ermittlung effektiver Grenzsteuersätze ist für dieses Modell der Vergleich mit der Finanzanlage von geringerer Aussagekraft, da hier verschiedene alternative rentable Projekte miteinander verglichen werden. Es wird von gleichen Vorsteuerdaten ausgegangen. Die Alternative mit der kleinsten *EATR* weist die geringste Kürzung des Kapitalwertes vor Steuern auf und ist deshalb die vorteilhafteste.[340]

Das in diesem Zusammenhang diskutierte Modell der effektiven Durchschnittsteuersätze baut ebenfalls auf der neoklassischen Investitionstheorie auf.[341] Effektive Durchschnittsteuersätze können entweder für einzelne Projekte – in Anlehnung an das Modell von *King & Fullerton* – oder mittels eines komplexen Modells einer hypothetischen Unternehmung mit bestimmten Gewichtungen für die vorhandenen Wirtschaftsgüter, Finanzierungsformen usw. ermittelt werden.[342] Wie im Modell der effektiven Grenzsteuersätze wird eine Erhöhung des Kapitalstocks einer Unternehmung um eine Einheit betrachtet, diese wird jedoch nach einer Periode zurückgenommen.[343] Im Gegensatz zu dem Ansatz von *King & Fullerton* werden keine marginale Investitionen erfasst. Das Modell dient hingegen insbesondere der Untersuchung von mehreren alternativen Investitionsprojekten, die rentabel sind, also einen Kapitalwert aufweisen, der größer als null ist. Dabei erfolgt eine Gegenüberstellung der Gegenwartswerte des Investitionsprojekts und des Anteils dieses Projektes, der an den Fiskus abgeführt werden muss, bezogen auf die Vorsteuergröße.[344] Wie bei der Ermittlung effektiver Grenzsteuersteuersätze kann unterschieden werden, ob ausschließlich die Unternehmensebene betrachtet oder die Ebene des Anteilseigners einbezogen werden soll.

Der Standardansatz berechnet den effektiven Durchschnittsteuersatz als:[345]

---

339 Vgl. *Spengel, Ch.; Lammerson, L.*, Methoden, StuW 2001, S. 222.

340 Vgl. *Spengel, Ch.; Lammerson, L.*, Methoden, StuW 2001, S. 227.

341 Vgl. *Crooks, E. et al.*, Tax Rates, IFS Working Paper W89/9, 1989, S. 9 f.

342 Vgl. den Ansatz bei *Jacobs, O. H.; Spengel, Ch.*, Average Tax Burden, ZEW Diskussionspapier 99-54, 1999, S. 7-12.

343 Vgl. *Spengel, Ch.; Lammerson, L.*, Methoden, StuW 2001, S. 227.

344 Vgl. *Bond, St.; Chennels, L.*, Unternehmensbesteuerung, 2000, S. 32.

345 Aus der Formel wird unmittelbar ersichtlich, dass eine Betrachtung einer Investition, die vor Steuern als marginal bezeichnet werden kann, hiermit nicht möglich ist, da diese einen Kapitalwert von null aufweisen und das Modell somit nicht definiert wäre. Vgl. *Devereux, M. P.; Griffith, R.*, Taxation, IFS Working Paper

$$EATR = \frac{R^* - R}{R^*} \tag{4}$$

mit:

$EATR$	Effektiver Durchschnittsteuersatz
R^*	Kapitalwert vor Steuern
R	Kapitalwert nach Steuern

2.3 Wahl der Untersuchungsmethode

Die Hinzurechnungsbesteuerung wurde vorrangig konzipiert, um Steuervorteile durch Investitionen in einem niedrig besteuerten Gebiet einzuebnen. Daher ist sie als Lenkungsvorschrift dazu ausgelegt (bzw. sollte sie dies sein), Entscheidungswirkungen hervorzurufen. Das Modell muss mithin in der Lage sein, solche abzubilden bzw. herauszufiltern. Zudem erstreckt sich eine vollständige Betrachtung der Hinzurechnungsbesteuerung über mindestens zwei Perioden: die der Hinzurechnung und die der Ausschüttung der zuvor der Hinzurechnungsbesteuerung unterlegenen passiven Einkünfte. Mithin muss ein dynamisches Modell gewählt werden. Weiterhin soll untersucht werden, ob durch die Thesaurierung und spätere Ausschüttung in einem Niedrigsteuerland tatsächlich Steuervorteile existieren, die es zu beseitigen gilt. Damit muss das Modell die Abgrenzung von Steuervergünstigungen bzw. -benachteiligungen ermöglichen.

Den Anforderungen an die Methode wird das Modell der effektiven Grenzsteuersätze gerecht. Die unterstellten Entscheidungswirkungen der Hinzurechnungsbesteuerung sind durch die Ermittlung einer Grenzsteuerbelastung abzubilden,[346] da mit der Hilfe von Grenzsteuersätzen Entscheidungswirkungen der Besteuerung analysiert werden.[347] Dies geschieht, indem die Grenzsteuerbelastung auf eine finanzielle Zielgröße des Handelns bezogen wird.[348] Im Modell der effektiven Grenzsteuersätze ist dies die Rendite vor Steuern.[349] Die Bestimmung von Steuervergünstigungen bzw. -benachteiligungen erfolgt durch den Vergleich der effektiven mit der tariflichen Steuerbelastung, so dass mit diesem Modell dargestellt werden kann, ob die Hinzurechnungsbesteuerung die erwünschten Wirkungen zeitigt.

Die weiteren vorgestellten Methoden sind grundsätzlich in der Lage, eine Steuerbelastung zu ermitteln, die für einen internationalen Steuerbelastungsvergleich geeignet ist. Es fehlt jedoch die Möglichkeit, Steuervergünstigungen abzubilden, weshalb sie für die in dieser Untersuchung angestrebten Aussagen nicht ermöglichen.

W98/16, S. 9, die als Bezugsgröße den diskontierten aus der Investition fließenden Einkommensstrom wählen; vgl. S. 20.

346 Damit entfällt das Modell der effektiven Durchschnittsteuersätze als mögliche Untersuchungsmethode.

347 Ähnlich *Fullerton, D.*, Tax Rate, NTJ 1984, S. 23 f.

348 Vgl. dazu ausführlicher *Schneider, D.*, Investition, 1992, S. 177 f.

349 Vgl. die ausführliche Begründung für die Zugrundelegung der Rendite als Zielgröße des Investors im Modell *Claassen, F.*, Steuerbelastung, 1994, S. 27-30; zum Zielsystem der Unternehmung vgl. auch *Vera, A.*, Zielsystem, StuW 2001, S. 308-315.

2.4 Beschreibung des Modells zur Bestimmung effektiver Grenzsteuersätze

Die Untersuchung hat zum Ziel, für drei unten beschriebene Investitionen die effektive Grenzsteuerbelastung zu ermitteln. Im Rahmen der Berechnung effektiver Grenzsteuersätze soll gegenübergestellt werden, ob und wie sich der effektive Grenzsteuersatz ändert, wenn die Investition in einem Hochsteuerland oder in einem Niedrigsteuerland vorgenommen wird, wobei im Fall des Niedrigsteuerlandes noch einmal differenziert wird, ob der Ansässigkeitsstaat des Investors eine Hinzurechnungsbesteuerung durchführt.

2.4.1 Grundlage: Der Ansatz von *King & Fullerton*

Dem Modell liegen die Arbeiten von *Jorgenson* zugrunde.[350] Es betrachtet einen Unternehmer, der den Wert seines Vermögens (Ertragswert) – also den Barwert seiner zukünftigen Einzahlungsüberschüsse – maximieren will.[351] Der Umfang der Produktion ist dabei optimal, wenn sich der aus der Investition erwartete Gewinn und die zu erwartenden Kosten entsprechen (Grenzinvestition).[352] Dabei wird zunächst von der Indifferenzbedingung des Kapitalgebers ausgegangen: Er ist indifferent zwischen einer Anlage im Unternehmen oder auf dem Kapitalmarkt, wenn die Verzinsung der Investition im Unternehmen dem realen Kapitalmarktzins entspricht.[353] Somit muss die Bruttoertragsrate der Investition abzüglich dem Werteverzehr[354] dem realen Kapitalmarktzins entsprechen:[355]

$$p = MMR - \delta \tag{5}$$

mit:

p	realer Kapitalmarktzins/Vorsteuerrendite der Unternehmung
MMR	Bruttoertragsrate
δ	Ertragswertminderung

Im Modell wird eine einmalige (und dauerhafte) Erhöhung des Kapitalstocks um eine Einheit (Anfangsinvestition) angenommen. Die Anschaffungskosten betragen mithin eins. Sie entsprechen für die betrachtete Investition dem Ertragswert der Investition, da es sich annahmegemäß um eine Grenzinvestition handelt:[356]

---

350 Vgl. *Jorgenson, D. W.*, Capital Theory, American Economic Review 1963, S. 247-259; *Hall, R. E.; Jorgenson, D. W.*, Tax Policy, American Economic Review 1967, S. 391-404; *Jorgenson, D. W.; Sullivan, M. A.*, in: Hulton, Ch. R., Depreciation, 1981, S. 175-178.

351 Vgl. *Spengel, Ch.*, Effektive Steuerbelastung, ZEW Diskussionspapier 00-15, 2000, S. 5.

352 Vgl. *Chirinko, R. S.*, Business Investment, NTJ 1986, S. 138.

353 Vgl. dazu *Spengel, Ch.*, Effektive Steuerbelastung, ZEW Diskussionspapier 00-15, 2000, S. 5.

354 Die Ertragswertminderung wird bei *King & Fullerton* als geometrisch-degressiv angenommen. Vgl. *King, M. A.; Fullerton, D.*, Taxation, 1984, S. 29.

355 Zur Herleitung dieser Bedingung vgl. *Künne, Th.*, Steuerbelastung, 1997, S. 140 f.

356 Vgl. *Schreiber, U.*, in: Jacobs, O. H.; Spengel, Ch., Unternehmensbesteuerung, 1996, S. 91. Es wird angenommen, dass alle Zahlungen am Ende der Periode erfolgen. Vgl. *OECD*, Taxation, 1994, S. 259. Wie unmittelbar einsichtig, handelt es sich im Nenner des Bruches um einen anderen Ausdruck für die Bruttoertragsrate.

$$E = \frac{MMR}{\rho + \delta - \pi} = C = 1 \tag{6}$$

mit:

E	Ertragswert
ρ	Diskontierungsfaktor/nominale Nachsteuerrendite der Unternehmung
C	Anschaffungskosten
π	Inflationsrate

Das Zusammenfassen der Formeln (5) und (6) ergibt nun für den Ertragswert:

$$E = \frac{p + \delta}{\rho + \delta - \pi} \tag{7}$$

Diese Gleichung ist die Basis des Modells. Von ihr ausgehend werden nun die steuerlichen Regelungen integriert. Die Berücksichtigung von Steuern erfolgt an unterschiedlichen Stellen,[357] wobei hier zunächst die Unternehmensebene betrachtet wird. Ertragsteuern auf die Bruttoertragsrate (resp. Bruttoeinzahlungsüberschüsse, $p + \delta$) und Substanzsteuern mindern den Ertragswert:

$$E = \frac{(1 - \tau) \cdot (p + \delta) - w_c}{\rho + \delta - \pi} \tag{8}$$

mit:

τ	Ertragsteuersatz der Unternehmung
w_c	Substanzsteuersatz der Unternehmung

Die steuerliche Bemessungsgrundlage wird durch eine Modifikation bei den Anschaffungskosten berücksichtigt. Hier mindert der Barwert steuerlicher Abschreibungen sowie möglicher Investitionszulagen oder -zuschüsse[358] die Anschaffungskosten:

$$C = 1 - A \tag{9}$$

wobei:

$$A = \tau \cdot \frac{1}{\rho \cdot L} \cdot \left(1 - e^{-\rho \cdot L}\right) \tag{10}$$

mit:

A	Barwert der steuerlichen Abschreibungen
L	steuerliche Nutzungsdauer des Wirtschaftsgutes

---

357 Vgl. *King, M. A.; Fullerton, D.*, Taxation, 1984, S. 18-20.

358 In der nachfolgenden Untersuchung gehen bei der Berücksichtigung der Bemessungsgrundlage nur die Vorschriften über die Verteilung der Anschaffungsausgaben in die Betrachtung ein.

Das Gleichsetzen der Anschaffungskosten mit dem Ertragswert unter Berücksichtigung von Steuern führt nach einigen Umformungsschritten zur Vorsteuerrendite der Unternehmung:[359]

$$p = \frac{1}{1-\tau} \cdot \left[(1-A) \cdot (\delta + \rho - \pi) + w_c\right] - \delta \qquad (11)$$

Nachdem die Herleitung des Modellteils, der die Ebene der Gesellschaft abbildet, abgeschlossen ist, soll nun die Ebene des Kapitalgebers betrachtet werden. Ziel ist es, eine Gleichung zu ermitteln, mit deren Hilfe die Nachsteuerrendite des Gesellschafters bestimmt werden kann, da sie benötigt wird, um den effektiven Grenzsteuersatz zu errechnen. Auch hier bildet ein Gleichgewicht auf dem Kapitalmarkt die Voraussetzung. Der Kapitalgeber wird vor einer Anlageentscheidung prüfen, welche Alternative nach der Besteuerung zu einer höheren Rendite führt, die ihm zu Konsumzwecken zur Verfügung steht.

Die reale Nachsteuerrendite des Kapitalgebers für eine Anlage am Kapitalmarkt ergibt sich als:[360]

$$s_i = (1 - t_i) \cdot i - \pi - w_p \qquad (12)$$

mit:

s_i	Nachsteuerrendite für die Anlage am Kapitalmarkt
t_i	Einkommensteuersatz auf Zinserträge
i	nominaler Kapitalmarktzins
w_p	Vermögensteuersatz für natürliche Personen

Diese Rendite muss nun der entsprechen, die der Gesellschafter erhält, wenn er sein Kapital einer Unternehmung zur Verfügung stellt. Das Unternehmen kann die Rendite auf unterschiedliche Weise verwenden, wobei die Besteuerung der Investitionsrückflüsse für die einzelnen Formen der Renditeverwendung unterschiedlich ist. Daher erfordert die Einbeziehung der Ebene des Kapitalgebers eine Differenzierung nach der Gewinnverwendung bzw. im Rahmen des Modells nach der Verwendung der Rendite.[361] Für eine Analyse der Hinzurechnungsbesteuerung ausschlaggebend ist zum einen die Belastung, die aus einer Dividendenausschüttung resultiert und zum anderen die Steuerbelastung, die im Zusammenhang mit der Thesaurierung der Rendite steht.

Wird die Rendite als Dividende ausgeschüttet, so ist folgende Bedingung zu erfüllen, damit der Kapitalgeber bereit ist, sein Geld der Unternehmung zur Verfügung zu stellen:

---

359 Ausführliche Herleitungen finden bspw. bei *Claassen*, Steuerbelastungsvergleiche, 1994, S. 45-108; *Boadway, R. W.; Bruce, N.; Mintz, J. M.*, Capital Income, 1987, S. 42-60.

360 Vgl. *King, M. A.; Fullerton, D.*, Taxation, 1984, S. 10.

361 Vgl. z. B. *King, M. A.; Fullerton, D.*, Taxation, 1984, S. 21-24; *OECD*, Taxing Profits, 1991, S. 90 f. In vielen Untersuchungen zur Steuerbelastung mit Hilfe effektiver Grenzsteuersätze wird die Gewinnverwendung mit der Finanzierungsform gleichgesetzt. Zur Kritik vgl. *Claassen, F.*, Steuerbelastung, 1994, S. 86 f.

$$i \cdot (1 - t_i) = \rho \cdot \theta \cdot (1 - t_d) \tag{13}$$

mit:

θ	Opportunitätskosten der Thesaurierung
t_d	Einkommensteuersatz auf Dividenden

Die rechte Seite der Formel gibt die Belastung einer Dividende auf der Ebene des Gesellschafters wieder. Sie ist von der Art des Körperschaftsteuersystems abhängig, welches durch den Faktor θ wiedergegeben wird. Der Faktor θ gibt an, wie hoch die zusätzliche Dividende des Gesellschafters ist, wenn das Unternehmen eine Einheit der Gewinne, die bereits der Körperschaftsteuer unterlegen haben, ausschüttet.[362] Das klassische System sowie Shareholder-Relief-Systeme[363] führen dazu, dass die Nachsteuerrendite der Kapitalgesellschaft mit der Bruttorendite des Kapitalgebers übereinstimmt. Hier ist θ gleich eins. Im Anrechnungssystem wird die von der Unternehmung gezahlte Körperschaftsteuer bzw. ein Teil davon auf die Steuer des Anteilseigners angerechnet. Dabei ist der entsprechende Faktor in einem Vollanrechnungssystem, wie es bis einschließlich 2000 in Deutschland praktiziert wurde, 1/(1 – Thesaurierungssteuersatz der Körperschaftsteuer).[364]

Nach dem Nominalzins i aufgelöst ergibt sich aus Gleichung (13):

$$i = \rho \cdot \theta \cdot \frac{(1 - t_d)}{(1 - t_i)} \tag{14}$$

und durch Einsetzen in Gleichung (12)

$$s = \rho \cdot \theta \cdot (1 - t_d) - \pi - w_p \tag{15}$$

Anders ergibt sich die Nachsteuerrendite des Kapitalgebers im Fall der Gewinnthesaurierung. Der Kapitalgeber erzielt hierbei keine laufenden Dividenden. Bei einem vollkommenen Kapitalmarkt und Sicherheit führt die Gewinnthesaurierung jedoch zu einer Erhöhung des Wertes der Unternehmung und somit zu einer Steigerung des Anteilswertes. Diesen Zuwachs kann der Kapitalgeber durch eine Veräußerung realisieren.[365] Somit wird die Renditeerwartung des Kapitalgebers berechnet als:

$$i \cdot (1 - t_i) = \rho \cdot (1 - t_g) \tag{16}$$

mit:

t_g	Einkommensteuersatz auf Veräußerungsgewinne

---

[362] Vgl. *King, M. A.; Fullerton, D.*, Taxation, 1984, S. 22.

[363] Das derzeit in Deutschland angewandte Halbeinkünfteverfahren ist ein Shareholder-Relief-System, bei dem die bereits gezahlte Körperschaftsteuer durch eine Minderung der Einkommensteuer berücksichtigt wird. Vgl. allgemein *Spengel, Ch.*, Effektive Steuerbelastung, ZEW Diskussionspapier 00-15, 2000, S. 11.

[364] Vgl. *Spengel, Ch.*, Effektive Steuerbelastung, ZEW Diskussionspapier 00-15, 2000, S. 11.

[365] Vgl. *King, M. A.*, Corporation, 1977, S. 59.

Nach i umgeformt und in Gleichung (12) eingesetzt ergibt sich:

$$s = \rho \cdot (1 - t_g) - \pi - w_p \qquad (17)$$

Durch Einsetzen der separat berechneten Renditen p und s in die Gleichung (3) kann der effektive Grenzsteuersatz ermittelt werden.

2.4.2 Anpassung des Modells an grenzüberschreitende Investitionen

Die Erweiterung des Standardansatzes von *King & Fullerton*, um eine Anwendbarkeit auf internationale Sachverhalte zu ermöglichen, erfordert die Ermittlung eines „internationalen Steuerkeils“[366]. Dabei ist zunächst zu berücksichtigen, dass das investierende Unternehmen in einem Staat ansässig ist und in einem anderen – der Schweiz – die Investition tätigt. Neben die bereits in den vorstehenden Formeln eingegangene unbeschränkte Steuerpflicht im Ansässigkeitsstaat kann eine beschränkte Steuerpflicht der Schweiz treten. Damit werden zwei Steuersysteme berührt, die in das Modell eingehen müssen.

Bevor der Formelapparat angepasst werden kann,[367] ist zu klären, welche steuerlichen Regelungen überhaupt relevant sind. Dazu müssen die zu untersuchenden Sachverhalte daraufhin geprüft werden, inwieweit das Steuerrecht der vom Sachverhalt berührten Staaten anzuwenden ist, insbesondere inwieweit Doppelbesteuerungsabkommen einer Anwendung entgegen stehen. Maßgebend ist dabei zum Einen das Steuerrecht der Schweiz und entsprechend die Verteilung der Besteuerungsrechte nach einem möglicherweise bestehenden DBA.[368] Für die ersten beiden Sachverhalte (Dienstleistung und Handel), die betrachtet werden, steht der Schweiz schon aufgrund ihres nationalen Steuerrechts kein Besteuerungsrecht zu. Die Einkünfte werden mithin auf Ebene des Unternehmens nur in dessen Ansässigkeitsstaat besteuert. Ausschlaggebend für die Ermittlung der Vorsteuerrendite ist das Steuerrecht des Ansässigkeitsstaates der Kapitalgesellschaft.

Die dritte Investition (Verpachtung) bietet der Schweiz einen Anknüpfungspunkt für eine beschränkte Steuerpflicht der investierenden Kapitalgesellschaft aufgrund des Belegenheitsprinzips. Dieses Besteuerungsrecht wird i. d. R. durch ein Doppelbesteuerungsabkommen, soweit vorhanden, nicht eingeschränkt. Damit wird entscheidend für die Frage, wessen Steuerrecht maßgeblich ist, wie der Ansässigkeitsstaat der Kapitalgesellschaft die durch das Nebeneinander von beschränkter und unbeschränkter Steuerpflicht entstehende Doppelbesteuerung vermeidet. Dazu stehen grundsätzlich zwei Methoden zur Verfügung: Anrechnung und Freistellung.

---

366 *Claassen, F.*, Steuerbelastung, 1994, S. 165.

367 Die Formeln zur Berechnung der Nachsteuerrendite des Gesellschafters unter Berücksichtigung des internationalen Steuerkeils werden im hinteren Teil dargestellt, wenn die einzelnen Sachverhalte betrachtet werden.

368 Erste Ansätze zu einer solchen Berücksichtigung im Modell der effektiven Grenzsteuersätze finden sich bereits bei *Alworth, J. S.*, Taxation Decisions, 1988, Kap. 4 und 6.

Die Anwendung der Anrechnungsmethode kann sowohl dazu führen, dass das Steuerrecht der Schweiz maßgebend ist als auch dazu, dass das des Ansässigkeitsstaates der Kapitalgesellschaft Anwendung findet. Bestimmend ist das Verhältnis des Steuerniveaus des Ansässigkeitsstaates zum dem der Schweiz. Für die gewählten Sachverhaltskonstruktionen ist das Steuerniveau in der Schweiz immer niedriger als das des Ansässigkeitsstaat der Kapitalgesellschaft. Werden mögliche Beschränkungen der Anrechnung durch nationale Regelungen im Ansässigkeitsstaat ausgeschlossen, bedeutet dies, dass durch die Anrechnung der schweizerischen Steuern das Steuerniveau des Ansässigkeitsstaates hergestellt wird. Daher ist für die Ermittlung der Vorsteuerrendite auf die steuerlichen Gegebenheiten in diesem Staat abzustellen.

Die Anwendung der Freistellungsmethode durch den Ansässigkeitsstaat der Kapitalgesellschaft führt hingegen zu einer Konservierung des Steuerniveaus der Schweiz auf Unternehmensebene. Soweit ein Progressionsvorbehalt vereinbart wurde und dieser nicht schon allein aufgrund eines linearen Körperschaftsteuertarifes ins Leere läuft, wird seine Wirkung dadurch ignoriert, dass in den Berechnungen vom maximal möglichen Grenzsteuersatz ausgegangen wird. Zur Berechnung der Vorsteuerrendite sind daher die steuerrechtlichen Regelungen der Schweiz relevant.

Die betrachteten Investitionen berühren in einigen der Fallvariationen jedoch nicht nur das Steuerrecht zweier Staaten. Vielmehr kann sich der Ansässigkeitsstaat der investierenden Kapitalgesellschaft von dem des Kapitalgebers unterscheiden, so dass auch auf dieser Ebene die Auswirkungen des internationalen Steuerrechts berücksichtigt werden müssen. Der Gesellschafter ist in seinem Ansässigkeitsstaat unbeschränkt steuerpflichtig. Daneben kann eine beschränkte Steuerpflicht im Sitzstaat der investierenden Kapitalgesellschaft treten, wenn die Gesellschaft eine Dividende ausschüttet. Eine solche Konstellation ist nach den gewählten Fallgestaltungen dann möglich, wenn die investierende Kapitalgesellschaft in Polen ansässig ist. Die auf die Dividende erhobene Quellensteuer variiert je nach einschlägigem Doppelbesteuerungsabkommen.

Die Behandlung der polnischen Quellensteuer im Modell ist davon abhängig, wie die Dividende in den USA bzw. in Deutschland steuerlich behandelt wird. Auch hier kann grundsätzlich eine Freistellung oder die Anrechnung der Quellensteuer erfolgen. Eine Freistellung im Ansässigkeitsstaat des Kapitalgebers führt dazu,[369] dass die Quellensteuer die einzige steuerliche Belastung auf dieser Ebene ist.

Bei einer Anrechnung der in Polen gezahlten Quellensteuer ist – in Analogie zu den obigen Ausführungen – auch hier das höhere Steuerniveau maßgeblich, wobei hier davon ausgegangen wird, dass die Belastung durch die Quellensteuer geringer ist als die, die im Rahmen der

---

[369] Die Freistellung bezieht sich i. d. R. auch auf lokale Ertragsteuern und Substanzsteuern. Vgl. *Spengel, Ch.*, Effektive Steuerbelastung, ZEW Diskussionspapier 00-15, 2000, S. 21 FN 50.

unbeschränkten Steuerpflicht im Ansässigkeitsstaat erhoben wird.[370] Damit ist die Quellensteuer vollständig anrechenbar und es wird das Steuerniveau des Ansässigkeitsstaates hergestellt. Eine explizite Berücksichtigung der polnischen Quellenstuer im Formelapparat kann somit unterbleiben. Daneben wird dem Kapitalgeber in einigen Fällen eine indirekte Anrechnung gewährt; dies betrifft insbesondere die Besteuerung des Hinzurechnungsbetrages. Das bedeutet, dass zusätzlich zu der Kapitalertragsteuer auch die von der ausländischen Kapitalgesellschaft gezahlte Körperschaftsteuer auf die Steuerschuld des Kapitalgebers in seinem Ansässigkeitsstaat anrechenbar ist. Damit erhöht sich die Nachsteuerrendite des Kapitalgebers, was eine Berücksichtigung im Modell verlangt.

Die Komplexität der Materie im internationalen Bereich erfordert weitere Einschränkungen, um im Rahmen des Modells zu Aussagen zu gelangen.[371] Daher wird hier unterstellt, dass die Bemessungsgrundlagen in allen betrachteten Ländern übereinstimmen und durch das Steuerrecht im Ansässigkeitsstaat der die Investition durchführenden Kapitalgesellschaft determiniert werden.[372] Somit wirkt sich die Berücksichtigung mehrerer Staaten in der Analyse lediglich auf die Höhe der Steuersätze aus, wobei auch im internationalen Modell die beiden Varianten der Ausschüttung an den Investor und der Thesaurierung der Rendite betrachtet werden.

2.4.3 Berücksichtigung des Zeithorizonts

Die hier anzustellende Untersuchung der Hinzurechnungsbesteuerung setzt entsprechend den selbst gesteckten Zielen voraus, dass zunächst überprüft wird, ob sich durch die Thesaurierung in einer Steueroase und dementsprechend späteren Ausschüttung von niedrig besteuerten Gewinnen ein Steuervorteil ergibt. Dies erfordert zumindest ein Zwei-Perioden-Modell, in dem die investierende Kapitalgesellschaft in der ersten Periode zunächst ihre Gewinne thesauriert, um sie dann in der nächsten auszuschütten. In diesem Zusammenhang ist fraglich, ob die Steuerzahlung, die in t_1 durch den Anteilseigner erfolgt, zu diskontieren ist oder ob der Zeitaspekt unberücksichtig bleiben kann. Um dies zu diskutieren, kann auf Überlegungen aus der Literatur zurückgegriffen werden, ob der Kapitalgeber indifferent zwischen einer Wiederanlage durch das Unternehmen oder einer Anlage durch ihn selbst ist. Nach *Scott* ist dies gegeben, wenn die erzielbaren Renditen der Unternehmung und des Gesellschafters identisch sind. Die Nachsteuerrendite der Unternehmung ergebe sich aus

---

370 Dies ist plausibel, wenn bedacht wird, dass im Modell jeweils vom höchsten Grenzsteuersatz für den Steuerpflichtigen ausgegangen wird und die Bemessungsgrundlagen in Polen und dem Ansässigkeitsstaat identisch sind, nämlich jeweils die Nachsteuerrendite der Unternehmung maßgeblich ist.

371 Derartige Einschränkungen sind notwendig, um Modelle handhabbar zu halten oder um es mit den Worten *Schneiders* zu sagen: „[...] heroische Vereinfachungen sind die Muttermilch der Theorie." *Schneider, D.*, Steuervergünstigungen, DB 1992, S. 1738.

372 So bspw. auch bei *Claassen, F.*, Steuerbelastung, 1994, S. 171 FN 21; *OECD*, Taxing Profits, 1991, S. 123; *Crooks, E. et al.*, Tax Rates, IFS Working Paper No. W89/9, 1989, S. 7.

$p \cdot (1-\tau)$ pro thesaurierter Einheit $(1-A)$. Investiert der Kapitalgeber selbst, sei seine Nachsteuerrendite $i \cdot (1-t_i) - \pi$. Damit gebe sich:[373]

$$p \cdot \frac{(1-\tau)}{(1-A)} = i \cdot (1-t_i) - \pi \tag{18}$$

und nach p umgeformt:

$$p = \frac{(1-A)}{(1-\tau)} \cdot (i \cdot (1-t_i) - \pi) \tag{19}$$

Scott setzt danach alle steuerlichen Parameter einschließlich der Inflationsrate null und erhält:

$$p = i \tag{20}$$

Diese Bedingung ist im Kapitalmarktgleichgewicht, das im Modell unterstellt wird, und in einer Welt ohne Steuern, die *Scott* durch seine Annahmen impliziert, selbstverständlich. *Scotts* Vergleich ist daher unvollständig. Selbst wenn vereinfachend unterstellt wird, dass keine Inflation herrscht ($\pi = 0$) und es sich um eine Investition handelt, die zu keinen Abschreibungen führt ($A = 0$), sind die Steuersätze in die Betrachtung einzubeziehen.[374] Die von *Scott* hergeleitete Bedingung, dass $p = i$ für eine Indifferenz zwischen Sofortausschüttung und Thesaurierung sein muss, ist nur Teil der Voraussetzungen, die erfüllt sein müssten, um auf die Berücksichtigung des Zeitaspektes verzichten zu können.

Die Frage, ob der Gesellschafter indifferent zwischen einer Anlage durch das Unternehmen (Thesaurierung in t_0 und Ausschüttung in t_1) oder durch ihn selbst (Ausschüttung und Investition durch Gesellschafter in t_0) ist, kann anhand eines Vergleichs der Vermögensendwerte beider Alternativen beantwortet werden:[375]

$$V_n^{Thes} = p \cdot (1-\tau) \cdot (1 + p \cdot (1-\tau))^n \cdot (1-t) \tag{21}$$

$$V_n^{SofAus} = p \cdot (1-\tau) \cdot (1-t) \cdot (1 + i \cdot (1-t))^n \tag{22}$$

mit:

V_n^{Thes} Vermögensendwert bei Thesaurierung und späterer Ausschüttung

V_n^{SofAus} Vermögensendwert bei Sofortausschüttung

Die Bedingung für eine Indifferenz ergibt sich nach dem Gleichsetzen der Vermögensendwerte und einigen Kürzungen wie folgt:

---

373 Vgl. *Scott, M. FG.*, Formulae, Journal of Public Economics 1987, S. 260 f.

374 Vgl. ein ganz ähnliches Beispiel bei *Claassen, F.*, Steuerbelastungsvergleiche, 1994, S. 83 f.

375 Vgl. *Hundsdoerfer, J.*, Lock-In-Effekt, StuW 2001, S. 114.

$$p \cdot (1-\tau) = i \cdot (1-t) \qquad (23)$$

Daraus ist unmittelbar ersichtlich, dass neben der von *Scott* geforderten Gleichheit der Wiederanlagerenditen die Steuersätze der Kapitalgesellschaft und des Anteilseigners identisch sein müssen, um Indifferenz zwischen Thesaurierung und Sofortausschüttung auszulösen.[376] Da das Beispiel von *Claassen* Gleichheit der Steuersätze voraussetzt, kommt auch er zu dem Ergebnis, dass eine Periodisierung der Steuerzahlung nicht erforderlich sei.[377]

In keinem der folgenden Anwendungsfälle stimmen jedoch die Steuersätze auf Unternehmens- und Kapitalgeberebene überein. Mit dem Schrifttum ist daher die Berücksichtigung des Zeitaspektes in Bezug auf die Steuerzahlungen des Kapitalgebers zu bejahen.[378] Die Abzinsung wird dort bereits damit begründet, dass der Vorteil aus dem Steueraufschub so berücksichtigt werden müsse,[379] der existiere, wenn aus steuerlichen Gründen der Vermögensendwert bei der Thesaurierung größer ist als der bei Sofortausschüttung.

Damit ist die bei einer Ausschüttung, die nicht zum frühestmöglichen Zeitpunkt vorgenommen wird, fällige Einkommensteuerzahlung des Anteilseigners zu diskontieren.[380] Wie vorstehend gezeigt, wird die Unternehmensrendite nach Steuern als interne Rendite des Bruttoeinzahlungsstromes berechnet.[381] Dies impliziert, dass Mittel, die auf Unternehmensebene frei werden, in identische Projekte wie die ursprüngliche Investition reinvestiert werden.[382] Damit ergibt sich die Nachsteuerrendite des Kapitalgebers aus:[383]

$$s = \rho \cdot (1+\rho) \cdot (1-t_d^*) \qquad (24)$$

wobei: $$t_d^* = \frac{t_d}{1+i \cdot (1-t_i)} \qquad (25)$$

376 Bei unterschiedlichen Wiederanlagerenditen kann die Gleichung (23) trotzdem erfüllt sein, wenn der Unterschied durch verschieden hohe Steuersätze kompensiert wird.

377 Vgl. *Claassen, F.*, Steuerbelastungsvergleiche, 1994, S. 84.

378 Dort wird allerdings für die Verwendung eines effektiven Veräußerungssteuersatzes im Zusammenhang mit Gleichung (16), S. 60, plädiert. Das Problem ist jedoch gleichgelagert, weshalb die Argumentation übernommen werden kann. Vgl. z. B. *King, M. A.; Fullerton, D.*, Taxation, 1984, S. 23; *Spengel, Ch.*, Effektive Steuerbelastung, ZEW Diskussionspapier 00-15, 2000, S. 11 f.; *Schreiber, U.*, in: Jacobs, O. H.; Spengel, Ch., Unternehmensbesteuerung, 1996, S. 112; die Notwendigkeit zur Abzinsung wird ebenfalls von *Sinn, H.-W.*, in: Bradford, D., Tax Policy, Bd. 5, 1991, S. 25-54 gesehen.

379 Vgl. *King, M. A.; Fullerton, D.*, Taxation, 1984, S. 23; *Spengel, Ch.*, Effektive Steuerbelastung, ZEW Diskussionspapier 00-15, 2000, S. 12.

380 Das nachfolgende Modell blendet unterschiedliche Inflationsraten aus, daher entspricht der nominale dem realen Zinssatz auf dem Kapitalmarkt, der gleichzeitig annahmegemäß der Unternehmensrendite nach Steuern entspricht. Daher beträgt *i* hier 4 %.

381 Vgl. *Schneider, D.; Siegel, Th.*, Tax Rates, TU Berlin Diskussionspapier Nr. 126, 1988, S. 11; *Künne, Th.*, Steuerbelastung, 1997, S. 187-189.

382 Kritisch dazu *Spengel, Ch.*, Effektive Steuerbelastung, ZEW Diskussionspapier 00-15, 2000, S. 7, FN 22.

383 Ähnlich *Auerbach, A. J.*, Cost of Capital, Journal of Economic Literature 1983, S. 919 f.

mit:

t_d^* effektiver Steuersatz auf Dividenden

Der Kapitalmarktsteuerkeil in t_0 beträgt mithin null, der Kapitalgeber muss keine zusätzlichen Steuern zahlen, erhält jedoch auch keine Rendite. Dafür wird in t_1 sowohl die Rendite aus der ersten Periode als auch ihre Verzinsung besteuert.

2.4.4 Ökonomische Parameter

Das oben dargestellte Modell geht davon aus, dass sich der Ertragswert mit einer konstanten Rate ändert.[384] Dies ergibt einen geometrisch-degressiven Verlauf der Ertragswertminderung.[385] Eine solche Annahme kann nur eine Approximation sein, fraglich ist jedoch, ob sie nahe an den realen Gegebenheiten ist und somit eine Vereinfachung zugunsten des Modells hingenommen werden kann.[386] Dazu wurden in den USA Untersuchungen durchgeführt, die den vorgegebenen Verlauf empirisch stützen sollten.

Die umfassendste Analyse wurde von *Hulton* und *Wykoff* durchgeführt.[387] Sie untersuchten für 32 Arten von gebrauchten Investitionsgütern den Marktpreis. Dabei unterstellten sie, dass Investitionsgüter eines Typs unabhängig von ihrem Alter grundsätzlich vergleichbar sind und auf demselben Markt gehandelt werden. Der Marktpreis spiegelt dann den jeweiligen Ertragswert wieder. Aus den unterschiedlichen Preisen für gebrauchte Güter lässt sich auf den Verlauf der Ertragswertminderung schließen. Die Untersuchung kommt annähernd zu einem geometrisch-degressiven Verlauf. Auch spätere, wenn auch nicht so umfangreiche Analysen gelangen zu einem ähnlichen Ergebnis.[388] Problematisch an diesem Ansatz ist, dass manche Investitionsgüter ein bestimmtes Alter nicht erreichen und deshalb niemals auf einem solchen Markt gehandelt werden. Ebenso fraglich ist, ob die Preise tatsächlich den Ertragswert eines Wirtschaftsgutes wiedergeben oder ob nicht auf Grund des als *lemon*-Problem[389] bekannten Informationsunterschieds zwischen Käufer und Verkäufer ein zu niedriger Preis am Markt herrscht.[390] Trotz der skizzierten Probleme soll eine geometrisch-degressive Ertragswertminderung angenommen werden, um den formalen Aufwand des Modells zu begrenzen.[391]

Die Studie von *King & Fullerton* ermittelte für verschiedene Länder unterschiedliche Ertragswertminderungen.[392] Die Adaption des Modells auf grenzüberschreitende Investitionen wirft

---

[384] Vgl. *Jorgenson, D. W.; Stephenson, J. A.*, Investment Behavior, Econometrica 1967, S. 211 f.

[385] Vgl. *Jorgenson, D. W.*, in: Jorgenson, D. W.; Landau, R., Capital Formation, 1989, S. 1-11.

[386] Vgl. *Sureth, C.*, Investitionsentscheidungen, 1999, S. 22.

[387] Vgl. *Hulton, Ch. R.; Wykoff, F. C.*, in: Hulton, Ch. R., Depreciation, 1981, S. 81-125.

[388] Vgl. z. B. *Perry, G. M.; Glyer, J. D.*, Asset Depreciation, The Review of Economics and Statistics, 1990, S. 524-529.

[389] Vgl. dazu *Akerlof, G. A.*, Market for „Lemons", Quarterly Journal of Economics 1970, S. 488-500.

[390] Vgl. *Hulton, Ch. R.; Wykoff, F. C.*, in: Hulton, Ch. R., Depreciation, 1981, S. 91, 96-99.

[391] Vgl. z. B. *Boatwright & Eaton*, die in ihrer Untersuchung von dem geometrisch-degressiven Verlauf absehen; *Boatwright, B. D.; Eaton, J. R.*, Estimation, Economica 1972, S. 403-418.

[392] Vgl. *King, M. A.; Fullerton, D.*, Taxation, 1984, z. B. S. 166 für Deutschland, S. 215 für die USA.

nun die Frage auf, welches der Raten der Ertragswertminderung ausschlaggebend sein soll. Es ist nicht ersichtlich, weshalb bspw. die Höhe der Ertragswertminderung im Ansässigkeitsstaat des Investors der des Investitionsstaates überlegen sein soll. Mithin ist die Entscheidung für eine der beiden irgendwie willkürlich. Die Wahl einer einheitlichen Rate für die Ertragswertminderung hat hingegen den Vorteil, dass sich die Analyse auf die unterschiedlichen steuerlichen Gegebenheiten konzentriert.[393] Daher verwendet die hier angestellte Untersuchung die Werte, die *Hulton & Wykoff* ermittelt haben:

Lagerhalle (*commercial structure*)	0,0247
Industriegebäude (*industrial structure*)	0,0361

Hinsichtlich der ökonomischen Faktoren soll vereinfachend die Inflationsrate in den jeweils betrachteten Staaten gleichgesetzt werden, womit π aus dem Kalkül verschwindet. Zudem wird Wechselkursstabilität unterstellt.[394]

2.4.5 Grenzen des Modells

Das Modell stellt vorrangig die Rentabilitätswirkung der Besteuerung allgemein und hier der Hinzurechnungsbesteuerung im Besonderen dar. Die Steuerzahlung löst jedoch neben den Rentabilitäts- auch noch Liquiditäts- und Zinswirkungen. Während die Zinswirkungen durch die Diskontierung der „Steuerzahlungen“ in das Modell eingebunden werden konnten, bleiben die Liquiditätswirkungen unberücksichtigt. Dies ist durch die dem Modell zugrunde liegenden Annahmen über einen Kapitalmarkt im Konkurrenzgleichgewicht und einer Welt der Sicherheit bedingt. Dies ist insofern problematisch, als dass die Hinzurechnungsbesteuerung unbestritten Auswirkungen auf die Liquidität des Steuerzahlers hat: Die Zurechnung der Einkünfte führt zu einer Steuerzahlung, obwohl keine Einkünfte zugeflossen sind.[395] Die sich daraus ergebenden Effekte ließen sich in einer Steuerbelastungsrechnung aufzeigen. An dieser Stelle soll der Hinweis negativen Liquiditätswirkungen genügen und auf eine Quantifizierung derselben verzichtet werden.

Im Mittelpunkt des Modells steht die Analyse von Entscheidungswirkungen.[396] Das alleinige Abstellen auf Entscheidungswirkungen ist für eine umfassende Betrachtung der Hinzurechnungsbesteuerung jedoch unbefriedigend, da zumindest in Deutschland die (relative) Verbesserung des Standortes Deutschland zum Zielkatalog gehörte.[397] Es vernachlässigt damit die Ausgangsproblematik, die zu einer Einführung der Hinzurechnungsbesteuerung resp. des

---

[393] Vgl. *Crooks, E. et al.*, Tax Rates, IFS Working Paper W89/9, 1989, S. 15.

[394] So auch das Vorgehen bei *Claassen, F.*, Steuerbelastung, 1994, S. 166; *Spengel, Ch.*, Effektive Steuerbelastung, ZEW Diskussionspapier 00-15, 2000, S. 20; *OECD*, Taxing Profits, 1991, S. 125. Eine Sensitivitätsanalyse kann den konkreten Einfluss von Inflationsrate und Wechselkurs aufzeigen. So das Vorgehen in *OECD*, Taxing Profits, 1991, S. 124 f., 146, 150.

[395] Dieses Problem wurde in der Literatur bereits unter dem Blickwinkel der Besteuerung unrealisierter Veräußerungsgewinne betrachtet. Vgl. *Schneider, D.*, Einkommensteuer, FA N. F. 1992, S. 550 f.

[396] Vgl. *King, M. A.; Fullerton, D.*, Taxation, 1984, S. 7, 9.

[397] Dies könnte dem explizit artikulierten Ziel entgegenstehen, den Weg ins Ausland nicht zu erschweren. Vgl. AStG-Entwurf, BT-Drs. VI/2883, S. 16.

subpart F führte: die Abwanderung von Unternehmen in das niedrig besteuernde Ausland. Fraglich ist nun also, inwieweit die Hinzurechnungsbesteuerung die steuerlichen Vorteile des niedrig besteuernden Auslands in Bezug auf die Standortwahl nivelliert. Die Grenzsteuerbelastung sagt jedoch nur etwas über den Umfang von Investitionen aus. Die Bestimmung des Standortes wird anhand von Durchschnittsteuersätzen durchgeführt.[398] Ein Rückschluss von den berechneten effektiven Grenzsteuersätzen auf die Durchschnittsteuerbelastung ist dabei nicht möglich, da i. d. R. kein Zusammenhang zwischen beiden Werten besteht.[399] Somit bleibt in der hiesigen Untersuchung offen, inwieweit dieses Ziel erreicht wurde.

Wie jedem Modell liegen auch dem der effektiven Grenzsteuersätze vereinfachende Annahmen zugrunde. So wird ein Kapitalmarkt im Konkurrenzgleichgewicht und Sicherheit unterstellt; die Berechnungen basieren auf investitions- und kapitalkostenneutralen Bemessungsgrundlagen.[400] Das Modell ermöglicht nur Aussagen über Steuerwirkungen für marginale Investitionen, eine Darstellung von Entscheidungswirkungen für rentable Investitionen ist nicht möglich.[401] Damit bildet das Modell eine Situation ab, der reale Unternehmen gerade nicht ausgesetzt sind.[402] Ein weiterer Kritikpunkt ist, dass das Modell nicht zur exakten Steuerplanung geeignet ist. Die Steuersätze werden pauschal als maximaler Grenzsteuersatz berücksichtigt, die Bemessungsgrundlage geht nur rudimentär über die Abschreibungsvorschriften in das Modell ein. Zu beiden Problemen ist zu sagen, dass es nicht Ziel der Untersuchung war, Aussagen für die Steuerplanung der Unternehmung zu treffen. Vielmehr sollten grundsätzliche Zusammenhänge aufgezeigt, die Wirkungsweise der Hinzurechnungsbesteuerung bzw. des *subpart F* erklärt werden. Für eine solche Erklärungsmodelle sind vereinfachende Annahmen „[...] nicht nur zulässig, sondern sogar geboten"[403].

Problematisch ist weiterhin, dass keine Inflationsraten berücksichtigt wurden. Dies kann damit begründet werden, dass der steuerliche Einfluss auf die Rendite zunächst isoliert dargestellt werden soll.[404] Die fehlende Erfassung der Inflation schmälert jedoch die Aussagekraft der gewonnen Ergebnisse. Weiterhin ist anzumerken, dass die Ertragswertabschreibung für alle Länder als identisch angenommen und Werte aus einer Schätzung derselben, die bereits 20 Jahre alt sind, verwendet wurden.[405] Eigenständige Berechnungen in der Literatur liefern jedoch auch nur Näherungswerte,[406] weshalb die Vereinfachung hier in Kauf genommen wird.

---

398 Vgl. *Richter, W. R.; Seitz, H., Wiegard, W.*, in: Siebert, H., Steuerpolitik, 1996, S. 19; ähnlich bei *Devereux, M. P., Griffith, R.*, Taxation, IFS Working Paper W98/16, S. 2.

399 Vgl. *Fullerton, D.*, Tax Rate, NTJ 1984, S. 28 f.

400 Vgl. *Schneider, D.*, Investition, 1992, S. 416.

401 Überlegungen zu effektiven Grenzsteuersätzen bei intramarginalen Investitionen finden sich bei *Gérard, M.*, in: Heimler, A.; Meulders, D., Empirical Approaches, 1993, S. 62-69.

402 Vgl. *Spengel, Ch.*, Steuerbelastungsvergleiche, 1995, S. 46.

403 *Schneider, D.*, Investition, 1992, S. 201.

404 Vgl. *Claassen, F.*, Steuerbelastungsvergleich, 1994, S. 188 f.

405 Vgl. zu den nicht unproblematischen Annahmen *Sureth, C.*, Investitionsentscheidungen, 1999, S. 22-24.

406 Vgl. z. B. die Selbsteinschätzung bei *Claassen, F.*, Steuerbelastungsvergleich, 1994, S. 60 f.

Abschließend sei darauf hingewiesen, dass bei der Interpretation der effektiven Grenzsteuersätze auf Grund der zahlreichen Annahmen die Ergebnisse nur für den betrachteten Einzelfall gültig sind und allgemeinere Aussagen nur auf der Basis systematischer Variationen der Ausgangsdaten möglich werden.[407]

2.5 Bezugsgröße zur Ermittlung von Entscheidungsneutralität

Ein effektiver Grenzsteuersatz ist für einen Vergleich, der der Ermittlung der Vorteilhaftigkeit einer Alternative über andere dient, ausreichend, da seine Berechnung auf der Basis finanzieller Größen (Rendite) beruht (Bestimmung der Rangfolge von Investitionsalternativen). Hingegen lassen sich Verhältnisaussagen bezüglich der Belastungswerte nicht treffen, Entscheidungswirkungen nicht feststellen.[408] Die dazu erforderliche weiterführende Analyse, die steuerliche Begünstigungen oder Diskriminierungen aufzeigt, verlangt den Bezug dieser Grenzsteuersätze auf eine Referenzgröße, die in der Lage ist, solche Verzerrungen aufzuzeigen. Diese Größe kann aus den Ansätzen zur investitionsneutralen Besteuerung abgeleitet werden.

Investitionsneutralität ist eine Ausprägung der Entscheidungsneutralität, die Auswirkungen von Steuerzahlungen auf die finanzielle Vorteilhaftigkeit von Investitionsvorhaben bestimmen soll. Als Entscheidungsneutralität wird in der Betriebswirtschaftlichen Steuerlehre[409] die Eigenschaft von Besteuerungsformen umschrieben, keine Entscheidungswirkungen zu entfalten.[410] Sie wird dabei als ein Zustand interpretiert, in dem steuerliche Regelungen keine (rechtlich zulässigen)[411] Anpassungshandlungen bei einem (vernünftigen) Steuerpflichtigen auslösen. Die Definition der Investitionsneutralität ist enger gefasst und nur unter Sicherheit und einem Kapitalmarkt im Konkurrenzgleichgewicht[412] im Modell erreichbar. Sie bezeichnet einen Zustand, in dem die Besteuerung die Rangfolge der Rentabilitäten verschiedener Handlungsalternativen nicht ändert.[413] Die Unveränderlichkeit der Rentabilität selbst wird hingegen nicht verlangt. Investitionsneutralität kann durch eine geeignete Definition der Bemessungsgrundlage erreicht werden. Als solche Bemessungsgrundlagen sind grundsätzlich zwei Größen denkbar: der *cash-flow* und der kapitaltheoretische Gewinn.[414]

---

[407] So z. B. bei *King, M. A.; Fullerton, D.*, Taxation, 1984, S. 268-302.

[408] Vgl. *Claassen, F.*, Steuerbelastungsvergleiche, 1994, S. 31.

[409] Zu den unterschiedlichen Neutralitätsbegriffen *Elschen, R.; Hüchtebrock, M.*, Steuerneutralität, FA 1983, S. 254-263; *Bradford, D. F.*, Income Tax, 1986, S. 176-207; *Neumark, F.*, Grundsätze, 1970, S. 261-266.

[410] Vgl. dazu und zum folgenden *Schneider, D.*, Investition, 1992, S. 193-197. Voraussetzungen dafür sind, dass das Steuerrecht die Zielgröße des Entscheidenden nicht ändert, weder die Handlungsmöglichkeiten noch die Anfangsausstattung an Mitteln beeinflusst und das Ausmaß an Rationalität des Steuerpflichtigen nicht variiert.

[411] Illegale Anpassungshandlungen sind auch in einem entscheidungsneutralen Steuersystem möglich.

[412] Dies ermöglicht die Trennung von Investitions- und Konsumentscheidungen, welche Voraussetzung einer investitionsneutralen Besteuerung ist. Vgl. *Schneider, D.*, Investition, 1992, S. 214 f.

[413] Vgl. für viele *Schwinger, R.*, Konsum oder Einkommen, StuW 1994, S. 41.

[414] Vgl. *Wagner, F. W.; Wissel, H.*, Entscheidungsneutralität, WiSt 1995, S. 67-69.

Ein wesentliches Kennzeichen einer *cash-flow*-Besteuerung ist, dass jeweils die Einzahlungsüberschüsse einer Periode besteuert werden.[415] Damit wird die Anfangsauszahlung einer Investition nicht periodisiert. Vielmehr wird die gesamte Auszahlung sofort steuerwirksam behandelt. Dieses Vorgehen gleicht einer Sofortabschreibung und führt zu einer Steuererstattung in Höhe der Anfangsauszahlung multipliziert mit dem Steuersatz.[416]

Das Entscheidungskriterium für die Vorteilhaftigkeit einer Investition ist der Kapitalwert. Die betrachtete Grenzinvestition führt zu einem Kapitalwert von null. Investitionsneutralität wird in dem Modell der *cash-flow*-Steuer dadurch gewährleistet, dass der Kapitalwert der Investition proportional mit dem tariflichen Steuersatz gekürzt wird. Wird nun ein linearer Steuertarif unterstellt, der im Zeitablauf konstant ist, entspricht die Summe der diskontierten Steuerzahlungen auf die Einzahlungsüberschüsse aus der Investition der Steuererstattung im Zeitpunkt der Investition. Damit unterliegt die Grenzinvestition keiner Steuerbelastung. Eine Entscheidungswirkung kann nicht auftreten.

Im Modell des kapitaltheoretischen Gewinns unterliegt die periodenbezogene Verzinsung des Ertragswertes der Besteuerung. Als Entscheidungskriterium wird der als Marktwert des Investitionsprojektes interpretierte Kapitalwert betrachtet. Als Ertragswert gelten hierbei die auf den Entscheidungszeitpunkt diskontierten Einzahlungsüberschüsse der Investition. Als kapitaltheoretischer Gewinn ist der Betrag zu betrachten, der dem Unternehmen entzogen werden kann, ohne den Marktwert zu reduzieren. Dies ist die Verzinsung des Ertragswertes der Vorperiode. Investitionsneutralität wird gewährleistet, der Ertragswert selbst bleibt unbesteuert. Da der Ertragswert also vor und nach Steuern identisch ist, entspricht die Renditekürzung durch die Besteuerung dem juristisch definierten Steuertarif. Das bedeutet, dass die juristische Steuerbelastung der wirtschaftlichen, der tarifliche Grenzsteuersatz dem effektiven entspricht.[417]

Damit liefert das Modell des kapitaltheoretischen Gewinns den gesuchten „Eichstrich“[418], an dem abzulesen ist, ob die betrachtete steuerliche Regelung eine Vergünstigung oder eine Benachteiligung darstellt. Um eine steuerliche Vergünstigung handelt es sich, wenn der effektive Grenzsteuersatz kleiner als der tarifliche ist, um eine Benachteiligung, wenn der effektive Grenzsteuersatz oberhalb des tariflichen liegt.[419] Vergünstigungen oder Benachteiligungen entstehen also, wenn die Besteuerung keine Investitionsneutralität gewährleistet. Das bedeutet, dass die Besteuerung die Entscheidungen des Investors beeinflusst. So werden unter steuerlichen Regelungen, die zu einer Vergünstigung führen, auch Investitionen durchgeführt, die in einer Welt ohne Steuern nicht realisiert worden wären, weil sie nicht vorteilhaft

---

[415] Die Idee der *cash-flow*-Besteuerung kann auf *Brown* zurückgeführt werden. Vgl. *Brown, E. C.*, in: Metzler, L. A. et al., Income, 1948, S. 309 f.

[416] Vgl. *Spengel, Ch.*, Effektive Steuerbelastung, ZEW Diskussionspapier 00-15, 2000, S. 8 f.

[417] Vgl. dazu auch *Künne, Th.*, Steuerbelastung, 1997, S. 128-131.

[418] Vgl. *Schneider, D.*, Spannweite, WPg 1988, S. 333 f.; *ders.*, Unternehmenssteuerbelastung, BB 1990, S. 538; *ders.*, Investition, 1992, S. 243; *ders.*, Hochsteuerland, DB 1994, S. 546 f.

[419] Vgl. *Schneider, D.*, Attraktivität, StuW 1994, S. 123 f.

sind. Benachteiligungen hingegen drücken aus, dass das Steuersystem bzw. die einzelne Vorschrift die Entscheidung des Investors zugunsten von Investitionen beeinflusst, die c. p. ohne die Berücksichtigung von Steuern nicht durchgeführt worden wären. Die Besteuerung beeinflusst also die Rangfolge von Handlungsalternativen.

Die Integration des ökonomischen Gewinns in das Modell der effektiven Grenzsteuersätze von *King & Fullerton* geschieht durch Annahmen über die Entwicklung des Zinssatzes in der Inflation[420] und den Verlauf der Ertragswertminderung.[421] So soll letztgenannte auf Basis der Wiederbeschaffungskosten ermittelt werden, so dass Inflationsneutralität gesichert ist.[422] Dies gilt jedoch nur für Marginalinvestitionen, deren Rendite dem auf dem Kapitalmarkt vorliegendem Zins entspricht,[423] weshalb die Berechnung effektiver Grenzsteuersätze auf Investitionen mit einem Kapitalwert von null beschränkt ist[424] und für intramarginale Investitionen keine Aussage über eine Vergünstigung bzw. Benachteiligung möglich ist.

3 Die Investitionen und ihre steuerlichen Konsequenzen im Quellenstaat

3.1 Die Modellinvestitionen

Im Folgenden werden anhand von drei verschiedenen Sachverhalten die Wirkungen der deutschen Hinzurechnungsbesteuerung und des *subpart F* aufgezeigt. Die Investitionen wurden so gewählt, dass nach der Einführung einer Hinzurechnungsbesteuerung durch die USA resp. Deutschland die Einkünfte aus diesen Aktivitäten von ihr erfasst werden. Um eine Vergleichbarkeit der Ergebnisse zu gewährleisten, werden sowohl für die Analyse des *subpart F* als für die der deutschen Hinzurechnungsbesteuerung identische Ausgangspunkte geschaffen, d. h. es werden jeweils die gleichen Investitionen betrachtet.

Die US-amerikanische Hinzurechnungsbesteuerung stellt bei der Bestimmung der *subpart-F*-Einkünfte häufig auf sogenannte „*third-country-arrangements*" ab.[425] Das bedeutet, dass die fraglichen Einkünfte i. d. R. aus einem Land stammen müssen, das nicht gleichzeitig der Ansässigkeitsstaat der beherrschten Auslandsgesellschaft ist. Daher werden die betrachteten Fallkonstruktionen so beschaffen sein, dass drei Staaten (Schweiz, Cayman Islands USA/Deutschland) berührt werden.

Die Modellierung geht zunächst von einem Zustand aus, in dem der Investor sein Engagement durch eine in seinem Ansässigkeitsstaat (USA/Deutschland) belegene Kapitalgesell-

---

420 Vgl. dazu *Schneider, D.*, Spannweite, WPg 1988, S. 335; *Bradford, D. F; Fullerton, D.*, in: Hulton, Ch. R., Depreciation, 1981, S. 253.

421 Vgl. *Claassen, F.*, Steuerbelastung, 1994, S. 71-75.

422 Vgl. *King, M. A.; Fullerton, D.*, Taxation, 1984, S. 26; ausführlicher bei *Cansier, D.; Wellisch, D.*, Steuerwirkungen, StuW 1989, S. 163. Inflationsneutralität bedeutet in diesem Zusammenhang, dass aus der Preissteigerung resultierende Scheingewinne nicht besteuert werden. Vgl. *Claassen, F.; Sprey, R.*, Lifo-Verfahren, DB 1993, S. 497.

423 Vgl. *Claassen, F.*, Steuerbelastung, 1994, S. 32 f.

424 Vgl. z. B. *Schneider, D.*, Hochsteuerland, DB 1994, S. 547.

425 Vgl. *Bellstedt, Ch.*, Zwischengesellschaften, FR 1972, S. 243 f.

schaft ausübt.[426] Dies bildet den Ausgangspunkt, der insbesondere für die Ermittlung der Veränderung der Steuerbelastung (Steuerwirkung) notwendig ist. Im nächsten Schritt wird unterstellt, dass sich die Kapitalgesellschaft, die die zu betrachtenden Investitionen tätigt, in einem anderen Staat – hier Polen[427] – ansässig ist. Durch diesen Schritt sollen erste Erkenntnisse darüber gewonnen werden, welchen Einfluss das internationale Steuerrecht auf die effektive Grenzsteuerbelastung hat. Anschließend soll die investierende Kapitalgesellschaft in einer Steueroase ansässig sein. Dies sind hier die Cayman Islands[428]. Den Abschluss der Analyse bildet die Einführung der Hinzurechnungsbesteuerung in die Modellwelt und ihre steuerliche Würdigung.

Damit ergibt sich allgemein folgender Aufbau:

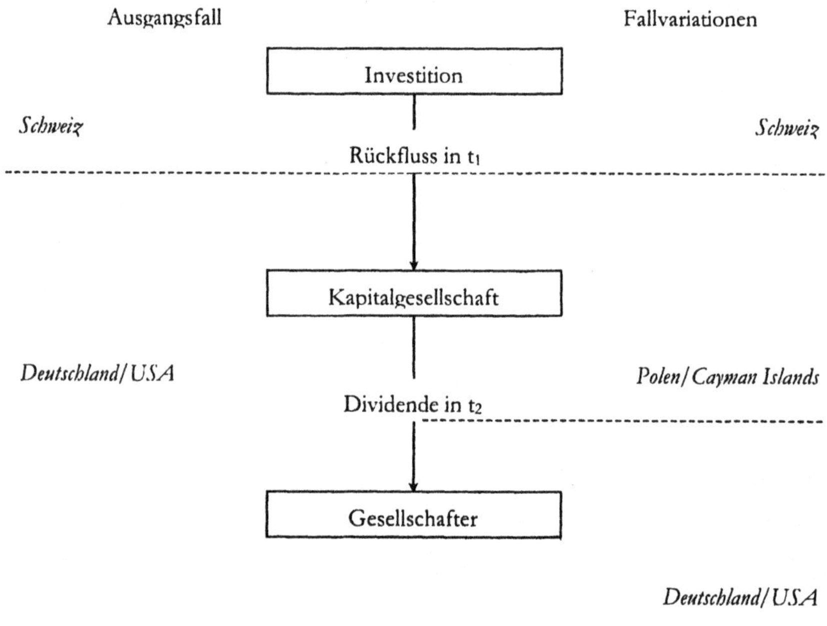

[426] Das führt im Ergebnis zu einer Zwei-Länder-Betrachtung.

[427] Polen erscheint aufgrund seiner dem deutschen Steuersystem sehr ähnlichen Struktur geeignet, die Wirkungen abzubilden, die aus dem internationalen Steuerrecht resultieren, ohne das zugrundeliegende nationale Recht (in Bezug auf die Besteuerung der investierenden Kapitalgesellschaft) wesentlich zu verändern.

[428] Die Cayman Islands wurden ausgewählt, weil hier – wie später gezeigt wird – praktisch keine Steuern erhoben werden und sie somit als klassischer Fall einer Steueroase gelten können. Daneben vereinfacht sich durch diese Wahl das Modell, da letztlich nicht drei Steuersysteme zu berücksichtigen sind.

Ausgangspunkt aller untersuchten Fälle ist also ein Investor, der in Deutschland resp. den USA (nachfolgend als Inland bezeichnet) ansässig ist. Dieser Kapitalgeber kann entweder eine Kapitalgesellschaft oder eine natürliche Person sein. Er besitzt 100 % der Anteile an einer (weiteren) Kapitalgesellschaft, die – je nach Fallvariation – in den USA, in Deutschland, in Polen oder auf den Cayman Islands ansässig ist. Diese Kapitalgesellschaft nimmt Investitionen in der Schweiz vor, die nachfolgend beschrieben werden. Sie ist durch ihren Gesellschafter ausschließlich mit Eigenkapital ausgestattet. Die investierende Kapitalgesellschaft hat selbst keinen Zugang zu Kapital.[429]

Um einen besseren Überblick zu erhalten, wird nicht nur auf eine einzelne Investition abgestellt, sondern es werden drei verschiedene Typen untersucht, um nicht Besonderheiten, die mit einer speziellen wirtschaftlichen Aktivität zusammenhängen, als allgemeingültig zu interpretieren. Im Anschluss an die Beschreibung der jeweiligen Investition wird eine Erläuterung der entsprechenden Regelungen im Rahmen des *subpart F* bzw. der §§ 7 bis 14 AStG angefügt, um zu zeigen, warum der Sachverhalt so gewählt wurde. Dabei wird nicht auf alle Tatbestandsmerkmale der Hinzurechnungsbesteuerung eingegangen, sondern es werden nur die hinsichtlich der passiven Einkünfte maßgeblichen dargestellt. Vereinfachend sei vorangestellt, dass die drei betrachteten Sachverhalte sich lediglich hinsichtlich der Art der Betätigung der investierenden Kapitalgesellschaft unterscheiden.

Fall 1: Die Dienstleistung

> Der im Inland unbeschränkt steuerpflichtige Gesellschafter einer Architekten-GmbH ist gleichzeitig ihr Geschäftsführer. Die Architekten-GmbH erhält den Auftrag, Entwürfe für ein Hotel in der Schweiz zu erarbeiten. Da der Gesellschafter ebenfalls Architekt ist, überträgt ihm die Gesellschaft den Auftrag, den er im Namen und für Rechnung der Gesellschaft ausführt (Subunternehmer). Die Entwürfe fertigt er in seinem Büro im Inland an.[430]
>
> Nach US-amerikanischem Steuerrecht können Dienstleitungen, die für oder im Auftrag einer nahestehenden Person erbracht werden, als schädliche Einkünfte i. S. d. § 954 (e)(1) *IRC* gelten. Eine der Voraussetzungen ergibt sich aus § 1.954-4(b)(1)(iv) *Treas. Reg.* und verlangt, dass die der Gesellschaft nahestehende Person[431] einen wesentlichen Beitrag zur Erbringung der Dienstleistung stellt. Zudem muss die Dienst-

[429] Diese Annahme vereinfacht die Untersuchung insofern, als dass der Abzinsungsfaktor der Unternehmung nur von der Besteuerung im Ansässigkeitsstaat des Investors abhängt und dem entspricht, der sich für eine rein nationale Investition ergibt. Vgl. *Crooks, E. et al.*, Tax Rates, IFS Working Paper No. W89/9, 1989, S. 7.

[430] Ein ähnlicher Fall findet sich bei *Wassermeyer, F.*, in: Flick, H.; Wassermeyer, F.; Baumhoff, H., Außensteuerrecht, § 8 AStG Anm. 63.

[431] Der Begriff der nahestehenden Person ist auch hier nach § 954 (d)(3) *IRC* auszulegen. Vgl. dazu FN 40, S. 8.

leistung außerhalb des Inkorporationsstaates der beherrschten Auslandsgesellschaft (Polen/Cayman Islands) erbracht werden.[432]

Die deutsche Hinzurechnungsbesteuerung sieht Dienstleistungen als passive Einkünfte gemäß § 8 Abs. 1 Nr. 5 Buchst. a AStG an, wenn die ausländische Gesellschaft die Dienstleistung schuldet und sich für die Erbringung der Leistung ihres inländischen Anteilseigners bedient. Als inländisch gilt dabei ein Anteilseigner, wenn er in Deutschland der unbeschränkten Steuerpflicht unterliegt. Ein „sich Bedienen" ist gegeben, wenn der Anteilseigner im Rahmen eines Anstellungs- oder Subunternehmerverhältnisses tätig wird.

Fall 2: Der Handel

Ein Gesellschafter verkauft seiner Kapitalgesellschaft Waren, die im Inland produziert wurden. Die Kapitalgesellschaft verkauft diese, ohne sie zu be- oder verarbeiten (Vertriebsgesellschaft), in der Schweiz. Der Verkauf in der Schweiz erfolgt via Internet, so dass die Kapitalgesellschaft dort zur Zwischenlagerung eine Lagerhalle errichtet.

Der Vertrieb von Waren kann in den USA zu schädlichen Einkünften führen. Zunächst ist wesentlich, welche Waren von der Vorschrift erfasst werden. Das Gesetz bezieht sich in § 954 (d)(1) *IRC* auf *personal property*, also auf bewegliches oder immaterielles Vermögen. Bei einer näheren Bestimmung des Begriffs Waren in diesem Zusammenhang nimmt der *IRC* landwirtschaftliche Waren (oder vielleicht besser Produkte) aus dem Anwendungsbereich aus, soweit sie in den USA nicht in einem Umfang angebaut werden, der eine kommerzielle Vermarktung zulässt.[433] Die hier fraglichen Waren müssen daher in einem anderen Staat als dem Ansässigkeitsstaat der beherrschten Auslandsgesellschaft produziert worden sein (also wiederum außerhalb Polens bzw. den Cayman Islands). Zudem muss die *controlled foreign corporation* die Waren von einer nahestehenden Person[434] erwerben. Die Waren müssen weiterhin für den Gebrauch, Konsum oder die Disposition außerhalb des Ansässigkeitsstaates der beherrschten Auslandsgesellschaft verkauft werden. Deshalb wurde hier unterstellt, dass der Anteilseigner der ausländischen Kapitalgesellschaft die Waren selbst an diese verkauft und die sie in der Schweiz weiterveräußert. Das Bestehen einer Betriebsstätte in der Schweiz ist hierbei nach § 954 (d)(2) *IRC* für die Qualifikation der Einkünf-

[432] Als Ort der Erbringung sieht § 1.954-4(c) *Treas. Reg.* den Ort an, an dem sich die Person bei Erbringung der Leistung physisch aufhält. Die Schweiz als Ausübungsort der Dienstleistung ist in diesem Fall nicht zwingend erforderlich. Da aber die anderen Fälle von der Schweiz als Drittland ausgehen, soll im Interesse einheitlich gestalteter Sachverhalte auch hier auf die Schweiz abgestellt werden.

[433] Diese zunächst schwammig erscheinende Umschreibung wird in den Richtlinien ausführlich kommentiert. Sie enthalten eine umfassende Aufzählung, welche Waren als in den USA in entsprechendem Umfang angebaut gelten und für welche Waren grundsätzlich davon auszugehen ist, dass dies nicht zutrifft, vgl. § 1.954-3(a)(ii) *Treas. Reg.*

[434] Zum Begriff vgl. FN 40, S. 8.

te unerheblich. Die Erlöse werden als *foreign base company sales income* dem zu versteuernden Einkommen des US-amerikanischen Anteilseigners der CFC zugerechnet.

Einkünfte aus dem Handel sind in Abgrenzung zu § 8 Abs. 1 Nr. 4 Buchst. a AStG schädliche Einkünfte, wenn der in Deutschland ansässige Gesellschafter Waren an die beherrschte ausländische Kapitalgesellschaft liefert[435] und diese die Waren (weiter-)verkauft, ohne sie zu be- oder verarbeiten. Der Hinzurechnungsbesteuerung unterliegen dabei nur die Einkünfte, die aus dem Verkauf der Waren resultieren, welche der Gesellschafter geliefert hat. Von dieser Regel existiert eine Ausnahme, die besagt, dass die Einkünfte als aktiv angesehen werden, wenn die ausländische Kapitalgesellschaft über einen in kaufmännischer Weise eingerichteten Geschäftsbetrieb verfügt, sich am allgemeinen wirtschaftlichen Verkehr beteiligt und die Tätigkeit ohne Mitwirkung des Gesellschafters ausübt. Als schädliche Mitwirkung gilt bspw. der Umstand, dass der Gesellschafter-Geschäftsführer, der die Waren an die Gesellschaft liefert, gleichzeitig die Geschäftsabschlüsse für die Gesellschaft tätigt,[436] was hier unterstellt wird.

Fall 3: Die Verpachtung

Die Kapitalgesellschaft erwirbt ein Gebäude, das in der Schweiz belegen ist und verpachtet es an eine dritte Person.

Damit die Einkünfte, die der ausländischen Kapitalgesellschaft aus der Verpachtung erwachsen, nach US-amerikanischem Steuerrecht schädliche Einkünfte sind und eine Besteuerung nach *subpart F* auslösen, muss das verpachtete Grundstück aus Sicht der ausländischen Kapitalgesellschaft in einem anderen als ihrem Sitzstaat belegen sein. Die Höhe der Besteuerung in diesem Land ist hierbei unerheblich. Die Pachteinkünfte sind dann als *foreign personal holding company income* gemäß § 954 (c)(1)(A) *IRC* unter *subpart F* steuerpflichtig.

Die deutsche Hinzurechnungsbesteuerung verbindet im Fall der Verpachtung von Grundstücken das Entstehen passiver Einkünfte mit der Rechtsfolge, die eintreten würde, wenn der in Deutschland unbeschränkt steuerpflichtige Anteilseigner der ausländischen Gesellschaft die Einkünfte direkt bezogen hätte. Dabei knüpft § 8 Abs. 1 Nr. 6 Buchst. a AStG an die Regelungen des DBA an, welches zwischen Deutschland und dem Belegenheitsstaat des Grundstückes abgeschlossen wurde. Bestimmt der Methodenartikel des entsprechenden Abkommens, dass für die Pachteinkünfte des unbeschränkt Steuerpflichtigen in Deutschland ein Besteuerungsrecht besteht und die entstehende Doppelbesteuerung in Deutschland durch Anrechnung der aus-

---

[435] Als „Liefern" wird hierbei die Veräußerung durch den Gesellschafter betrachtet. Vgl. *Wassermeyer, F.*, in: Flick, H.; Wassermeyer, F.; Baumhoff, H., Außensteuerrecht, § 8 AStG Anm. 51a.

[436] Vgl. zu diesem Sachverhalt auch *Wassermeyer, F.*, in: Flick, H.; Wassermeyer, F.; Baumhoff, H., Außensteuerrecht, § 8 AStG Anm. 58a, Beispiel 3.

ländischen Steuer vermieden wird, liegen passive Einkünfte aus Vermietung und Verpachtung vor. Eine solche Regelung findet sich z. B. in dem DBA D-CH, weshalb in der Fallkonstellation die Schweiz als Belegenheitsstaat für das Grundstück ausgewählt wurde.[437]

3.2 Das Steuerrecht des Staates der Investition

Der nachfolgende Abschnitt beschreibt das schweizerische Steuerrecht in den für die zu untersuchenden Fälle benötigten Grundzügen. Die Ermittlung der Steuerbelastung im internationalen Kontext setzt zudem voraus, dass geklärt wird, welcher Staat berechtigt ist, die aus dem realisierten Sachverhalt entstehenden Einkünfte zu besteuern. Daher wird ebenfalls erläutert, welchen Einfluss die von der Schweiz abgeschlossenen Doppelbesteuerungsabkommen (mit den USA, Deutschland und Polen) auf die Besteuerung in der Schweiz haben.

Der erste Fall beinhaltet die Erbringung einer Dienstleistung, also eines immateriellen Vermögensgegenstandes. Die Dienstleistung – die Erarbeitung der Entwürfe – wird von dem A in seinem Ansässigkeitsstaat an den Auftraggeber erbracht. A handelt jedoch im Namen und auf Rechnung der Architekten-GmbH. Diese hat ihre Funktion auf den A übertragen und erhält das Entgelt für diesen Auftrag. Wesentlich für die Betrachtung ist nicht eine mögliche Zahlung der Architekten-GmbH an A (der dann nichtselbständige Einkünfte hätte), sondern die Bezahlung des Auftraggebers an die Architekten-GmbH. In der Schweiz knüpft die beschränkte Steuerpflicht an eine wirtschaftliche Zugehörigkeit der juristischen Person an die Schweiz an. Die dafür in Frage kommenden Tatbestände des Art. 51 DBG erfordern einen engen Bezug, die durch die Anfertigung der Entwürfe außerhalb der Schweiz und ihrer Überbringung in dieselbe nicht erfüllt werden. Damit fallen diese Einkünfte nicht in eine beschränkte Einkommensteuerpflicht in der Schweiz. Auf die Prüfung der einschlägigen DBA kann verzichtet werden.

Die im Fall zwei ausgeübte Handelstätigkeit besteht in einem Direktgeschäft. Direktgeschäfte bieten i. d. R. keine hinreichenden Anknüpfungspunkte für eine Besteuerung im Quellenstaat.[438] In diesem Zusammenhang ist zu untersuchen, ob die Errichtung der Lagerhalle einen sachlichen Anknüpfungspunkt für eine schweizerische Besteuerung darstellen kann. Dazu sind sowohl das nationale Recht der Schweiz als auch das Doppelbesteuerungsabkommen der Schweiz mit dem Ansässigkeitsstaat der Kapitalgesellschaft heranzuziehen. Eine beschränkte Steuerpflicht juristischer Personen in der Schweiz knüpft gemäß Art. 51 DBG an die wirtschaftliche Zugehörigkeit an. Eine solche ist nach Buchst. b des Satzes 1 der Vorschrift durch eine in der Schweiz belegene Betriebsstätte erfüllt. Als Betriebsstätte gilt dabei entsprechend Art. 51 S. 2 DBG eine feste Geschäftseinrichtung, in der die Geschäftstätigkeit der Unternehmung ganz oder teilweise ausgeübt wird. Inwieweit dies erfüllt ist, kann dahin-

---

[437] Zu den weiteren in Frage kommenden Staaten vgl. die Übersicht bei *Wassermeyer, F.*, in: Flick, H.; Wassermeyer, F.; Baumhoff, H., Außensteuerrecht, § 8 AStG Anhang 1.

[438] Grundlegend zum Begriff des Direktgeschäftes und der steuerlichen Behandlung im Quellenstaat vgl. *Jacobs, O. H.*, Unternehmensbesteuerung, 1999, S. 56-60.

gestellt bleiben, da – wie nachfolgend gezeigt wird – die einschlägigen Doppelbesteuerungsabkommen der Schweiz kein Besteuerungsrecht einräumen.

In den Doppelbesteuerungsabkommen wird ein schweizerisches Besteuerungsrecht für Unternehmensgewinne konstatiert, wenn gemäß Art. 7 Abs. 1 DBA CH[439] hierfür eine Betriebsstätte in der Schweiz existiert. Die Definition der Betriebsstätte erfolgt in allen hier maßgebenden DBA einheitlich in Art. 5 Abs. 1 als eine feste Geschäftseinrichtung, durch die (DBA D-CH: in der) die Tätigkeit eines Unternehmens ganz oder teilweise ausgeübt wird. Ergänzt wird die Definition durch eine nicht abschließende Aufzählung in Abs. 2. Anders als im nationalen Recht erfährt die Definition jedoch durch Art. 5 Abs. 3 Buchst. a DBA D-CH und jeweils Art. 5 Abs. 4 Buchst. a DBA USA-CH, DBA PL-CH eine Einschränkung dahingehend, dass Einrichtungen, die ausschließlich der Lagerung von Waren dienen, explizit vom Betriebsstättenbegriff ausgenommen werden. Somit führen die entsprechenden DBA dazu, dass auf die Einkünfte aus der Handelstätigkeit in der Schweiz keine Steuern erhoben werden.

Im Fall 3 ist durch die Belegenheit des Grundstücks in der Schweiz gemäß Art. 51 S. 1 Buchst. c DBG ein Anknüpfungspunkt für eine beschränkte Steuerpflicht der ausländischen Kapitalgesellschaft bezüglich der Pacht für das Grundstück gegeben. Auch die entsprechenden DBA räumen der Schweiz ein Besteuerungsrecht ein, schließen jedoch eine Besteuerung im Ansässigkeitsstaat der das Grundstück vermietenden Kapitalgesellschaft nicht aus.[440] Ob dort eine Besteuerung erfolgt, hängt zum Einen vom nationalen Steuerrecht des Ansässigkeitsstaates der Kapitalgesellschaft und zum Anderen von den Maßnahmen zur Vermeidung oder Verminderung der Doppelbesteuerung ab, die das jeweilige DBA vorsieht.

Im Ergebnis besteht damit lediglich im Fall 3 die Notwendigkeit, schweizerische Steuern im Modell zu berücksichtigen. Das Steuersystem der Schweiz ist dreigeteilt: Jeder Kanton ist ermächtigt, eigene Steuern zu erheben. Daneben steht es den Gemeinden frei, eine ihnen eingeräumte Steuerhoheit auszuüben.[441] Die Kantone und Gemeinden können Steuern auf das Einkommen und das Vermögen erheben. Der Bund seinerseits erhebt eine Steuer auf das Einkommen.

Die Ermittlung der kantonalen und der Gemeindesteuer ist der der deutschen Gewerbesteuer ähnlich: Das steuerpflichtige Einkommen bzw. das steuerpflichtige Vermögen wird i. d. R.

---

439 Wenn die Regelungen in den DBA, die die Schweiz mit Deutschland, den USA und Polen abgeschlossen hat, identisch sind, wird nachfolgend vereinfachend die Bezeichnung DBA CH verwendet.

440 Vgl. jeweils Art. 6 Abs. 1 des DBA D-CH, DBA USA-CH, DBA PL-CH.

441 Vgl. *Hundt, F.; Kolb, A.*, in: Flick, H. et al., Doppelbesteuerungsabkommen, Steuerrecht der Schweiz, Anm. 1. Die große Vielfalt der sich entwickelnden Steuersysteme in den Kantonen der Eidgenossenschaft führte zu einem Bundesgesetz über die Harmonisierung der direkten Steuern der Kantone und Gemeinden, dessen Umsetzung bis zum 01.01.2001 zu erfolgen hatte. Vgl. Bundesgesetz vom 14. Dezember 1990 über die Harmonisierung der direkten Steuern der Kantone und Gemeinden, vgl. http://www.admin.ch/ch/d/sr/c642_14.html. Es legt nur einen groben Rahmen zur Harmonisierung fest. Jedoch stimmen die kantonalen Steuergesetze in ihren Grundlagen nun weitgehend überein, was bspw. die Anknüpfungspunkte der beschränkten Steuerpflicht betrifft. Hingegen blieb z. B. die Tarifgestaltung weiterhin den Kantonen überlassen.

zunächst mit einem im jeweiligen kantonalen Steuergesetz festgeschriebenen einfachen Steuersatz multipliziert (dem deutschen Hebesatz vergleichbar). Das Produkt – die sogenannte einfache Kantonsteuer – wird mit einem, häufig jedes Jahr neu festgelegten, Zinsfuß multipliziert. Ergebnis ist die geschuldete Kantonsteuer.

Die Gemeindesteuer bemisst sich entsprechend als Teil der einfachen Kantonsteuer, der sich durch Multiplikation derselben mit einem Gemeindezinsfuß ergibt. Kantone und Gemeinden sind sowohl hinsichtlich der Höhe des einfachen Kantonsteuersatzes als auch der Steuerfüße unabhängig vom Bund.[442]

Für die anstehende Untersuchung wird angenommen, dass das Grundstück in Zug (Kanton Zug) belegen ist. Nichtansässige Gesellschaften unterliegen gemäß § 52 StG-Zug nur mit ihren Einkünften aus einer Betriebsstätte oder aus Grundvermögen im Kanton der Steuer. Der einfache Kantonsteuersatz ist progressiv ausgestaltet und liegt nach § 66 StG-Zug zwischen 4 % und 7 %.[443] Es wird vereinfachend vom maximal möglichen Grenzsteuersatz ausgegangen ($\tau_{einfach} = 7\,\%$). Der Steuerfuß des Kantons beträgt gemäß § 2 StG-Zug 0,82, der Steuerfuß der Gemeinde 0,65.[444] Damit ergibt sich die Kanton- bzw. Gemeindesteuer wie folgt:

$$\tau_{Kanton} = \tau_{einfach} \cdot f_{Kanton} = 5{,}74\,\% \tag{26}$$

mit:

τ_{Kanton} effektiver Steuersatz des Kantons Zug
$\tau_{einfach}$ einfacher Kantonsteuersatz des Kantons Zug
f_{Kanton} Steuerfuß des Kantons Zug

$$\tau_{Gemeinde} = \tau_{einfach} \cdot f_{Gemeinde} = 4{,}55\,\% \tag{27}$$

mit:

$\tau_{Gemeinde}$ effektiver Gemeindesteuersatz der Gemeinde Zug
$f_{Gemeinde}$ Steuerfuß der Gemeinde Zug

Der Bund erhebt auf die Gewinne der ausländischen Kapitalgesellschaft eine direkte Bundessteuer vom Ertrag (Körpersteuer), eine staatliche Vermögen- oder Grundsteuer gibt es nicht.[445] Der anzuwendende Steuersatz beträgt laut Art. 68 DBG 8,5 %.

Der Steuersatz der Vermögensteuer (bei juristischen Personen als Kapitalsteuer bezeichnet), die von den Kantonen und Gemeinden auf den Wert des Grundvermögens erhobenen wird,

---

[442] Vgl. *IBFD et al.*, Steuerberater-Handbuch Europa, Länderdarstellungen/Nicht-EU, Schweiz (Bundessteuern) Rz. 1, Schweiz (Kantone Allgemeines) Rz. 1, 41.

[443] Vgl. das Gesetz unter http://www.zug.ch/bgs/data/63.pdf.

[444] Vgl. die Übersicht über die Steuerfüße des Kantons Zug für die Steuerjahre 1999-2002 unter http://www.zug.ch/tax/pdf/stf_2002.pdf.

[445] Vgl. *IBFD et al.*, Steuerberater-Handbuch Europa, Länderdarstellungen/Nicht-EU, Schweiz (Bundessteuern) Rz. 1, 29 f., 35.

beläuft sich gemäß § 75 StG-Zug auf 0,05 %, auch hier wird der jeweilige Steuerfuß der Gemeinde bzw. des Kantons angewandt:

$$w_c = 0{,}0005 \cdot \left(f_{Kanton} + f_{Gemeinde}\right) = 0{,}0005 \cdot (0{,}82 + 0{,}65) = 0{,}0735\,\% \tag{28}$$

Hinsichtlich der Regelungen zur Ermittlung der Bemessungsgrundlage (Reineinkommen) sei nur überblicksartig auf die für die Untersuchung wichtigen Aspekte eingegangen. Die Anknüpfungspunkte der beschränkten Einkommen- und Vermögensteuerpflicht auf Bundes- und Kantonebene entsprechen sich weitgehend, es wird hier regelmäßig zu einer Doppelbesteuerung kommen. Zur Verminderung dieser Doppelbelastung ist es bei der Ermittlung des kantonalen Gewinns gestattet, die direkten Steuern, die auf das Einkommen oder Vermögen an den Bund, die Kantone oder Gemeinden gezahlt werden, in dem Jahr abzuziehen, in dem die Zahlung erfolgt.[446] Damit ergibt sich die Steuerlast in der Schweiz aus:

$$\tau_{CH} = \tau_{Bund} + \tau_{Kanton} \cdot \left(1 - \left(\tau_{Bund} + \tau_{Kanton} + \tau_{Gemeinde} + w_c\right)\right) + \tau_{Gemeinde} = 17{,}71\,\% \tag{29}$$

mit:

τ_{CH} Unternehmungssteuersatz in der Schweiz

τ_{Bund} schweizerischer Bundessteuersatz auf Gewinne

Abzugsfähig sind weiterhin geschäfts- und berufsmäßig begründete Kosten, die beispielhaft aufgezählt werden (Art. 27 DBG). Dazu gehören u. a. Abschreibungen. Als Basis der Abschreibung dienen die historischen Anschaffungs- oder Herstellungskosten.[447] Grundsätzlich ist sowohl eine lineare als auch eine degressive Abschreibung möglich. Die Kantone haben die Abschreibungsbestimmungen weitgehend übernommen,[448] weshalb eine zusätzliche Differenzierung der Bemessungsgrundlagen für die Bundes-, Kantons- und Gemeindesteuern in der Untersuchung unterbleibt.

Die gesetzliche Kodifizierung der Abschreibung ist im Gegensatz zur deutschen Regelung sehr allgemein gehalten, spezielle Abschreibungssätze oder steuerliche Nutzungsdauern werden nicht genannt. Es findet jedoch eine Veröffentlichung von Normalabschreibungssätzen in der Einkommensteuer-Verordnung (EStV) statt. Die EStV hat jedoch den Charakter von Richtlinien, ist also nicht bindend. Daher soll nachfolgend angenommen werden, dass die Kapitalgesellschaft den Abschreibungssatz in der Schweiz in Übereinstimmung mit dem ihres Ansässigkeitsstaates wählt und dieser von den schweizerischen Steuerbehörden aner-

[446] Die Berücksichtigung in der Berechnung erfolgt trotz dieser Regelung bereits in dem Jahr, in dem die Steuern entstehen, da Vorauszahlungen zu leisten sind und hier angenommen wird, dass diese Vorauszahlungen der tatsächlichen Steuerschuld entsprechen.

[447] Der in Art. 28 Abs. 2 DBG begründete Grundsatz der Realität lässt eine Abschreibung auf Grundlage der Wiederbeschaffungskosten nicht zu. Vgl. dazu *Hundt, F.; Kolb, A.*, in: Flick, H. et al., Doppelbesteuerungsabkommen, Steuerrecht der Schweiz, Anm. 228.

[448] Vgl. *Hundt, F.; Kolb, A.*, in: Flick, H. et al., Doppelbesteuerungsabkommen, Steuerrecht der Schweiz, Anm. 527.

kannt wird, es sei denn, der Ansässigkeitsstaat der Kapitalgesellschaft besteuert die entsprechenden Einkünfte nicht. Dann wird auf die Abschreibungssätze in der Schweiz abgestellt.

Gebäude werden nach schweizerischem Steuerrecht linear abgeschrieben. Der Anhang zu Art. 11 DBG bestimmt,[449] dass die jährliche Abschreibungsrate zwischen 1,5 und 2 % liegen darf. Dies entspricht einer steuerlichen Nutzungsdauer von 50 bzw. 67 Jahren. Um den Abschreibungsbarwert zu maximieren, wird von einer Nutzungsdauer von 50 Jahren ausgegangen.[450] Der für das Modell verwendete Barwert der steuerlichen Abschreibungen wird wie folgt berechnet:

$$A_{CH} = \tau_{CH} \cdot \frac{1}{\rho \cdot L} \cdot \left(1 - e^{-\rho \cdot L}\right) = 0{,}0788 \qquad (30)$$

mit:

A_{CH} Barwert der steuerlichen Abschreibung in der Schweiz
L steuerliche Nutzungsdauer des Wirtschaftsgutes
ρ Nachsteuerrendite der Unternehmung

4 Die Steuerbelastung der Investitionen in einer Welt von Hochsteuerländern

In Anlehnung an die Darstellung auf S. 72 werden die ersten zwei Szenarien entwickelt, für die effektive Steuersätze zu ermitteln sind. Wie bereits oben erwähnt, ist allen nachfolgenden Modellvariationen Art und Umfang des Engagements in der Schweiz gemein. Ebenso konstant bleibt die Ansässigkeit des Gesellschafters der investierenden Kapitalgesellschaft in den USA bzw. Deutschland. Variationen werden nun dahingehend erfolgen, dass die investierende Gesellschaft im Ausgangsfall in den USA bzw. in Deutschland und in der ersten Fallvariation in Polen ansässig ist. Deshalb werden neben den relevanten Aspekten des Steuersystems Polens (als jeweils zweites Hochsteuerland) hier auch die wesentlichen Regelungen des US-amerikanischen und des deutschen Steuersystems erläutert.

4.1 Die Besteuerung im Ansässigkeitsstaat der investierenden Kapitalgesellschaft

4.1.1 USA als Ansässigkeitsstaat der Kapitalgesellschaft

Die unbeschränkte Steuerpflicht in den USA wird in negativer Abgrenzung zur beschränkten Steuerpflicht definiert. Eine Kapitalgesellschaft ist über § 7701 (a)(5), (4) *IRC* unbeschränkt steuerpflichtig, wenn sie nach dem Recht eines der US-Bundesstaaten errichtet wurde. Das Welteinkommen einer unbeschränkt steuerpflichtigen Kapitalgesellschaft unterliegt dem gestaffelten Tarif des § 11 *IRC*, dessen Spitzensteuersatz 35 % beträgt.[451] Die Bundesstaaten, die neben dem Bund ebenfalls berechtigt sind, Einkünfte zu besteuern,[452] befreien ausländi-

[449] Vgl. Anhang zu Art. 11, http://www.admin.ch/ch/d/sr/742_221/app1.html.

[450] Vgl. dazu Anhang A.1, Abb. 19, S. XIX.

[451] Obwohl sich der Durchschnittssteuersatz dem Grenzsteuersatz nur nähert, ihn aber niemals erreicht, soll hier vereinfachend auf diesen Grenzsteuersatz abgestellt werden.

[452] Die von den Städten erhobenen Steuern werden hier vernachlässigt.

sche Einkünfte i. d. R. von der Einkommensteuer.[453] Damit sind die in der Schweiz erzielten Einkünfte in den USA steuerpflichtig.

Eine Abschreibung auf Grund von Abnutzung oder Zeitablauf ist nach § 167 *IRC* gestattet und erlaubt eine Verteilung der Anschaffungs- oder Herstellungskosten von Gebäuden gemäß § 168 (b)(3)(A), (c) *IRC* auf 39 Jahre in gleichen Jahresbeträgen.[454] Die Ermittlung erfolgt analog nach Gleichung (36), S. 84. Damit beläuft sich der Barwert der steuerlichen Abschreibungen auf:

$$A_{USA} = 0{,}1772$$

Substanzsteuern werden in den USA auf lokaler Ebene erhoben. Jedoch bilden die Bemessungsgrundlage Vermögenswerte, die in dem jeweiligen Bundesstaat/Gemeinde belegen sind.[455] Die durch die hier betrachteten Investitionen geschaffenen Vermögenswerte befinden sich jedoch in der Schweiz, so dass keine US-amerikanische Substanzsteuerpflicht besteht.

Die Einkünfte aus Fall 1 und Fall 2 werden in der Schweiz nicht besteuert. Damit wird die zur Ermittlung des effektiven Grenzsteuersatzes benötigte Vorsteuerrendite nach der Gleichung (11), S. 59 berechnet. Der Ertragsteuersatz und der Abschreibungsbarwert sind dem US-amerikanischen Steuerrecht zu entnehmen:

$$p = \frac{1}{1-\tau_{USA}} \cdot \left[\left(1 - A_{USA}\right) \cdot \left(\delta + \rho - \pi\right)\right] - \delta \qquad (31)$$

mit:

τ_{USA}	Steuersatz der *federal income tax* für juristische Personen
A_{USA}	Barwert der steuerlichen Abschreibung in den USA

Im Fall 3 werden – wie oben beschrieben – die Pachteinnahmen in der Schweiz besteuert. Die auf diese Einkünfte erhobenen schweizerischen Steuern – dies sind die Bundeseinkommensteuer sowie die Gewinnsteuern der Kantone und Gemeinden – sind nach Art. 2 Nr. 2 Buchst. a i. V. m. Art. 23 Nr. 2 DBA CH-USA auf die US-amerikanische Einkommensteuer anrechenbar. Die Ausgestaltung der Anrechnung ist dem nationalen Recht der USA zu entnehmen. Die Einkünfte werden dort für die Ermittlung des Anrechnungsbetrages dem *basket* für passive Einkünfte zugeordnet.[456] Da die in der Schweiz erhobenen Steuern unterhalb des US-amerikanischen Niveaus liegen, erfolgt eine vollständige Anrechnung; der Differenzbetrag zwischen beiden Steuerniveaus ist in den USA als Steuer abzuführen. Damit wird insgesamt das Steuerniveau der USA hergestellt. Die Vorsteuerrendite ergibt sich als:

---

[453] Vgl. *Arthur Anderson*, Doppelbesteuerungsabkommen, 1990, Art. 2 Rz. 3; implizit auch *Zschiegner, H.*, Einkommensteuerrecht, IWB Fach 8, Gruppe 2, S. 993 f.

[454] Zu den Begriffen der Anschaffungs- bzw. Herstellungskosten vgl. *Kroschel, J.*, Federal Income Tax, 2000, S. 82, 85-87.

[455] Vgl. *Mikesell, J. L.*, Property Tax, Public Finance Quarterly 1992, S. 528 f.

[456] Vgl. dazu entsprechend die obigen Erläuterungen, S. 17 f.

$$p = \frac{1}{(1-\tau_{USA})} \cdot \left[(1-A_{USA}) \cdot (\delta + \rho - \pi) + w_c \right] - \delta \tag{32}$$

In den USA wird das klassische Körperschaftsteuersystem angewendet. Das bedeutet, dass die Steuerbelastung auf Ebene der Kapitalgesellschaft bei der Ermittlung der Einkommensteuer des Anteilseigners grundsätzlich unberücksichtigt bleibt. Der Nachsteuergewinn der Kapitalgesellschaft wird dem Bruttoeinkommen des Anteilseigners gleichgesetzt.[457] Die bei diesem eintretenden Rechtfolgen sind von seiner Rechtsform und der Ansässigkeit der ausschüttenden Gesellschaft abhängig.

Zunächst wird der Ausgangsfall betrachtet, wobei der Gesellschafter eine Kapitalgesellschaft ist. Annahmegemäß ist diese zu 100 % an der ausschüttenden (in den USA unbeschränkt steuerpflichtigen) Kapitalgesellschaft beteiligt. Hier wird im Ergebnis die Dividende durch die sogenannte ***dividends-received deduction*** des § 243 (a)(3) *IRC* auf Ebene der ausschüttenden Kapitalgesellschaft freigestellt, um eine Kumulation der Körperschaftsteuer bei Verschachtelung von Körperschaften zu vermeiden.[458] Damit ändert sich die Gleichung (37) zur Berechnung der Vorsteuerrendite (Fälle 1+2); es ist mit einem Körperschaftsteuersatz von null zu rechnen, da das alleinige Besteuerungsrecht bei den USA liegt. Dies führt dazu, dass auf Unternehmensebene praktisch keine Steuern mehr erhoben werden:

$$p = [\delta + \rho - \pi] - \delta \tag{33}$$

Die Nachsteuerrendite des Kapitalgebers ergibt sich aus:

$$s_{USA \to USA, KapGes} = \rho \cdot (1 - \tau_{USA}) \tag{34}$$

Eine im Ausland auf ausländische Einkünfte erhobene Steuer kann im Rahmen der indirekten Anrechnung beim Kapitalgeber berücksichtigt werden (Fall 3). Die Nachsteuerrendite des Kapitalgebers entspricht:[459]

$$s_{USA \to USA, KapGes} = \rho \cdot \frac{(1-\tau_{USA})}{(1-\tau_{CH} - (1-\tau_{CH}) \cdot \tau_{PL \to USA})} \quad \text{(Fall 3)} \tag{35}$$

---

[457] Dies ergibt sich implizit daraus, dass die Kapitalgesellschaft die Dividenden aus ihren (versteuerten) *earnings & profits* zahlt (§ 316 (a) *IRC*) und die von der ausschüttenden Gesellschaft gezahlte Einkommensteuer nicht zu den Anrechnungsbeträgen, die die tarifliche Einkommensteuer mindern, gehört (§§ 21 bis 53 *IRC*).

[458] Eine ***dividends-received deduction*** kann auch im Fall einer im Ausland ansässigen Kapitalgesellschaft gewährt werden. Sie wird dann auf die von der ausschüttenden Kapitalgesellschaft in den USA erwirtschafteten Gewinne gewährt. Dies ist für die nachfolgende Untersuchung jedoch nicht von Bedeutung, da die fraglichen Einkünfte im Ausland erzielt werden.

[459] In Anlehnung an die Ausführung zur Berücksichtigung des Zeitaspekts, S. 63, ist bei der Ermittlung der Nachsteuerrendite des Kapitalgebers zu unterscheiden, ob eine Sofortausschüttung vorgenommen wird oder die Ausschüttung in der zweiten Periode erfolgt. Die hier dargestellten Formeln beziehen sich auf eine Sofortausschüttung. Für die ebenfalls berechneten effektiven Grenzsteuersätze bei verzögerter Ausschüttung ist ρ durch $\rho * (1 + \rho)$ zu ersetzen und es sind diskontierte Steuersätze zu verwenden.

Nachfolgend wird angenommen, dass die US-amerikanische Mutterkapitalgesellschaft (Kapitalgeber der investierenden Kapitalgesellschaft) die Gewinne thesauriert. Begründet werden kann diese Vereinfachung damit, dass es nicht um die Ermittlung der Gesamtbelastung geht, sondern auf die Steuerwirkungen der Hinzurechnungsbesteuerung abgestellt werden soll. Diese sind, um eine Vergleichbarkeit mit der Belastung natürlicher Personen zu ermöglichen, auf die Ebene des unmittelbaren Anteilseigners an der ausländischen Kapitalgesellschaft zu beschränken. Die Berücksichtigung der Ebene des Anteilseigners an der Mutterkapitalgesellschaft führt auf Grund des klassischen Körperschaftsteuersystems[460] zu einer weiteren Erhebung von Steuern. Würde also die Besteuerung des Anteilseigners der Mutterkapitalgesellschaft in die Analyse einbezogen werden, würden die effektiven Steuersätze auch Steuerwirkungen abbilden, die das rein nationale Steuerrecht verursacht, die auf die Ausgestaltung des Körperschaftsteuersystems bzw. auf die unterschiedliche Behandlung der Rechtsformen zurückgehen.

Eine natürliche Person als Anteilseigner unterliegt dem Steuertarif des § 1 (c) *IRC*, der gestaffelt ist. Es wird hier vom maximal möglichen Grenzsteuersatz von 39,6 % ausgegangen. Ist die ausschüttende Kapitalgesellschaft in den USA ansässig, entspricht die tarifliche Einkommensteuer der Steuerschuld. Eine Anrechnung von Steuern ist aufgrund des klassischen Körperschaftsteuersystems nicht möglich. Die Nachsteuerrendite des Kapitalgebers bestimmt sich aus:

$$s_{USA \rightarrow USA,\, nat.Pers.} = \rho \cdot (1 - t_{USA}) \qquad (36)$$

4.1.2 Deutschland als Ansässigkeitsstaat der Kapitalgesellschaft

In Deutschland unterliegt der weltweite Gewinn einer im Inland ansässigen Kapitalgesellschaft gemäß § 1 Abs. 1 Nr. 1 KStG der Körperschaftsteuer. Die Gewinnermittlung knüpft laut § 8 Abs. 1 KStG an das EStG an. Somit sind die schweizerischen Einkünfte aus der Dienstleistung, dem Handel und der Verpachtung in Deutschland körperschaftsteuerpflichtig. Der Steuersatz beträgt nach § 23 Abs. 1 KStG 25 %. Kraft der Fiktion des § 8 Abs. 2 KStG handelt es sich dabei ausschließlich um gewerbliche Einkünfte. Die Gewerbesteuer ist als Objektsteuer grundsätzlich darauf ausgerichtet, die im Inland erwirtschafteten gewerblichen Einkünfte zu erfassen.[461] Die Anknüpfung an die ertragsteuerlichen Bemessungsgrundlagen führt jedoch dazu, dass auch ausländische Einkünfte erfasst werden, da die in § 9 GewStG enthaltenen Kürzungsvorschriften nur einen Teil der ausländischen Einkünfte aus dem Gewerbeertrag ausnimmt.[462]

---

[460] Dies gilt ganz ähnlich auch für die späteren Ausführungen zu Deutschland, selbst wenn dort ein Shareholder-Relief-System praktiziert wird.

[461] Vgl. etwa *Jacobs, O. H.,* Unternehmensbesteuerung, 1999, S. 14.

[462] Gekürzt werden u. a. Anteile am Gewinn von ausländischen Personengesellschaften, Teile des Gewerbeertrags, die auf eine ausländische Betriebsstätte entfallen und ausländische Schachteldividenden.

Die in den gewählten Beispielen in der Schweiz erzielten Einkünfte fallen sämtlich unter die Gewerbesteuerpflicht in Deutschland. Die Gewerbesteuer kann die Kapitalgesellschaft bei der Ermittlung ihres steuerpflichtigen Einkommens nach § 4 Abs. 4 EStG als Betriebsausgabe abziehen. Damit mindert die Gewerbesteuer auch ihre eigene Bemessungsgrundlage.[463]

Der als Zuschlagsteuer erhobene Solidaritätszuschlag wird nicht in die Analyse einbezogen. Subjektbezogene Substanzsteuern existieren in Deutschland derzeit nicht. Damit ergibt sich der für die in Deutschland steuerpflichtigen Einkünfte maßgebliche Steuersatz von:

$$\tau_D = \tau_{KSt} \cdot (1 - \tau_{GewSt}) + \tau_{GewSt} = 37{,}5\,\% \tag{37}$$

mit:

τ_D Unternehmungssteuersatz in Deutschland
τ_{KSt} deutscher Körperschaftsteuersatz
τ_{GewSt} effektiver deutscher Gewerbesteuersatz

Für langlebige Wirtschaftgüter des Anlagevermögens sieht § 7 Abs. 1 EStG grundsätzlich eine lineare Abschreibung über die betriebsgewöhnliche Nutzungsdauer vor. Für Gebäude sind hierfür nach § 7 Abs. 3 EStG (noch) 34 Jahre vorgesehen.[464] Damit ergibt sich für Deutschland ein Barwert der steuerlichen Abschreibungen in Höhe von:

$$A_D = 0{,}205$$

mit:

A_D Barwert der steuerlichen Abschreibung in Deutschland

Die Einkünfte in den Fällen 1 und 2 werden – wie oben dargelegt – ausschließlich in Deutschland besteuert, weshalb die Vorsteuerrendite sich aus Gleichung 11 ergibt.

$$p = \frac{1}{1-\tau_D} \cdot [(1 - A_D) \cdot (\delta + \rho - \pi)] - \delta \tag{38}$$

Bei den Einkünften aus unbeweglichem Vermögen, die bereits einmal in der Schweiz der Steuer unterlegen haben, wird die Doppelbesteuerung in Deutschland nach Art. 24 Abs. 1 Nr. 2 DBA CH-D durch Anrechnung der schweizerischen Steuer vermieden. Dabei werden gemäß Art. 2 Abs. 3 Nr. 2 Buchst. a DBA CH-D sowohl die direkte Bundessteuer auf den Ertrag als auch die Gewinnsteuer der Kantone und Gemeinden auf die deutsche Körperschaftsteuer angerechnet. Die Art der Anrechnung richtet sich dabei nach § 26 Abs. 1 KStG, sie ist auf die Höhe der deutschen Körperschaftsteuer begrenzt, die auf die schweizerischen

[463] Nachfolgend wird ein Gewerbesteuerhebesatz von 400 % unterstellt. Die Abzugsfähigkeit der Gewerbesteuer bei ihrer eigenen Bemessungsgrundlage wird durch einen effektiven Gewerbesteuersatz nach der Formel $H/(2000+H)$ berücksichtigt. Er beläuft sich auf 16,67 %. Vgl. *Rose, G.*, Steuerlehre, 1992, S. 48.

[464] Die durch das Steuervergünstigungsabbaugesetz, welches im Februar 2003 in Kraft treten soll, geplanten Änderungen wird sich der Abschreibungssatz auf künftig 2 % verringern, was gleichbedeutend mit einer Nutzungsdauer von 50 Jahren ist.

Einkünfte entfällt. Da die schweizerische Steuer auf die Unternehmensgewinne unterhalb der deutschen Körperschaftsteuer liegt, erfolgt in Deutschland eine Nachversteuerung. Die Vorsteuerrendite wird in Anlehnung an Gleichung (11) berechnet:

$$p = \frac{1}{(1-\tau_D)} \cdot \left[(1 - A_D) \cdot (\delta + \rho - \pi) + w_c\right] - \delta \tag{39}$$

In Deutschland wird seit 2000 bei der Besteuerung von Dividenden ein Shareholder-Relief-System angewandt. Erhält eine Kapitalgesellschaft eine Dividende, so wird diese nach § 8b Abs. 1 KStG – unabhängig von ihrer Herkunft – nicht in das Einkommen des Empfängers einbezogen und somit freigestellt. Gewerbesteuer wird ebenfalls nicht erhoben. Grundsätzlich ist zwar die Dividende dem Gewerbeertrag nach § 8 Nr. 5 GewStG hinzuzurechnen. Auf Grund der unterstellten 100 %igen Beteiligung greift die Kürzungsvorschrift des § 9 Nr. 2a GewStG, der inländische Schachteldividenden aus dem Gewerbeertrag ausnimmt. Damit entsteht im rein nationalen Sachverhalt kein Kapitalmarktsteuerkeil; die Nachsteuerrendite des Kapitalgebers entspricht der Nachsteuerrendite des Unternehmens:

$$s_{D \to D, KapGes} = \rho \tag{40}$$

Stammt die Dividende aus Polen, so wird dort gemäß Art. 10 Abs. 2 Buchst. a DBA D-PL[465] 5 % Quellensteuer von der Dividende einbehalten, wenn eine Kapitalgesellschaft Empfänger ist und die Beteiligung mindestens 25 % des Kapitals der ausschüttenden Gesellschaft umfasst (Schachteldividenden).[466] Nach Art. 21 Abs. 1 Buchst. a DBA D-PL werden Schachteldividenden in Deutschland unter Progressionsvorbehalt freigestellt. Ergänzend sieht Nr. 6 des Protokolls für passive Tätigkeiten eine Anrechnung in Deutschland vor. Dem steht jedoch eine Steuerfreistellung nach nationalem Recht – hier § 8b Abs. 1 KStG – nicht entgegen, weshalb die Dividende letztlich von der Körperschaftsteuer in Deutschland befreit ist. Daneben tritt die Regelung des § 8b Abs. 5 KStG, der für ausländische Dividendeneinkünfte 5 % der Bruttodividende als nichtabzugsfähige Betriebsausgaben fingiert, so dass die Freistellung letztlich auf 95 % der Dividende beschränkt ist.

Gewerbesteuerlich gilt zunächst das oben im rein nationalen Sachverhalt dargestellte: Nach § 8 Nr. 5 GewStG erfolgt eine Hinzurechnung zum Gewerbeertrag. Die Regelung des § 8b Abs. 5 KStG bleibt insoweit unberücksichtigt. Das bedeutet, dass keine nichtabziehbaren Betriebsausgaben fingiert werden. Ausländische Schachteldividenden unterliegen jedoch nur einer Kürzung nach § 9 Nr. 7 GewStG, wenn sie aus aktiven Einkünften der ausschüttenden Gesellschaft stammen. Dies ist hier nicht gegeben. Damit unterliegt die polnische Dividende in voller Höhe der Gewerbesteuer. Die Nachsteuerrendite der deutschen Kapitalgesellschaft

[465] Für die Analyse wird auf die Regelungen des derzeit geltenden DBA i. d. F. von 1972 Bezug genommen. Ein Revisionsabkommen wurde bereits 1998 paraphiert, der Zeitpunkt seiner Ratifizierung ist jedoch unklar. Vgl. dazu den Beitrag von *Große, S.; Klier, U.*, in: Kudert, St., Steuerrecht, 2001, S. 141-206.

[466] Wie bereits oben dargestellt, wird nach polnischem Recht Quellensteuer i. H. v. 15 % einbehalten, jedoch ermäßigt sich der Steuersatz auf Grund des DBA D-PL.

ergibt sich demnach aus der Nachsteuerrendite der Unternehmung, die sich um die polnische Quellensteuer, die Körperschaftsteuer auf die fingierten nichtabziehbaren Betriebsausgaben und die Gewerbesteuer auf die Dividende verringert:

$$s_{PL\to D,KapGes} = \rho \cdot (1-\tau_{PL\to D}) \cdot [0{,}95 + 0{,}05 \cdot (1-\tau_{KSt}) - \tau_{GewSt}] \quad \leftrightarrow$$

$$s_{PL\to D,KapGes} = \rho \cdot (1-\tau_{PL\to D}) \cdot [1 - 0{,}05 \cdot \tau_{KSt} - \tau_{GewSt}] \qquad (41)$$

mit:

$s_{PL\to D,\,KapGes}$ Nachsteuerrendite einer deutschen Kapitalgesellschaft für polnische Dividenden

$\tau_{PL\to D}$ Quellensteuersatz auf eine polnische Dividende, ausgeschüttet an eine deutsche Kapitalgesellschaft

Auf die Dividenden, die eine natürliche Person bezieht, wird das Halbeinkünfteverfahren angewandt, das die Vorbelastung auf Ebene der Kapitalgesellschaft bei der Ermittlung des zu versteuernden Einkommens des Gesellschafter berücksichtigt. Der Einkommensteuer unterliegt gemäß § 3 Nr. 40 Buchst. c EStG nur die Hälfte des Nachsteuergewinns der Kapitalgesellschaft. Dies entspricht im Modell einer Halbierung des anzuwendenden Grenzsteuersatzes,[467] der hier mit 48,5 % angesetzt wird.[468] Damit beträgt für eine Dividende aus Deutschland der anzuwendende Steuersatz 24,25 %. Die Nachsteuerrendite ergibt sich als:

$$s_{D\to D,nat.Pers.} = \rho \cdot (1 - t_{HEV}) \qquad (42)$$

mit:

$s_{D\to D,\,nat.\,Pers.}$ Nachsteuerrendite einer natürlichen Person für eine Dividende einer deutschen Kapitalgesellschaft

t_{HEV} Einkommensteuersatz unter Berücksichtigung des Halbeinkünfteverfahrens

4.1.3 Polen als Ansässigkeitsstaat der Kapitalgesellschaft

Eine Kapitalgesellschaft, die Sitz oder Geschäftsleitung in Polen hat, unterliegt gemäß Art. 3 Abs. 1 KStG-PL mit ihrem Welteinkommen einer unbeschränkten Steuerpflicht.[469] Der

[467] In Deutschland wird auf das Einkommen natürlicher Personen gemäß § 32a Abs. 1 EStG ein progressiver Einkommensteuertarif angewandt. Wie schon für die USA wird auch hier vom maximalen Grenzsteuersatz ausgegangen.

[468] Die Erhebung von Kapitalertragsteuer nach § 43 Abs. 1 EStG, die anfällt, wenn eine inländische Kapitalgesellschaft Dividenden ausschüttet, wird vernachlässigt, da sie bei dem inländischen Anteilseigner vollständig angerechnet werden kann und ggf. zu einer Erstattung führt. Ebenfalls wird auf eine Unterscheidung dahingehend verzichtet, ob die natürliche Person ihre Anteile an der Kapitalgesellschaft im Betriebs- oder Privatvermögen hält. Sowohl im rein nationalen als auch im internationalen Kontext fällt auf die Dividende Gewerbesteuer an, wenn sie im Betriebsvermögen gehalten wird.

[469] Vgl. *Kudert, St.; Jamrozy, M.*, Körperschaftsteuer, FR 1996, S. 779.

hierauf erhobene Steuersatz beträgt nach Art. 19 Abs. 1 KStG-PL 28 %, wobei es sich um einen linearen Tarif handelt.[470] Substanzsteuern existieren in Polen derzeit nicht.

Die Abschreibung von Gebäuden erfolgt linear. Artikel 16i Abs. 1 i. V. m. der Anlage 1 KStG-PL sieht dabei einen Abschreibungssatz von 2,5 % pro Jahr vor, dass entspricht einer steuerlichen Nutzungsdauer von 40 Jahren. Der Abschreibungsbarwert beläuft sich gemäß der Formel (31) auf:

$$A_{PL} = 0{,}1397 \qquad (43)$$

mit:

A_{PL} Barwert der steuerlichen Abschreibung in Polen

Für die Einkünfte in den Fällen 1 und 2 (Dienstleistung und Handel) hat Polen das ausschließliche Besteuerungsrecht, weshalb die Vorsteuerrendite sich aus Gleichung (11) ergibt.

$$p = \frac{1}{1-\tau_{PL}} \cdot \left[\left(1 - A_{PL}\right) \cdot \left(\delta + \rho - \pi\right) \right] - \delta \qquad (44)$$

mit:

τ_{PL} Unternehmungssteuersatz in Polen

Die Einkünfte aus Verpachtung in der Schweiz können sowohl in der Schweiz als auch in Polen besteuert werden. Die dadurch entstehende Doppelbesteuerung wird in Polen gemäß Art. 23 Abs. 1 Buchst. a DBA CH-PL durch Freistellung in Polen vermieden. Der vorgesehene Progressionsvorbehalt läuft auf Grund des proportionalen Körperschaftsteuertarifs ins Leere. Die Vorsteuerrendite für diese Investition beläuft sich auf:

$$p = \frac{1}{\left(1-\tau_{CH}\right)} \cdot \left[\left(1 - A_{CH}\right) \cdot \left(\delta + \rho - \pi\right) + w_c \right] - \delta \qquad (45)$$

Die Ausschüttung der Gewinne einer polnischen Kapitalgesellschaft an den in den USA ansässigen Gesellschafter führt laut Art. 26 Abs. 1 KStG-PL zu einer Erhebung von 15 % Quellensteuer auf die Dividende. Das DBA USA-PL[471] sieht in Art. 11 Abs. 2 Buchst. a für den Fall, dass der Gesellschafter eine juristische Person ist, eine Ermäßigung des Quellensteuersatzes auf 5 % vor, wenn eine Beteiligung von mindestens 10 % an der ausschüttenden Gesellschaft vorliegt (internationales Schachtelprivileg). Eine für die hier untersuchten Sachverhalte relevante Vermögensteuer existiert in Polen nicht. Einzig denkbar wäre eine Erfassung im Rahmen der Immobiliensteuer[472]. Die der deutschen Grundsteuer ähnliche Steuer knüpft an die Belegenheit des Steuerobjektes an.[473] Die Investition in dem fraglichen

---

[470] Vgl. *Kudert, St.; Nabialek, J.; Grzeskowiak, M.*, in: Kudert, St., Steuerrecht, 2001, S. 108.

[471] Vgl. http://www.irs.gov/pub/irs-trty/poland.pdf.

[472] Vgl. Gesetz über lokale Steuern und Abgaben vom 12.01.1991, Dz. U. 1991 Nr 9, poz. 31 m. n. Ä.

[473] Vgl. *Große, S.; Klier, U.*, in: Kudert, St., Steuerrecht, 2001, S. 195, 155-157.

Fall erfolgte in ein Gebäude, das in der Schweiz belegen ist und damit zu keiner Substanzbesteuerung in Polen führen kann.

Den USA steht nach Art. 11 Abs. 1 DBA USA-PL ebenfalls ein Besteuerungsrecht zu. Der Steuersatz beträgt 35 %. Die entstehende Doppelbesteuerung wird auf Seiten der USA gemäß Art. 20 Abs. 2 DBA USA-PL grundsätzlich durch (indirekte) Anrechnung der polnischen Quellen- und Körperschaftsteuer vermieden. Die Steuer des Anteilseigners ergibt sich zunächst aus der anrechenbaren Quellensteuer und der in den USA erhobenen Körperschaftsteuer. Da die polnische Quellensteuer geringer ist als die US-amerikanische Körperschaftsteuer, erfolgt eine vollständige Anrechnung, so dass auf Ebene des Kapitalgebers der US-amerikanische Körperschaftsteuersatz maßgeblich ist. Unter Berücksichtigung der polnischen Körperschaftsteuer berechnet sich die Nachsteuerrendite aus:

$$s_{PL \rightarrow USA, KapGes} = \rho \cdot \frac{(1 - \tau_{USA})}{(1 - \tau_{PL} - (1 - \tau_{PL}) \cdot \tau_{PL \rightarrow USA})} \qquad (46)$$

mit:

$s_{PL \rightarrow USA, KapGes}$ Nachsteuerrendite einer US-amerikanischen Kapitalgesellschaft

Im hier untersuchten Fall 3 (Verpachtung) steht Polen kein Besteuerungsrecht zu. Es existiert mithin keine anrechenbare polnische Körperschaftsteuer. Die indirekte Anrechnung beschränkt sich nach § 902 (a) *IRC* jedoch nicht auf Steuern, die im Ansässigkeitsstaat der ausschüttenden Kapitalgesellschaft erhoben werden. Vielmehr wird auf die Steuern abgestellt, die auf die ausgeschütteten Einkünfte entfallen. Somit sind hier die in der Schweiz gezahlten Ertragsteuern anrechenbar. Die Nachsteuerrendite wird analog nach Gleichung (41) ermittelt.

Empfängt die natürliche Person Dividenden von einer polnischen Kapitalgesellschaft, kann sie die in Polen im Rahmen ihrer beschränkten Steuerpflicht erhobene Quellensteuer nach Art. 23 KStG-PL (15 %)[474] auf die in den USA zu erhebende Einkommensteuer anrechnen. Eine Beschränkung des Quellensteuersatzes auf Grund des DBA erfolgt nicht. Die polnische Quellensteuer ist geringer als die US-amerikanische Einkommensteuer. Es kommt zu einer Nachversteuerung, weshalb sich die Steuerbelastung auf Ebene des Kapitalgebers in Höhe der US-amerikanischen Einkommensteuer ergibt. Die Nachsteuerrendite ermittelt sich wie folgt:

---

[474] Dies gilt unabhängig von der Rechtsform des Gesellschafters. Vgl. *Kudert, St.; Nabialek, J.; Grzeskowiak, M.*, in: Kudert, St., Steuerrecht, 2001, S. 136.

$$s_{PL \rightarrow USA, nat.Pers.} = \rho \cdot (1 - t_{USA}) \tag{47}$$

mit:

$s_{PL \rightarrow USA, nat.Pers.}$ Nachsteuerrendite einer in den USA ansässigen natürlichen Person für polnische Dividenden

t_{USA} Einkommensteuersatz einer natürlichen Person in den USA

Die Ausschüttung einer polnischen Kapitalgesellschaft an eine natürliche Person in Deutschland unterliegt in Polen dem Quellensteuerabzug i. H. v. 15 %. Es erfolgt keine Reduzierung des Quellensteuersatzes durch Art. 10 Abs. 2 DBA D-PL. Da Deutschland ebenfalls ein Besteuerungsrecht zugestanden wird, ist auf Art. 21 Abs. 1 Buchst. b DBA D-PL zur Vermeidung der Doppelbesteuerung zurückzugreifen. Die Ausgestaltung der Anrechnung richtet sich nach deutschem Recht, mithin nach § 34c Abs. 1 EStG.[475] Dort wird bestimmt, dass die ausländische Steuer auf die deutsche Steuer anzurechnen ist, die auf die ausländischen Einkünfte entfällt. Somit ist die sich durch das Halbeinkünfteverfahren ergebende Einkommensteuer maßgebend und es kommt zu einer Nachversteuerung der Dividende in Deutschland und zur Herstellung des deutschen Steuerniveaus. Die Nachsteuerrendite der natürlichen Person beträgt:

$$s_{PL \rightarrow D, nat.Pers.} = \rho \cdot (1 - t_{HEV}) \tag{48}$$

mit:

$s_{PL \rightarrow D, nat.Pers.}$ Nachsteuerrendite einer in Deutschland ansässigen natürlichen Person für polnische Dividenden

t_{HEV} Einkommensteuersatz einer natürlichen Person in Deutschland unter Berücksichtigung des Halbeinkünfteverfahrens

Die Berücksichtigung des Zeitaspekts verlangt eine Abzinsung der jeweils anzuwendenden Steuersätze. Die Abweichungen von den oben im Text genannten tariflichen Steuersätzen seien in der nachfolgenden Matrix zusammengefasst, wobei die Spalten den Ansässigkeitsstaat der investierenden Kapitalgesellschaft abbilden, die Zeilen geben den Ansässigkeitsstaat des Kapitalgebers wieder. In der letzten Spalte sei die jeweils in Polen auf die Ausschüttung erhobene Quellensteuer vorangestellt.

[475] Hier wird unterstellt, dass sich die natürliche Person für eine Anrechnung entscheidet. Zum Wahlrecht zwischen Anrechnung und Abzug polnischer Steuern vgl. *Große, S.; Kolm, L.-O.*, Berücksichtigung polnischer Steuern, RIW 2001, S. 587-598.

	Dividende stammt aus:			
	USA	Deutschland	Polen	
USA				
Kapitalgesellschaft	34,11 %	-	4,88 %	34,11 %
natürliche Person	38,67 %	-	-[476]	38,67 %
Deutschland				
Kapitalgesellschaft	-	0 %	4,88 %	24,39 %
natürliche Person	-	23,76 %	-[476]	23,76 %

Tab. 3: Anzuwendende tarifliche Steuersätze auf Ebene des Kapitalgebers bei Thesaurierung in t_0 und Ausschüttung in t_1

4.2 Die Steuerbelastung der Direktinvestitionen

Das Modell der effektiven Grenzsteuersätze verwendet Renditen als finanzielle Zielgröße eines Investors, um die Steuerbelastung zu bestimmen. Es misst also die Rentabilitätswirkungen der Besteuerung.[477] Als Rendite gilt dabei das Verhältnis zwischen Einnahmenüberschuss und eingesetztem Kapital.[478] Für das Modell der effektiven Grenzsteuersätze sind drei unterschiedliche Renditen zu betrachten: die Bruttorendite der Unternehmung p, die Nachsteuerrendite der Unternehmung ρ und die Nachsteuerrendite des Kapitalgebers s. Um das Modell mathematisch lösen zu können, ist eine der drei Renditen exogen vorzugeben. In der Literatur ist es üblich, entweder die Bruttorendite (*fixed-p case*) oder die Nachsteuerrendite der Unternehmung (*fixed-r case*) einer marginalen Investition festzusetzen.[479] Die beiden Berechnungsmethoden unterscheiden sich dahingehend, ob der reale Kapitalmarktzins exogen vorgegeben oder endogen im Modell ermittelt wird.

Die Untersuchung als *fixed-r case* erfordert die Vorgabe des realen Kapitalmarktzinses (ρ). Mit dessen Hilfe wird die Vorsteuerrendite der Unternehmung p berechnet, die erzielt werden muss, um den Kapitalgeber (vor Berücksichtigung seiner persönlichen Steuern) in Höhe des realen Kapitalmarktzinses entlohnen zu können (Gleichung (7)).[480] Hingegen wird im *fixed-p case* der Kapitalmarktzins aus der Rendite nach Unternehmenssteuern abgeleitet:[481]

$$\rho = \frac{(1-\tau)\cdot(p+\delta)-w_c}{1-A} - \delta + \pi \tag{49}$$

[476] Durch die Anrechnung der Quellensteuer auf die Steuer des Anteilseigners zeitigen sie hier keine Belastungswirkungen. Auf ihre Abzinsung wurde daher verzichtet.

[477] Vgl. *Claassen, F.*, Steuerbelastung, 1994, S. 65.

[478] Ähnlich bei *Spengel, Ch.*, Effektive Steuerbelastung, ZEW Diskussionspapier 00-15, 2000, S. 5.

[479] Die Vorsteuerrendite geben z. B. *Crooks, E. et al.*, Tax Rates, IFS Working Paper W89/9, 1989, S. 31 vor. Die Nachsteuerrendite wird bei *OECD*, Taxing Profits, 1991, S. 89; *OECD*, Taxation, 1994, S. 259 als fix angenommen, wobei jedoch in manchen Situationen auch r oder s als fix unterstellt werden.

[480] Vgl. *King, M. A.; Fullerton, D.*, Taxation, 1984, S. 12.

[481] Vgl. *Spengel, Ch.*, Effektive Steuerbelastung, ZEW Diskussionspapier 00-15, 2000, S. 7.

Eine Vorrangigkeit einer der beiden Renditen kann nicht belegt werden. Versuche im Schrifttum, die Höherwertigkeit von p oder ρ zu begründen, können als unfruchtbar bezeichnet werden.[482] Die Entscheidung für den *fixed-p* oder *fixed-r case* hängt demnach von der Lösbarkeit des Modells – also dem Ausschließen sinnloser Ergebnisse –, dem Rechenaufwand und dem Aufwand, der der Ergebnisinterpretation gewidmet werden soll, ab. Dem Umfang nach einfache Berechnungen ergeben sich durch die Vorgabe der Nachsteuerrendite der Unternehmung, da diese Größe unmittelbar die Bestimmung des Barwertes der steuerlichen Abschreibungen und die voneinander unabhängige Ermittlung der Steuerkeile auf Unternehmens- und Kapitalgeberebene ermöglicht.[483] Daher wird hier ein *fixed-r case* zugrunde gelegt, wobei ρ auf 4 % normiert wird. Bevor mit der eigentlichen Berechnung effektiver Grenzsteuersätze begonnen wird, werden zusammenfassend die jeweils in die Berechnung eingehende Größen dargestellt:

	USA	Deutschland	Polen
Renditevorgabe	4 % nach Unternehmenssteuern		
Ertragsteuersatz der Unternehmung			
Dienstleistung	35 %	37,5 %	28 %
Handel	35 %	37,5 %	28 %
Verpachtung	35 %	37,5 %	28 %
Substanzsteuersatz der Unternehmung			
Dienstleistung	-	-	-
Handel	-	-	-
Verpachtung	0,07 %	0,07 %	0,07 %
Barwert der steuerlichen Abschreibung			
Dienstleistung	-	-	-
Handel	0,177	0,205	0,139
Verpachtung	0,177	0,205	0,078
Ertragswertminderung			
Dienstleistung	-	-	-
Handel	0,0247	0,0247	0,0247
Verpachtung	0,0361	0,0361	0,0361
Inflationsrate	0 %	0 %	0 %

Tab. 4: Zusammenfassung der Standardparameter für die Ermittlung effektiver Steuersätze auf Unternehmensebene

[482] Vgl. ausführlicher dazu *Claassen, F.*, Steuerbelastung, 1994, S. 97-100.

[483] Vgl. z. B. *Claassen, F.*, Steuerbelastung, 1994, S. 100. Die Normierung der Vorsteuerrendite würde durch die komplexen Zusammenhänge des Modells dazu führen, dass die Nachsteuerrendite auf Unternehmensebene durch Iteration gewonnen werden müsste. Vgl. *Spengel, Ch.*, Effektive Steuerbelastung, ZEW Diskussionspapier 00-15, 2000, S. 8.

Die Ergebnisse der Berechnungen werden nachfolgend grafisch aufbereitet. Die konkreten Zahlen werden zur besseren Lesbarkeit der Ausführungen nur im Anhang aufgeführt.

4.2.1 Die Unternehmensebene

Der Darstellung der effektiven Grenzsteuersätze unter Einbeziehung der Ebene des Kapitalgebers soll eine Beschreibung der Unternehmensebene vorangestellt werden. Das Diagramm zeigt die Belastungen für die untersuchten Fälle, wobei die investierende Kapitalgesellschaft in den USA, Deutschland bzw. Polen ansässig ist. Eine Ausschüttung an den Kapitalgeber findet nicht statt.

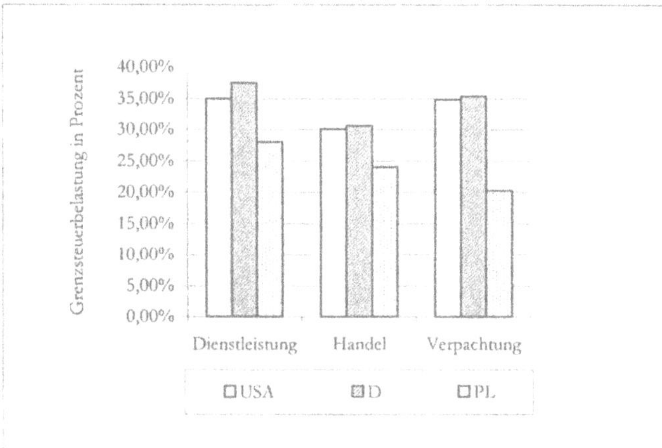

Abb. 3: Effektive Grenzsteuersätze auf Unternehmensebene

Ein Vergleich der Standorte USA und Polen zeigt, dass die Belastung in Polen geringer ausfällt. Dies ist im Wesentlichen auf den geringen Steuersatz in Polen zurückzuführen. Die andere steuerliche Komponente, die das Ergebnis – jedoch in entgegengesetzter Richtung – beeinflusst, ist die Behandlung der Anschaffungskosten. Die Abschreibungsdauer von Gebäuden in Polen (40 Jahre) und den USA (39 Jahre) unterscheidet sich nur geringfügig. Der Barwert der steuerlichen Abschreibung ist jedoch nicht nur von der Nutzungsdauer des Wirtschaftsgutes, sondern auch – wie oben gezeigt – vom Steuersatz abhängig. Der höhere Steuersatz in den USA bewirkt im Vergleich zu Polen daher eine relativ höhere Entlastung durch die Verringerung der Bemessungsgrundlage. Dieser Entlastungseffekt gleicht jedoch den absoluten Nachteil durch den höheren Unternehmenssteuersatz in den USA nicht aus, weshalb die Gesamtbelastung bei einer Ansässigkeit der Kapitalgesellschaft in den USA zu einer höheren Belastung führt.

Dies gilt um so mehr, wenn – wie bei der Verpachtung – nicht Polen, sondern die Schweiz die Einkünfte besteuert. Hier sinkt der Unternehmenssteuersatz auf 17,71 %, während er in den USA mit 35 % etwa doppelt so hoch ist. Wie bereits in den ersten beiden Fällen

(Dienstleistung und Handel) kompensiert die vorteilhaftere Abschreibungsmethode in den USA – in der Schweiz beträgt die Nutzungsdauer des Gebäudes 50 Jahre – den Nachteil aus dem höheren Steuersatz nicht.

Dies lässt sich analog auf den Vergleich der Standorte Deutschland und Polen übertragen. Die Gewinne der deutschen Kapitalgesellschaft werden einem Steuersatz von 37,5 % unterworfen; die Nutzungsdauer des Gebäudes wird mit 34 Jahren veranschlagt. In allen drei betrachteten Fällen ist Polen der Standort, mit der niedrigeren effektiven Steuerbelastung.

Aus den Werten ist weiterhin erkennbar, dass unabhängig vom Staat der Ansässigkeit der Kapitalgesellschaft, die effektiven Grenzsteuersätze für die Dienstleistung den tariflichen Steuersätzen des jeweiligen Ansässigkeitsstaates entsprechen.[484] Dies liegt darin begründet, dass dem Staat der Investition (Schweiz) kein Besteuerungsrecht für diese Einkünfte zusteht. Zudem betragen alle weiteren Faktoren, die Einfluss auf die Kapitalkosten haben, Null: Die Inflationsrate wurde per Annahme Null gesetzt, Substanzsteuern existieren in diesem Fall ebenso wenig wie ein Abschreibungsbarwert oder eine Ertragswertminderung. Damit vereinfacht sich die Gleichung zur Ermittlung der Vorsteuerrendite

$$p = \frac{1}{(1-\tau)} \cdot \{(1-A)\cdot(\delta + \rho - \pi) + w_c\} - \delta$$

zu

$$p = \frac{\rho}{(1-\tau)}.$$

Die Nachsteuerrendite der Kapitalgesellschaft ergibt sich also durch die Kürzung der Vorsteuerrendite um den tariflichen Grenzsteuersatz. Das Einsetzen der so ermittelten Vorsteuerrendite in die Gleichung (3), S. 54 zur Berechnung des effektiven Grenzsteuersatzes:

$$EMTR = \frac{w}{p} \qquad \text{mit} \quad w = p - \rho$$

führt zu:

$$EMTR = \tau .$$

Die Gleichheit der tariflichen und effektiven Grenzsteuersätze führt im Modell zu dem Schluss, dass hier weder eine Vergünstigung noch eine Benachteiligung vorliegen, mithin Investitionsneutralität gegeben sein könnte.

Aus dem Übereinstimmen von effektivem und tariflichem Steuersatz kann jedoch nicht sofort auf Investitionsneutralität geschlossen werden. Im Allgemeinen gilt, dass die Übereinstimmung der beiden Grenzsteuersätze den Schluss zulässt, dass der ökonomische Gewinn

---

[484] Vgl. die Aufstellung der tariflichen und effektiven Grenzsteuerbelastung im Anhang A.6, S. XXIII.

die Bemessungsgrundlage bildet, also Investitionsneutralität gegeben ist.[485] Jedoch sind bei einer Besteuerung des ökonomischen Gewinns der Kapitalwert vor Steuern und der Kapitalwert nach Steuern gleich. Es existiert mithin kein Unternehmenssteuerkeil.[486] Wie die Tabelle im Anhang zeigt,[487] ist dies nur für die in den USA ansässige Kapitalgesellschaft zutreffend und hier auch nur in den Fällen der Erbringung der Dienstleistung und des Handels, also nur dann, wenn in der Schweiz keine Steuern erhoben werden. Nur hier liegt Investitionsneutralität vor.

Die effektiven Grenzsteuersätze für die Errichtung des Lagerhauses in der Schweiz (im Diagramm als Handel bezeichnet) liegen für alle drei Standorte unterhalb der effektiven Grenzsteuerbelastung für die Dienstleistungserträge. Die Inflationsrate beläuft sich – wie bei der Dienstleistung – auf null, Substanzsteuern werden ebenfalls nicht erhoben. Daher ist die Verringerung auf die Berücksichtigung des Abschreibungsbarwertes und der Ertragswertminderung zurückzuführen, wobei darauf hingewiesen sei, dass die Ertragswertabschreibung für alle drei Staaten identisch ist, vgl. Tab. 4, S. 91.

Die Verringerung der Steuerbelastung im Vergleich zur Erbringung einer Dienstleistung erfolgte nicht für alle Staaten proportional. Dies ist – aufgrund der identischen Ertragswertminderung – auf die unterschiedliche Behandlung der Anschaffungskosten der Lagerhalle im Rahmen der Abschreibung zurückzuführen. Die geringere steuerliche Nutzungsdauer in den USA führt zu einer Verringerung der Mehrbelastung der US-amerikanischen gegenüber der polnischen Kapitalgesellschaft um fast einen Prozentpunkt, während der Standort Deutschland im Vergleich zu Polen sich durch die günstigeren Abschreibungsbedingungen um etwa drei Prozentpunkte verbessert.

Da die effektiven Grenzsteuersätze resp. die Kapitalkosten im Fall des Handels geringer sind als im Fall der Dienstleistung, ist die Rendite niedriger, die die Kapitalgesellschaft erwirtschaften muss, um ihren Gesellschafter zum realen Kapitalmarktzins entlohnen zu können. Diese Senkung der Kapitalkosten kann entweder mit der Berücksichtigung der Ertragswertminderung oder der Abschreibungsregelungen korrespondieren. Die Wirkungen der beiden Größen auf die Kapitalkosten für sich genommen sind gegenläufig. Durch eine Ableitung der Vorsteuerrendite nach dem jeweiligen Wert kann gezeigt werden, wie eine Änderung dieses Wertes die Kapitalkosten beeinflusst. Zunächst soll die Auswirkung der Abschreibung auf die Kapitalkosten untersucht werden:[488]

$$\frac{\partial p}{\partial A} = -\frac{1}{1-\tau} \cdot (\delta + \rho - \pi) \tag{50}$$

---

[485] Vgl. *Spengel, Ch.,* Steuerbelastungsvergleiche, 1995, S. 37.

[486] Vgl. *Schneider, D.,* Investition, 1992, S. 240.

[487] Vgl. Anhang A.5, S. XXIII.

[488] Da die Nachsteuerrendite auf Unternehmensebene mit 4 % für alle Investitionen vorgegeben wurde, zeigt der Einfluss der einzelnen Parameter auf die Vorsteuerrendite auch den Einfluss derselben auf die effektiven Grenzsteuersätze, vgl. Gleichung (1), S. 54.

Um eine Aussage über die Abhängigkeit der Vorsteuerrendite vom Abschreibungsbarwert zu machen, muss nicht der konkrete Wert der Ableitung ermittelt werden. Vielmehr ist die Kenntnis des Vorzeichens der ersten Ableitung hinreichend. Der erste Term der Gleichung ist positiv, da der Steuersatz stets kleiner als Eins ist. Annahmegemäß ist die Inflationsrate gleich Null, so dass auch der zweite Term positiv wird. Damit ist die Ableitung insgesamt negativ:

$$\frac{\partial p}{\partial A} < 0 \qquad (51)$$

Daraus folgt, dass der Abschreibungsbarwert negativ mit der Vorsteuerrendite korreliert. Ein steigender Abschreibungsbarwert führt zu niedrigeren Kapitalkosten. Der effektive Grenzsteuersatz wird ebenfalls kleiner, wenn die Kapitalkosten sinken. Damit bewirkt ein höherer Abschreibungsbarwert, dass die Vergünstigung steigt, die durch seine Berücksichtigung überhaupt erst entsteht. Die Abschreibungsregelungen in allen drei Staaten wirken damit nicht entscheidungsneutral, sie verzerren die Entscheidung des Steuerpflichtigen zugunsten des jeweiligen Standortes.

Die Ableitung der Vorsteuerrendite nach der Ertragswertminderung ergibt sich als:

$$\frac{\partial p}{\partial \delta} = \frac{1-A}{1-\tau} - 1 \qquad (52)$$

Der erste Term dieser Ableitung ist stets positiv und größer als Eins, wie unmittelbar einsichtig ist, wenn berücksichtigt wird, dass der Abschreibungsbarwert wie folgt ausgedrückt werden kann:

$$A = \tau \cdot Ab \qquad \text{wobei:} \qquad Ab = \frac{1}{\rho \cdot L} \cdot \left(1 - e^{-\rho \cdot L}\right) \qquad (53)$$

mit:

Ab steuersatzunabhängiger Teil des Abschreibungsbarwertes

Da stets gilt:[489]

$$Ab < 1 \qquad (54)$$

kann Gleichung (49) auch geschrieben werden als:

$$\frac{\partial p}{\partial \delta} = \frac{1-\tau \cdot Ab}{1-\tau} - 1 \qquad (55)$$

Damit ist die Ableitung insgesamt positiv:

$$\frac{\partial p}{\partial \delta} > 0 \qquad (56)$$

489 Vgl. die Abbildungen im Anhang A.2, S. XIX.

Eine höhere Ertragswertminderung führt damit zu steigenden Kapitalkosten und zu höheren effektiven Grenzsteuersätzen. Da die effektiven Grenzsteuersätze insgesamt gegenüber dem ersten untersuchten Fall gesunken sind, überwiegen die Auswirkungen der Berücksichtigung eines Abschreibungsbarwertes relativ diejenigen aus der Berücksichtigung der Ertragswertminderung.

Für die Gewinne aus der Handelstätigkeit ist die Differenz aus tariflichem und effektivem Grenzsteuersatz für alle drei Staaten positiv. Dies bedeutet, dass es sich um eine Vergünstigung handelt, da die tarifliche Steuerbelastung die effektive übersteigt. Die Vergünstigung beläuft sich im Fall der Ansiedlung der investierenden Kapitalgesellschaft in Polen und den USA auf 14 %, und bei Ansässigkeit in Deutschland etwa 18 %, gemessen am tariflichen Steuersatz. Die Abschreibungsregelungen der Staaten wirken also verzerrend auf die Investitionsentscheidungen, wobei aufgrund der relativ größeren Veränderung zu Fall der Dienstleistung die deutsche Regelung stärker verzerrt als die US-amerikanische oder die polnische.

Die Besteuerung der Erträge aus der Verpachtung werden sowohl in den USA als auch in Deutschland höher besteuert als in Polen bzw. der Schweiz, da wie oben gezeigt wurde, in diesem Fall Polen keine Steuern erhebt und somit die Gesamtbelastung der polnischen Kapitalgesellschaft den in der Schweiz erhobenen Steuern entspricht. Hintergrund dieses Zustandes ist die in den Doppelbesteuerungsabkommen festgelegte Anrechnung der schweizerischen Steuern bei der US-amerikanischen bzw. deutschen Kapitalgesellschaft. Dies führt zu einer Hochschleusung der Ertragsteuerbelastung auf das Niveau des jeweiligen Ansässigkeitsstaates. Dadurch steigt der relative Nachteil der USA bzw. Deutschlands als Standort im Vergleich zu Polen auf 14,5 (USA) bzw. 15 (Deutschland) Prozentpunkte.

Ursache für die gegenüber dem Handel gestiegene effektive Grenzsteuerbelastung ist die höhere Ertragswertminderung und die Substanzbesteuerung in der Schweiz. Die Ertragswertabschreibung korreliert positiv mit den Kapitalkosten, das heißt, eine Erhöhung von δ führt zu einer Steigerung der Kapitalkosten. Für die Substanzbesteuerung gilt dies ebenfalls, wie sich zeigen lässt:

$$\frac{\partial p}{\partial w_c} = \frac{1}{1-\tau} \tag{57}$$

Da der Ertragsteuersatz kleiner als eins ist, wird die Ableitung der Vorsteuerrendite nach dem Substanzsteuersatz positiv:

$$\frac{\partial p}{\partial w_c} > 0 \tag{58}$$

Für den Standort Polen gilt dies in gleichem Maße. Die Werte für die Substanzsteuerbelastung und die Ertragswertminderung sind für alle drei Standorte identisch. Daher kann das weitere Absinken des Grenzsteuersatzes nur auf die sich überproportional auswirkende Minderung des Ertragsteuersatzes zurückgeführt werden, der für die beiden anderen Standorte im Vergleich zu den beiden anderen Investitionen gleich geblieben ist. Der anzuwendende Ertragsteuersatz ist geringer als in den beiden anderen Fällen, weil die Erträge aus der

Verpachtung in Polen nicht besteuert werden und somit das schweizerische Steuerrecht maßgebend ist.

Eine sinkende Ertragsteuerbelastung führt zu sinkenden Kapitalkosten, wie nachfolgend gezeigt wird:[490]

$$\frac{\partial p}{\partial \tau} = \frac{1}{(1-\tau)^2} \cdot \{ (\delta + \rho - \pi) \cdot (1 - Ab) - w_c \} \tag{59}$$

Der erste Term ist positiv, da $0 \leq \tau < 1$. Der zweite Term (erster Term in der geschwungenen Klammer) ist unter den obigen Annahmen ($\delta > 0$; $\rho > 0$; $\pi = 0$) ebenfalls positiv. Da der steuersatzunabhängige Teil des Abschreibungsbarwertes kleiner als Eins ist, ist auch der dritte Term der Gleichung größer als Null. Somit hängt das Vorzeichen der Ableitung vom Verhältnis des Substanzsteuersatzes zum Produkt aus dem zweiten und dritten Term ab.

Für die Dienstleistung und den Handel ist der Substanzsteuersatz gleich Null, die Ableitung insgesamt also positiv. Für die Verpachtung hingegen lässt sich keine allgemeine Aussage treffen. Berechnungen für die hier verwendeten Daten zeigen jedoch, dass der Term in der geschweiften Klammer auch für $w_c = 0{,}07$ % positiv wird.[491] Daher ist unter den getroffenen Annahmen die erste Ableitung der Vorsteuerrendite nach dem Ertragsteuersatz stets positiv:

$$\frac{\partial p}{\partial \tau} > 0 \tag{60}$$

Ein niedriger Ertragsteuersatz bedingt niedrige Kapitalkosten und damit einen geringeren effektiven Grenzsteuersatz. Wie oben bereits erläutert, führt die längere steuerliche Nutzungsdauer zu einem sinkenden Abschreibungsbarwert. Die erhöhte Ertragswertabschreibung und der positive Substanzsteuersatz wirken sich ebenfalls nachteilig (erhöhend) auf den effektiven Grenzsteuersatz aus. Die Nachteile werden jedoch durch den gesunkenen Ertragsteuersatz überkompensiert, so dass der effektive Grenzsteuersatz insgesamt sinkt.

Die Verpachtung des Industriegebäudes in der Schweiz führt für die US-amerikanische und die deutsche Kapitalgesellschaft zu einer positiven Differenz aus tariflicher und effektiver Grenzsteuerbelastung, was gleichbedeutend mit einer Vergünstigung im Vergleich zu einer investitionsneutralen Besteuerung ist. Die Vergünstigung ist jedoch geringer als bei der Besteuerung der Handelserträge. Diese Verringerung hat jedoch keine steuerrechtliche Ursache. Ein Vergleich der verwendeten Ausgangsdaten zeigt (Tab. 4, S. 91), dass sich die Daten lediglich hinsichtlich der Höhe der Ertragswertminderung unterscheiden.

Für die polnische Kapitalgesellschaft hingegen ergibt sich eine negative Differenz aus tariflichem und effektivem Grenzsteuersatz. Das bedeutet, dass es sich hier um eine Benachteiligung handelt.[492] Die Benachteiligung entsteht durch die vergleichsweise lange Abschrei-

---

[490] Vgl. die ausführlichere Darstellung der Ableitung im Anhang A.3, S. XXI.

[491] Vgl. Anhang A.4, S. XXII.

[492] Vgl. die Aufstellung im Anhang A.6, S. XXIII.

bungsdauer in der Schweiz und den im Verhältnis dazu geringen Unternehmenssteuersatz.[493] Wie oben erläutert, bewirkt das Zusammenspiel aus steigendem Abschreibungsbarwert und sinkendem Ertragsteuersatz eine Verringerung des effektiven Grenzsteuersatzes. Das Hinzutreten einer vergleichsweise hohen Ertragswertminderung führt für die polnische Kapitalgesellschaft dazu, dass der effektive Grenzsteuersatz über den tariflichen steigt.

Zusammenfassend lässt sich festhalten, dass die Besteuerung der investierenden Kapitalgesellschaft in Polen für alle betrachteten Fälle niedriger ist als in den USA oder Deutschland. Dabei kommt es zu Verzerrungen der Investitionsentscheidungen durch die Besteuerung, die sowohl zugunsten als auch zu ungunsten eines Standortes ausfallen können. Da die Steuerbelastung der Kapitalgesellschaft allein für das angestrebte Untersuchungsziel nicht aufschlussreich ist, wird im nächsten Abschnitt die Besteuerung des Gesellschafters in die Betrachtung einbezogen.

4.2.2 Die Ebene des Kapitalgebers

Für eine Ausschüttung ist bei der Berechnung effektiver Grenzsteuersätze zu unterscheiden, wo die ausschüttende Kapitalgesellschaft (USA, Deutschland, Polen) und der Gesellschafter (USA, Deutschland) ansässig sind und in welche Rechtsform der Kapitalgeber (Kapitalgesellschaft, natürliche Person) gekleidet ist.[494] Für die nachfolgende Untersuchung wird zunächst anhand der Rechtsform des Gesellschafters differenziert und jeweils analysiert, welche steuerlichen Konsequenzen sich in Abhängigkeit von der Ansässigkeit der ausschüttenden Kapitalgesellschaft ergeben.

Es wird mit der Betrachtung einer Kapitalgesellschaft als Anteilseigner an der investierenden Kapitalgesellschaft begonnen. Der Vergleich mit Abb. 3 zeigt, dass die Ausschüttung die zuvor bestehende Vorteilhaftigkeit des Standortes Polen einschränkt. Die Besteuerung der Erträge aus der Dienstleistung und dem Handel unterliegen nun einer höheren Steuerbelastung, wenn die ausschüttende Kapitalgesellschaft in Polen ansässig ist. Dies gilt sowohl im Vergleich mit den USA als auch mit Deutschland. Die Ursache liegt in der unterschiedlichen Behandlung der Dividenden. In den USA wird bei Ausschüttung einer US-amerikanischen Kapitalgesellschaft an eine andere die *dividends-received deduction* gewährt. Das bedeutet, dass die ausschüttende Kapitalgesellschaft letztlich ihre bereits gezahlten Steuern erstattet bekommt und lediglich auf Ebene der empfangenen Kapitalgesellschaft die US-amerikanische Körperschaftsteuer erhoben wird. Im Gegensatz dazu unterliegt die polnische Dividende der vollen Einkommensteuerpflicht in den USA. Im Ergebnis ist daher die Steuerbelastung, die mit einer Dividende entsteht, die eine US-amerikanische Kapitalgesellschaft ausschüttet, geringer als die der polnischen Kapitalgesellschaft. Die Belastung der Pachteinnahmen ist in ih-

---

[493] Vgl. zur Ermittlung des Abschreibungsbarwertes Gleichung (49), S. XXI sowie zum Beweis eines Ansteigens des Abschreibungsbarwertes mit sich verringernder Nutzungsdauer Anhang A.1, S. XIX.

[494] Es sei darauf verwiesen, dass die Untersuchung von einer Thesaurierung in der ersten und einer Ausschüttung in der nachfolgenden Periode ausgeht. Dementsprechend ist der Ausschüttungssteuersatz abzuzinsen und es ist zu berücksichtigen, dass der Kapitalgeber in der zweiten Periode die ursprüngliche Rendite sowie ihre Verzinsung erhält.

rer Höhe hingegen unabhängig von der Ansässigkeit der investierenden Kapitalgesellschaft. Da weder in Polen noch in den USA in diesem Fall auf Ebene der Kapitalgesellschaft Steuern erhoben werden, resultiert die Belastung der investierenden Gesellschaft allein aus den in der Schweiz gezahlten Steuern. Die Besteuerung des Gesellschafters führt letztlich zu einer Belastung mit 35 %, da die polnische Quellensteuer auf die US-amerikanische Einkommensteuer angerechnet werden kann.

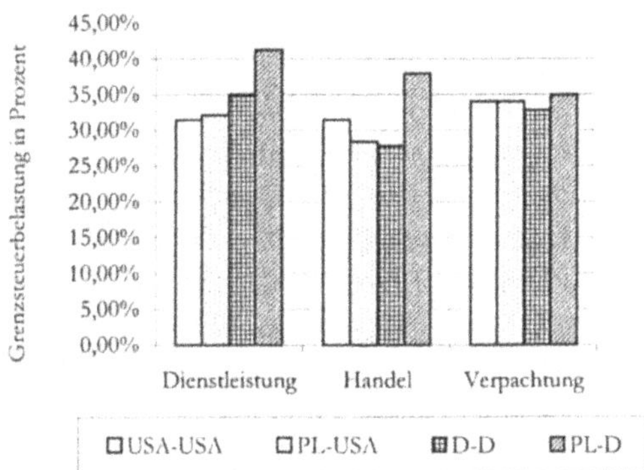

Abb. 4: Effektive Grenzsteuersätze bei Ausschüttung an eine Kapitalgesellschaft[495]

Der Vergleich der Standorte Deutschland und Polen zeigt, dass nunmehr jeweils der polnische Standort an Attraktivität verloren hat, die Belastung der polnischen Dividende ist in allen drei Fällen höher als die einer deutschen Kapitalgesellschaft. Die einfache Erklärung hierfür lautet, dass die Dividendenzahlung einer deutschen Kapitalgesellschaft an eine andere, in Deutschland ansässige Kapitalgesellschaft zu keiner Steuererhebung führt. Hingegen unterliegen die Dividenden einer polnischen Kapitalgesellschaft zum Einen der polnischen Quellensteuer. Zum Anderen wird in Deutschland Gewerbesteuer und 5 % Körperschaftsteuer erhoben. Diese Mehrbelastung im Vergleich zur rein nationalen Dividende führt zu einer Umkehrung der Vorteilhaftigkeit hinsichtlich der Standortwahl.

Im Modell lässt sich durch die Bildung der ersten Ableitung der Gleichung (11)[496] allgemein zeigen, dass ein höherer Ertragsteuersatz des Gesellschafters zu einer sinkenden Nachsteuerrendite desselben führt. Die Gleichung zur Bestimmung der Nachsteuerrendite des Kapitalgebers lautete:[497]

[495] Die Legendenbezeichnung im Diagramm weist an erster Stelle den Ansässigkeitsstaat der in der Schweiz investierenden Kapitalgesellschaft und an zweiter Stelle den des Gesellschafters aus.

[496] Vgl. zur Herleitung der Formel S. 60.

[497] Für die Ableitung nach dem Vermögensteuersatz und der Inflationsrate vgl. Anhang A.7, S. XXIV.

$$s = \rho \cdot \theta \cdot (1 - t_d) - \pi - w_p$$

In den hier betrachteten Fällen existiert kein Vermögensteuersatz für den Kapitalgeber, weshalb w_p aus dem Kalkül entfällt. Die einschlägigen Körperschaftsteuersysteme basieren auf dem klassischen System, weshalb θ gleich Eins ist und ebenfalls entfällt. Damit ergibt die Ableitung der Gleichung (13) nach dem Einkommensteuersatz:

$$\frac{\partial s}{\partial t_d} = -\rho < 0 \qquad (61)$$

Damit bewirkt ein steigender Einkommensteuersatz eine sinkende Nachsteuerrendite des Kapitalgebers und damit einen höheren effektiven Grenzsteuersatz.

Die verschiedenen effektiven Grenzsteuersätze lassen jedoch noch keine Aussage darüber zu, ob die steuerliche Andersbehandlung ausländischer gegenüber inländischen Dividenden eine Vergünstigung darstellt.[498] Da als Bemessungsgrundlage für die Ermittlung der effektiven Grenzsteuersätze der kapitaltheoretische Gewinn zugrunde gelegt wurde, erlaubt der Vergleich des jeweiligen effektiven Grenzsteuersatzes mit dem tariflichen Grenzsteuersatz ein erstes vorläufiges Urteil darüber abzugeben.[499] Die für den Vergleich benötigte rechtliche Steuerbelastung wurde aus Übersichtlichkeitsgründen im Anhang dargestellt.[500]

Die Gegenüberstellung der wirtschaftlichen und der rechtlichen Steuerbelastung für die US-amerikanische Kapitalgesellschaft zeigt, dass sich für alle betrachteten Fälle eine Vergünstigung ergibt. Diese Vergünstigung ist für die US-amerikanische Dividende niedriger als für die polnische. Dies kann damit begründet werden, dass die Wirkung der indirekten Anrechnung der in Polen gezahlten Steuern auf die US-amerikanische Einkommensteuer des Gesellschafters sich im Modell bei der Ermittlung der wirtschaftlichen Steuerbelastung stärker auswirkt als im Rahmen der rechtlichen. Der Vergleich mit den Vergünstigungen, die auf Unternehmensebene bestanden haben, ergibt für die Ausschüttung einer US-amerikanischen Kapitalgesellschaft kein einheitliches Bild. Die Berücksichtigung der Gesellschafterebene kann sowohl dazu führen, dass sich eine bestehende Vergünstigung erhöht (Verpachtung), eine bislang investitionsneutrale Besteuerung in eine Vergünstigung umschlägt (Dienstleistung) oder die Vergünstigung abgebaut wird (Handel). Die Besteuerung der aus Polen stammenden Dividende hingegen bewirkt letztlich immer eine Bewegung hin zu eine Vergünsti-

---

498 In der bisher erschienenen Literatur wird – soweit ersichtlich – keine Aussage darüber getroffen, ob in den jeweils untersuchten Fällen eine Steuervergünstigung oder eine -verböserung vorliegt. Die vorliegenden Analysen beschränken sich darauf, die ermittelten effektiven Grenzsteuerbelastungen für die unterschiedlichen Investitionen, ggf. auch in verschiedenen Staaten, miteinander zu vergleichen.

499 Vgl. *Schneider, D.*, Spannweite, WPg 1988, S. 333. Dort wird auch darauf hingewiesen, dass zu berücksichtigen ist, ob die sich evt. ergebende Abweichung des effektiven vom tariflichen Grenzsteuersatz dadurch zu begründen ist, dass eine dieser Regelung entgegengesetzt wirkende Vorschrift existiert. Für die hier untersuchten Vorschriften trifft dies nicht zu. Der sich aus dem Vergleich von tariflichem und effektivem Grenzsteuersatz ergebende Unterschiedsbetrag lässt einen direkten Schluss auf die Stellung der Vorschrift zu.

500 Vgl. Anhang A.8, S. XXIV.

gung bzw. ein Verstärken derselben, soweit auf Unternehmensebene bereits eine solche bestanden hat.

Der Vergleich der effektiven mit der tariflichen Grenzsteuerbelastung für die in Deutschland ansässige Kapitalgesellschaft ergibt jeweils eine Vergünstigung, unabhängig davon, ob die investierende Gesellschaft in Deutschland oder in Polen gegründet wurde. Dabei fällt auf, dass die Vergünstigungen für Ausschüttungen der polnischen Kapitalgesellschaft unterhalb derer liegt, die sich bei der entsprechenden Investition für eine Ausschüttung der deutschen Kapitalgesellschaft ergibt. Insofern scheint es im internationalen Kontext nachteilig zu sein, die Belastung von Renditen alleinig auf die Ebene der investierenden Gesellschaft zu verlagern, wie dies in Deutschland geschieht.

Es werden nun die Steuerbelastungen verglichen, die resultieren, wenn eine natürliche Person der Gesellschafter der in der Schweiz investierenden Kapitalgesellschaft ist. Dabei ergeben sich folgende effektive Grenzsteuersätze:

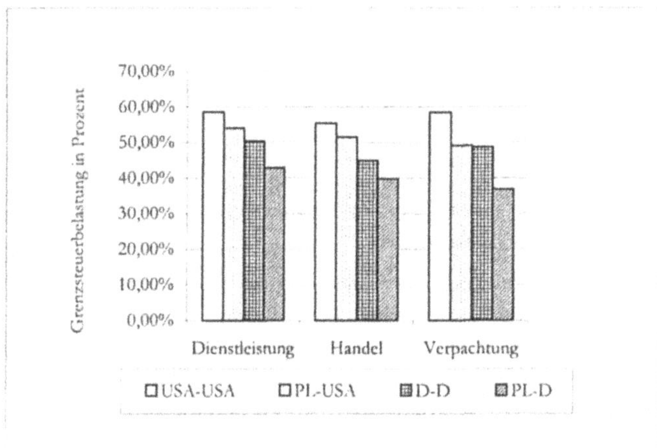

Abb. 5: Effektive Grenzsteuersätze bei Ausschüttung einer in einem Hochsteuerland ansässigen Kapitalgesellschaft an eine natürliche Person

Die Abbildung verdeutlicht, dass die aus Polen stammenden Dividenden sowohl im Vergleich zu denen aus den USA als auch zu denen aus Deutschland bei Ausschüttung an die natürliche Person geringer belastet sind. Dies lässt sich darauf zurückführen, dass Dividenden, die eine natürliche Person erhält, in ihrem Ansässigkeitsstaat unabhängig von der Herkunft der Dividende, gleich besteuert werden. Die in Polen gezahlte Quellensteuer wird auf die in den USA bzw. Deutschland entstehenden Einkommensteuern angerechnet. Da die Quellensteuer mit 15 % geringer ist als die zu entrichtende Einkommensteuer, erfolgt eine vollständige Anrechnung, die zur Herstellung des Steuerniveaus des Ansässigkeitsstaates des Gesellschafters führt. Die Dividende unterliegt auf Ebene des Gesellschafters immer der gleichen Belastung. Daher werden die bereits auf der Ebene der Kapitalgesellschaft bestehenden Belastungsunterschiede konserviert; die Rangfolge der Standorte bleibt auch bei Ausschüttung unverändert.

Für alle ermittelten effektiven Grenzsteuersätze gilt, dass die tarifliche die effektive Grenzbelastung übersteigt und somit eine Vergünstigung vorliegt.[501] Es fällt auf, dass die Vergünstigung für die Renditen aus der Dienstleistung im nationalen Kontext, also wenn Gesellschafter und Gesellschaft im gleichen Staat ansässig sind, geringer ist als für die im internationalen Kontext. Dies gilt sowohl für steuerliche Behandlung in den USA als auch für die in Deutschland. Im Gegensatz dazu ist die Besteuerung der Erträge aus dem Handel und der Verpachtung bei aus Polen stammenden Dividenden so angelegt, dass hier die Vergünstigung geringer ist als bei einer von der US-amerikanischen oder deutschen Kapitalgesellschaft ausgekehrten Dividende.

Im Übrigen ist festzustellen, dass die Einbeziehung der Ebene des Gesellschafters in die Betrachtung regelmäßig dazu führt, dass eine bestehende Vergünstigung erhöht bzw. eine Benachteiligung verringert oder in eine Vergünstigung umgewandelt wird. Damit kann die Art der Besteuerung des Gesellschafters Einfluss auf die Investitionsneutralität der Besteuerung haben und eventuell geeignet sein – etwa im Rahmen einer Hinzurechnungsbesteuerung – eine zunächst bestehende Vergünstigung abzubauen. Dies bleibt einer weiteren Prüfung vorbehalten.

5 Fallvariation: Die Steuerbelastung der Investitionen in einer Welt von Hochsteuerländern und einem Niedrigsteuerland

Nachdem nun die effektiven Grenzsteuersätze für die Ansiedlung der investierenden Kapitalgesellschaft in einem Hochsteuerland ermittelt wurden, wird nachfolgend eine Variation dahingehend vorgenommen, dass diese in einem Niedrigsteuerland ansässig ist. Hintergrund dieses Schrittes ist es zu zeigen, ob und in welcher Höhe sich zusätzliche Vergünstigungen ergeben, wenn die investierende Kapitalgesellschaft in ihrem Ansässigkeitsstaat keiner Besteuerung unterliegt. Anhand der gewonnenen Ergebnisse soll eine Aussage darüber möglich werden, ob die (häufig unterstellten) Vergünstigungen, die mit einer Ansässigkeit der Kapitalgesellschaft in einer Steueroase einhergehen, eine Maßnahme wie die Hinzurechnungsbesteuerung notwendig erscheinen lassen.

Im Rahmen der folgenden Untersuchung wird unterstellt, dass für die Ansiedlung der investierenden Kapitalgesellschaft keine außersteuerlichen Faktoren ausschlaggebend sind. Als Niedrigsteuerland werden die Cayman Islands gewählt, deren „Steuersystem" zunächst kurz beschrieben wird.

---

[501] Vgl. Anhang A.9, S. XXV.

5.1 Das Steuersystem der Cayman Islands

Die Berücksichtigung des Steuerrechts der Cayman Islands führt zu einer Änderung der Ausgangsdaten für die Ermittlung der effektiven Grenzsteuersätze auf Unternehmensebene gegenüber den in Tab. 4, S. 91 Werten:

	Cayman Islands
Renditevorgabe	4 % nach Unternehmenssteuern
Ertragsteuersatz der Unternehmung	
Dienstleistung	0 %
Handel	0 %
Verpachtung	17,71 %
Substanzsteuersatz der Unternehmung	
Dienstleistung	-
Handel	-
Verpachtung	0,07 %
Barwert der steuerlichen Abschreibung	
Dienstleistung	-
Handel	-
Verpachtung	0,078
Ertragswertminderung	
Dienstleistung	-
Handel	0,0247
Verpachtung	0,0361
Inflationsrate	0 %
Ertragsteuersatz des Kapitalgebers in den USA	
Kapitalgesellschaft	34,11 %
natürliche Person	38,67 %
Ertragsteuersatz des Kapitalgebers in Deutschland	
Kapitalgesellschaft	24,39 % KSt; 16,26 % GewSt
natürliche Person	23,76 %

Tab. 5: Parameter für die Ermittlung effektiver Steuersätze einer auf den Cayman Islands ansässigen Kapitalgesellschaft[502]

[502] Hier wurden für die Kapitalgeberebene nur die diskontierten Steuersätze angegeben. Ein Rückgriff auf die jeweiligen tariflichen Steuersätze für die Sofortausschüttung sollte unproblematisch sein. Daher wurde von einer Aufstellung in der obigen Tabelle abgesehen.

Die Cayman Islands sind eine Steueroase im klassischen Sinne. Es werden keine Einkommen-, Gewinn-, Vermögen- oder Kapitalsteuern erhoben. Weiterhin haben die Cayman Islands keine Doppelbesteuerungsabkommen abgeschlossen.[503] Der Staat finanziert sich u. a. über Firmengebühren und Stempelsteuern, die in Abhängigkeit von der Art der Gesellschaft und der Höhe des Gesellschaftskapitals festgesetzt werden. Mögliche Gesellschaftsformen sind die ansässige, die nicht ansässige und die „befreite" Gesellschaft. Für die hier zu betrachtenden Fälle wird von einer befreiten Gesellschaft ausgegangen.

Die befreite Gesellschaft kann ein Zertifikat erhalten, das die Steuerfreiheit aller Einnahmen und Vermögen der Gesellschaft für die nächsten 20 Jahre bestimmt, unabhängig davon, ob der Staat allgemein Steuern einführt. Sie kann in der Rechtsform einer Gesellschaft von begrenzter Dauer *(limited duration company, LDC)* oder der einer Gesellschaft mit beschränkter Haftung *(limited liability company, LLC)* gegründet werden.[504]

Für die hier im Rahmen dieser Arbeit untersuchten Investitionen bedeutet die unterstellte Steuerfreiheit, dass sich die steuerlichen Auswirkungen des wirtschaftlichen Engagements der investierenden Kapitalgesellschaft auf die in der Schweiz erhobenen Steuern beschränken und – bei Ausschüttung – die im Ansässigkeitsstaat des Anteilseigners hinzutreten.

5.2 Die Steuerbelastung von Direktinvestitionen

5.2.1 Die Unternehmensebene

In Anlehnung an die obigen Ausführungen beginnt die Analyse mit der Betrachtung der Kapitalgesellschaft als Gesellschafter. Dem Untersuchungsziel entsprechend soll die Darstellung zunächst getrennt für die USA und Deutschland erfolgen, um dann in einem zweiten Schritt einen zwischenstaatlichen Vergleich anzustreben. Eine solche Trennung erscheint sinnvoll, da gezeigt werden soll, ob im Vergleich zu einer anderen Wahl des Ansässigkeitsstaates der investierenden Kapitalgesellschaft eine Vergünstigung vorliegt, wenn dieselbe in einem Niedrigsteuerland angesiedelt ist. Der Einbeziehung der Ebene des Kapitalgebers sei wiederum eine Betrachtung der Unternehmensebene vorangestellt.

Die Erträge aus der Dienstleistung und dem Handel unterliegen bei der auf den Cayman Islands ansässigen Kapitalgesellschaft keiner Besteuerung, da die Caymans keine Steuern erheben und die Gewinne in der Schweiz nicht besteuert werden. Daher ist aus steuerlicher Sicht in diesen Fällen der Standort Cayman Islands der günstigste. Die Pachteinnahmen werden in der Schweiz besteuert. Somit entsteht die gleiche Belastung wie für eine in Polen ansässige Kapitalgesellschaft. Die Steuerlast einer in den USA oder Deutschland ansässigen Gesellschaft ist hier deutlich höher.[505]

---

[503] Vgl. *Ernst & Young*, Tax Guide, 2001, S. 109-111.

[504] Vgl. *Doggart, C.*, Steuerparadiese, 1997, S. 239.

[505] Bezüglich der Gründe sei auf die Ausführungen im vorstehenden Abschnitt verwiesen.

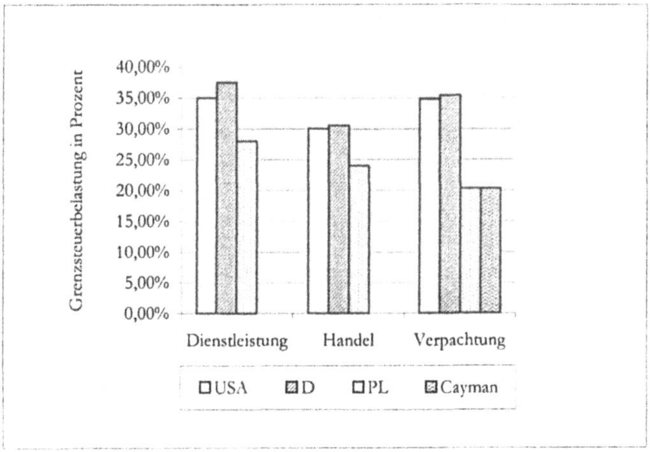

Abb. 6: Effektive Grenzsteuersätze einer auf den Cayman Islands ansässigen Kapitalgesellschaft im Vergleich zu den oben betrachteten Standorten

Für die Investitionen, die in der Schweiz nicht besteuert werden (Handel und Dienstleistung), entsteht kein Unternehmenssteuerkeil, da auf dieser Ebene keine Besteuerung erfolgt. Es liegt mithin Investitionsneutralität vor. Die Besteuerung der Dienstleistungsgewinne führt – wie oben dargelegt – unmittelbar zu diesem Ergebnis, da die einzig von Null verschiedene Größe, die in die Ermittlung der Kapitalkosten eingeht (Gleichung (11), S. 59), die Nachsteuerrendite der Unternehmung ist.

Im Fall des Handels sind die Werte für τ, A, π und w_c gleich Null, womit sich die Gleichung zur Berechnung der Vorsteuerrendite auf

$$p = (\delta + \rho) - \delta$$

verkürzt und auf Unternehmensebene sich Vor- und Nachsteuerrendite wiederum entsprechen. Es liegt also auch hier Investitionsneutralität vor, es besteht weder eine Vergünstigung noch eine Benachteiligung.

Lediglich im Fall der Verpachtung sind τ, A, δ, und w_c positiv und von Null verschieden, weshalb ein Unternehmenssteuerkeil entsteht, der zu einem positiven Grenzsteuersatz führt. Die tarifliche übersteigt hier die effektive Grenzsteuerbelastung, es besteht eine Benachteiligung. Diese entspricht der, die für eine in Polen ansässige Kapitalgesellschaft ermittelt wurde, da in diesem Fall auch nur in der Schweiz besteuert wurde.[506]

[506] Vgl. Anhang A.10, S. XXVI.

5.2.2 Steuerbelastung US-amerikanischer Gesellschafter

Im nächsten Schritt wird die Ebene des Gesellschafters einbezogen. Es wird mit der Darstellung für die Kapitalgesellschaft als Anteilseigner begonnen. Die Nachsteuerrendite für einen US-amerikanischen Anteilseigner ergibt sich als:

$$s_{Cayman \rightarrow USA, KapGes} = \rho \cdot \frac{(1-\tau_{USA})}{(1-\tau_{CH})} \tag{62}$$

mit:

$s_{Cayman \rightarrow USA, KapGes}$ Nachsteuerrendite einer US-amerikanischen Kapitalgesellschaft bei Ausschüttung von den Cayman Islands

Die Gegenüberstellung der jeweiligen effektiven Grenzsteuersätze für die Dividenden ergibt folgendes Bild:

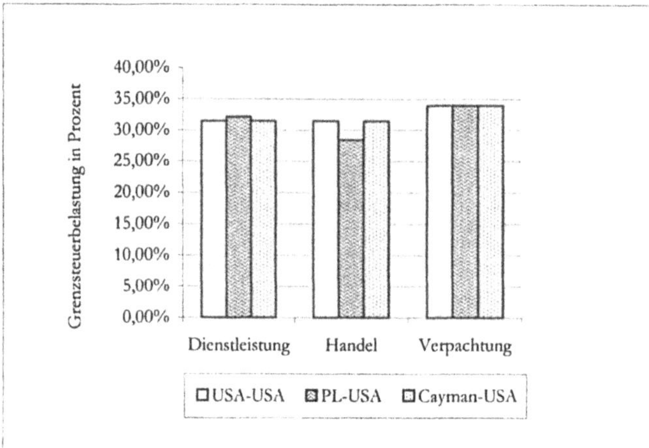

Abb. 7: Effektive Grenzsteuersätze bei Ausschüttung an eine US-amerikanische Kapitalgesellschaft

Aus der Grafik ist ersichtlich, dass die effektiven Grenzsteuersätze für die in den USA und die auf den Cayman Islands ansässige Kapitalgesellschaft in allen betrachteten Fällen identisch sind, während die Belastung einer polnischen Dividende gleich (Verpachtung), höher (Dienstleistung) oder niedriger (Handel) sein kann.

Die Besteuerung der US-amerikanischen Kapitalgesellschaft in den USA als Anteilseigner der investierenden Gesellschaft erfolgt in allen Fällen gleich: Sie unterliegt der US-amerikanischen Einkommensteuer für juristische Personen, wobei die in Polen gezahlte Quellensteuer jeweils anrechenbar ist und vollständig angerechnet werden kann. Daneben ist auch die Steuer, die die investierende Kapitalgesellschaft gezahlt hat, auf die US-amerikanische Einkommensteuer im Rahmen der indirekten Anrechnung anrechenbar, unabhängig davon, ob sie in Polen oder der Schweiz entrichtet wurde.

Die Unterschiede in der Belastung bei einem Vergleich der Standorte resultieren daher aus der Behandlung der Einkünfte auf Ebene der investierenden Gesellschaft. Wie oben gezeigt wurde, führt die in den USA praktizierte ***dividends-received deduction*** im Ergebnis zu einer Freistellung von der Besteuerung auf Ebene der Tochterkapitalgesellschaft. Dies führt dazu, dass in den Fällen der Dienstleistung und dem Handel keine Steuern auf der Ebene der investierenden Kapitalgesellschaft erhoben werden, wenn diese in den USA oder auf den Cayman Islands ansässig ist.

Die Steuerbelastung der Dividende, die eine polnische Kapitalgesellschaft ausschüttet, kann höher (Dienstleistung) oder niedriger (Handel) sein als für die beiden anderen Standorte. Die höhere Belastung der Einkünfte aus der Dienstleistung resultiert aus dem höheren Ertragsteuersatz in Polen; der auf der Ebene der Kapitalgesellschaft anzuwendende Körperschaftsteuersatz beträgt 28 %. Dieser Nachteil gegenüber der Fallvariation, in der die Tochterkapitalgesellschaft in den USA ansässig ist und bei Ausschüttung keiner Besteuerung mehr unterliegt, kann auch nicht durch die gewährte indirekte Anrechnung der polnischen Körperschaftsteuer ausgeglichen werden. Die Umkehr der Vorteilhaftigkeit im Vergleich zu einer reinen Betrachtung der Unternehmensebene (vgl. Tab. 4, S. 91) – hier war der Standort Polen stets günstiger als der Standort USA – ist somit durch den Wegfall der Besteuerung der Tochterkapitalgesellschaft zu begründen.

Die Wirkung der indirekten Anrechnung auf der Ebene des Gesellschafters ist zunächst positiv. Da annahmegemäß die Nachsteuerrendite der Unternehmung in allen Fällen identisch ist ($\rho = 4$ %), führt bei der indirekten Anrechnung, die für die in Polen gezahlten Steuern gilt, dazu, dass der Gesellschafter einen höheren Betrag zur Verfügung hat. Dieser positive Aspekt der indirekten Anrechnung kommt jedoch erst zur Geltung, wenn der Nachteil auf der Unternehmensebene schrumpft. Der Nachteil besteht darin, dass eine in Polen ansässige Gesellschaft aufgrund der Steuerzahlungen eine höhere Rendite erwirtschaften muss, um die gleiche Nachsteuerrendite zur Verfügung zu haben wie eine in den USA oder auf den Cayman Islands ansässige Gesellschaft.

Ein Vergleich der Steuerbelastungen, die mit den unterschiedlichen Investitionen für den gleichen Standort verbunden sind, zeigt, dass die Belastung für die aus Polen stammende Dividende aus der Handelstätigkeit geringer ist als die aus der Dienstleistung. Die Behandlung der Dividende in den USA ist in beiden Fällen gleich, daher ist die Ursache der sinkenden Steuern auf Ebene der polnischen Kapitalgesellschaft zu suchen. Sie liegt in der zusätzlichen Berücksichtigung der Abschreibungen auf die Lagerhalle in der Schweiz. Die Entlastung durch die Minderung des zu versteuernden Einkommens in Polen verbunden mit der Wirkung der indirekten Anrechnung in den USA führt dazu, dass die Erträge aus dem Handel geringer belastet sind als die aus der Dienstleistung. Die Entlastungen dieser beiden Instrumente führen letztlich auch dazu, dass der Standort Polen wieder günstiger ist als die USA oder die Cayman Islands.

Die Identität der Belastungen im Fall der Verpachtung für ale drei Standorte ist im Ergebnis darauf zurückzuführen, dass das DBA CH-PL für diese Sachverhaltsgestaltung Polen das

Besteuerungsrecht entzieht. Damit besteuert allein die Schweiz die Pachteinnahmen auf Unternehmensebene für alle drei betrachteten Standorte. Die Belastung der investierenden Kapitalgesellschaft ist also identisch. Der Gesellschafter in den USA hat die Dividende der Einkommensteuer zu unterwerfen, wobei er die in der Schweiz gezahlten Ertragsteuern anrechnen kann. Da dies für alle drei Standorte gilt, ist auch auf der Ebene des Gesellschafters die Besteuerung unabhängig vom Standort der ausschüttenden Kapitalgesellschaft gleich.

Die vorstehenden Ausführungen haben zweierlei gezeigt. Erstens führen entlastende Maßnahmen, die auf der Ebene des Gesellschafters einer Kapitalgesellschaft ansetzen, allein nicht zu einer Kompensation einer höheren Besteuerung dieser Kapitalgesellschaft. Und zweitens ist die Steuerbelastung der Dividende, die aus den USA stammt genauso hoch wie die, die von den Cayman Islands in die USA fließt. Die Ansiedlung auf den Cayman Islands führt also hier nicht dazu, dass Steuervorteile ausgenutzt werden, die der US-amerikanische Fiskus nicht beabsichtigt hat. Vielmehr herrscht in Bezug auf die Dividende der Kapitalgesellschaft, die auf den Cayman Islands ansässig ist, Kapitalexportneutralität, die erklärtermaßen Ziel der US-amerikanischen Steuerpolitik ist.

Der Vergleich der rechtlichen mit der wirtschaftlichen Grenzbelastung zeigt, dass die tarifliche Steuer in allen Fällen über der effektiven liegt.[507] Dies führt dazu, dass eine Vergünstigung, also eine Abweichung von einer investitionsneutralen Besteuerung, vorliegt. Die Vergünstigung ist für die Dividende der US-amerikanischen Kapitalgesellschaft und der Kapitalgesellschaft, die auf den Cayman Islands ansässig ist, jeweils identisch für die betrachteten Investitionen. Dies ist darauf zurückzuführen, das die steuerliche Behandlung der Einkünfte im Ergebnis gleich ist. Auf Unternehmensebene werden keine Steuern erhoben, abgesehen vom Fall der Verpachtung, wobei hier die Steuern in der Schweiz erhoben werden und somit der Ansässigkeitsstaat der betroffenen Kapitalgesellschaft keinen Einfluss auf die Höhe der Steuer hat. Die Dividende unterliegt dann in den USA der US-amerikanischen Einkommensteuer, Quellensteuern auf die Ausschüttung werden an beiden Standorten nicht erhoben.

Dem steht die Vergünstigung der polnischen Dividenden gegenüber, die für alle drei Sachverhalte über der liegt, die sich für eine US-amerikanische Dividende ergibt. Dies ist wiederum nur dadurch zu erklären, dass die Ermöglichung der Berücksichtigung von Unternehmenssteuern auf Ebene des Gesellschafters letztlich vergünstigend wirkt.

Der Anteilseigner der investierenden Kapitalgesellschaft kann auch eine natürliche Person sein, die in den USA ansässig ist. Hier wird die Nachsteuerrendite des Gesellschafters, die zur Ermittlung der effektiven Grenzsteuerbelastung notwendig ist, als

507 Vgl. Anhang A.11, S. XXVI.

$$s_{Cayman \to USA, nat. Pers.} = \rho \cdot (1 - t_{USA}) \tag{63}$$

mit:

$s_{Cayman \to USA, nat. Pers.}$ Nachsteuerrendite einer US-amerikanischen natürlichen Person bei Ausschüttung aus den Cayman Islands

berechnet.

Die effektiven Grenzsteuersätze für die Standorte USA, Polen und Cayman Islands ergeben sich dann wie folgt:

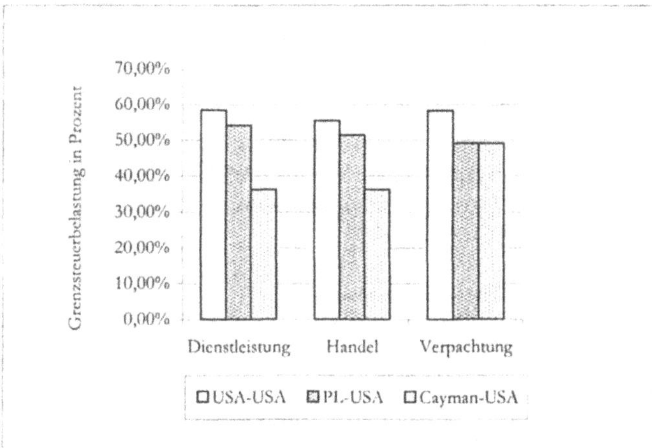

Abb. 8: Effektive Grenzsteuersätze bei Ausschüttung an eine in den USA ansässige natürliche Person

Die Belastung ist für alle drei Investitionen bei der in den USA angesiedelten Kapitalgesellschaft am höchsten. Dies ist auf das klassische Körperschaftsteuersystem zurückzuführen. Da hier die Besteuerung des Gesellschafters unabhängig von der der Kapitalgesellschaft erfolgt, hat die Steuerbelastung der Kapitalgesellschaft entscheidenden Einfluss auf die Gesamtbelastung. Der Gesellschafter zahlt in den USA auf die Nettodividende Einkommensteuer. Eine niedrigere Belastung der Kapitalgesellschaft führt zu einer höheren Dividende bzw. unter den hier vorgegebenen Annahmen – die Nachsteuerrendite der Kapitalgesellschaft ist fix – zu geringeren Kapitalkosten. Wie oben bereits dargestellt, bedingen geringere Kapitalkosten eine niedrigere effektive Grenzsteuerbelastung. Die Belastungsunterschiede, die aufgrund der unterschiedlichen Standorte auf der Ebene der Kapitalgesellschaft resultieren, werden konserviert. Daher ist die effektive Grenzsteuerbelastung für die Dividenden, die eine auf den Cayman Islands ansässige Kapitalgesellschaft an ihren US-amerikanischen Anteilseigner ausschüttet, mit einer geringeren Steuerbelastung verbunden als die einer US-amerikanischen oder polnischen Kapitalgesellschaft. Die vergleichsweise hohe Belastung der US-amerikanischen Gesellschaft führt letztlich dazu, dass der Standort USA unattraktiv ist.

Der Vergleich von rechtlicher und wirtschaftlicher Grenzsteuerbelastung zeigt, dass für alle Dividenden, die einer in den USA ansässigen natürlichen Person zufließen, hier im Modell Vergünstigungen bestehen.[508] Die Art und Weise der Besteuerung der Erträge aus der Dienstleistung führt für die drei betrachteten Standorte dazu, dass die Vergünstigung für die Dividende der auf den Cayman Islands ansässigen Kapitalgesellschaft am höchsten ist. Für die Besteuerung der Handelserträge, die nachfolgend als Dividende ausgeschüttet werden, ergibt sich ein exakt umgekehrtes Bild hinsichtlich der Vergünstigungen als für die der Dienstleistung. Hier ist die Vergünstigung für den Standort Cayman Islands am geringsten. Schließlich zeigt eine Gegenüberstellung der Vergünstigung aus der Verpachtung, dass diese für die polnische und die von den Cayman Islands stammende Dividende identisch sind.

Da die Besteuerung der Dividende bei der natürlichen Person immer identisch ist, unabhängig davon, wo die ausschüttende Gesellschaft ansässig ist, werden die Vergünstigungen und Benachteiligungen, die auf der Ebene der Gesellschaft bereits festgestellt wurden, bewahrt. Eine Änderung erscheint nur möglich, wenn die Besteuerung der Dividende in den Händen des Anteilseigners dahingehend variiert, dass die Herkunft der Dividende maßgeblich für deren steuerliche Behandlung ist. Fraglich ist insoweit, wie dies im Rahmen der Besteuerung nach *subpart F* gelingt.

5.2.3 Steuerbelastung deutscher Gesellschafter

Für in Deutschland ansässige Kapitalgeber zeigt sich sowohl bei juristischen als auch bei natürlichen Personen ein anderes Bild hinsichtlich der effektiven Grenzsteuersätze. In Anlehnung an Gleichung (47) wird die Nachsteuerrendite einer deutschen Kapitalgesellschaft, die eine Dividende von den Cayman Islands erhält, wie folgt ermittelt:

$$s_{PL \rightarrow D,KapGes} = \rho \cdot \left[0{,}95 + 0{,}05 \cdot \left(1 - \tau_{KSt}\right) - \tau_{GewSt}\right] \qquad \leftrightarrow$$

$$s_{PL \rightarrow D,KapGes} = \rho \cdot \left[1 - 0{,}05 \cdot \tau_{KSt} - \tau_{GewSt}\right] \tag{64}$$

mit:

$s_{Cayman \rightarrow D,KapGes}$ Nachsteuerrendite einer deutschen Kapitalgesellschaft für polnische Dividenden

Die Auswertung des auf der nächsten Seite abgebildeten Diagramms zeigt, dass die Dividende einer Kapitalgesellschaft die auf den Cayman Islands ansässig ist, für alle drei betrachteten Investitionen der geringsten Belastung unterliegt, die der polnische Kapitalgesellschaft jeweils am höchsten besteuert wird. Die Ursachen sind sowohl in der Besteuerung der investierenden Kapitalgesellschaft am jeweiligen Standort als auch in der Behandlung der Einkünfte bei dem in Deutschland ansässigen Anteilseigner zu suchen.

[508] Vgl. Anhang A.12, S. XXVII.

Während Dividenden einer deutschen Kapitalgesellschaft an ihre inländische Muttergesellschaft bei Ausschüttung keiner zusätzlichen Besteuerung in den Händen des Gesellschafters unterliegen, führt die Erzielung einer Dividende aus dem Ausland (Polen oder Cayman Islands) dazu, dass 5 % der Dividende als nichtabzugsfähige Betriebsausgaben nach § 8b Abs. 5 KStG der Körperschaftsteuer unterliegen und die passive Schachteldividende wird vollständig der Gewerbesteuer unterworfen. Diese Mehrbelastung im Vergleich zu einer inländischen Dividende überkompensiert die Mehrbelastung der deutschen Tochterkapitalgesellschaft gegenüber der polnischen. Die unterschiedliche Behandlung in- und ausländischer Dividenden ist jedoch nicht ausreichend, um den Vorteil einer Nichtbesteuerung der investierenden Kapitalgesellschaft (Cayman Islands) auszugleichen. Damit verändert sich die Rangfolge der Standorte unter Einbeziehung der Gesellschafterebene im Vergleich zur Beschränkung auf die Unternehmensebene; vgl. S. 105. Hier war die effektive Grenzsteuerbelastung der in Deutschland angesiedelten Kapitalgesellschaft stets höher als die der polnischen.

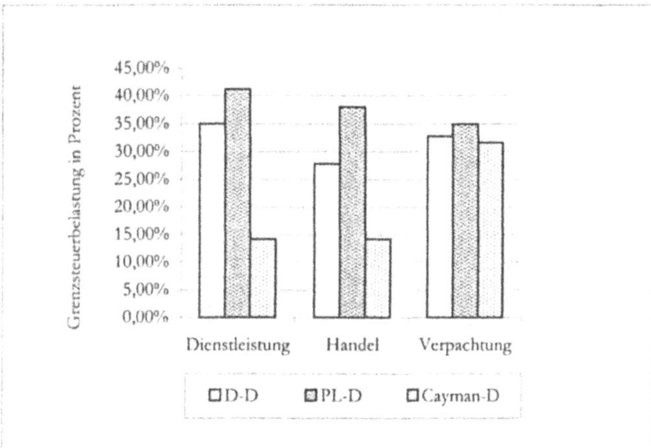

Abb. 9: Effektive Grenzsteuersätze bei Ausschüttung an eine in Deutschland ansässige Kapitalgesellschaft

Im Gegensatz zu den Ergebnissen für einen in den USA ansässigen Anteilseigner herrscht keine Kapitalexportneutralität, die Ansiedlung in einer Steueroase führt zu einem Steuervorteil. Die Ursache hierfür liegt in der Ausgestaltung des deutschen Körperschaftsteuersystems. Die Freistellung der Dividende erfolgt nicht (wie in den USA) auf Ebene der ausschüttenden, sondern auf der der empfangenen Kapitalgesellschaft. Damit ergibt sich im Vergleich zu der Besteuerung auf den Cayman Islands ein Unternehmenssteuerkeil, der zu höheren Kapitalkosten führt. Die gleiche Investition – etwa die Verpachtung einer Industriegebäudes in der Schweiz – muss also eine höhere Bruttorendite erbringen, wenn die Tochterkapitalgesellschaft in Deutschland ansässig ist, um im Vergleich zu einer auf den Cayman Islands angesiedelten Gesellschaft eine identische Rendite vor Steuern auf Ebene des Anteilseigners zur Verfügung zu haben.

Ein Vergleich der tariflichen und der effektiven Grenzsteuersätze zeigt auch für diesen Fall, in dem der Gesellschafter der investierenden Kapitalgesellschaft eine in Deutschland ansässige Gesellschaft ist, dass in allen betrachteten Fällen eine Vergünstigung vorliegt.[509] Eine einheitliche Aussage etwa dahingehend, dass die Vergünstigung für die Dividende, die von der polnischen Gesellschaft ausgeschüttet wird, lässt sich hier jedoch nicht treffen. Ebenso wenig werden die Belastungsunterschiede, die sich auf der Ebene der investierenden Kapitalgesellschaft bilden, konserviert, da die Dividende in Abhängigkeit von ihrer Herkunft unterschiedlichen steuerlichen Belastungen unterliegt. Es sei nur etwa darauf hingewiesen, dass die Ausschüttung der deutschen Kapitalgesellschaft auf Gesellschafterebene steuerfrei ist, während in Polen auf die Dividende eine Quellensteuer zu entrichten ist und ausländische Dividenden in Deutschland generell den Beschränkungen des § 8b Abs. 5 KStG unterliegen.

Gemein ist allen Konstellationen, dass die Einbeziehung der Ebene des Gesellschafters dazu geführt hat, dass die Vergünstigungen, die für die einzelnen Investitionen auf Gesellschaftsebene festgestellt wurden, verstärkt bzw. Investitionsneutralität oder Benachteiligungen in Vergünstigungen umgewandelt wurden.

Abschießend sei nun der Fall betrachtet, in dem eine in Deutschland ansässige natürliche Person Empfänger der Dividende ist. Die Nachsteuerrendite berechnet sich aus:

$$s_{Cayman \rightarrow D, nat. Pers.} = \rho \cdot (1 - t_{HEV}) \qquad (65)$$

mit:

$s_{Cayman \rightarrow D, nat. Pers.}$ Nachsteuerrendite einer deutschen natürlichen Person bei Ausschüttung von den Cayman Islands

Die effektiven Grenzsteuersätze ergeben sich aus der Abbildung 10. Wie oben erläutert, ist die steuerliche Behandlung einer Dividende, die eine natürliche Person erhält, unabhängig davon, ob es sich um eine aus dem In- oder Ausland stammende Dividende handelt: Sie unterliegt zur Hälfte der deutschen Einkommensteuer (Halbeinkünfteverfahren). Damit wird hier – wie auch bei einer natürlichen Person, die in den USA ansässig ist – die Rangfolge der Standorte durch die Besteuerung des Anteilseigners nicht verändert. Die deutsche Dividende ist am höchsten belastet, die der Kapitalgesellschaft auf den Cayman Islands am geringsten.

509 Vgl. Anhang A.13, S. XXVII.

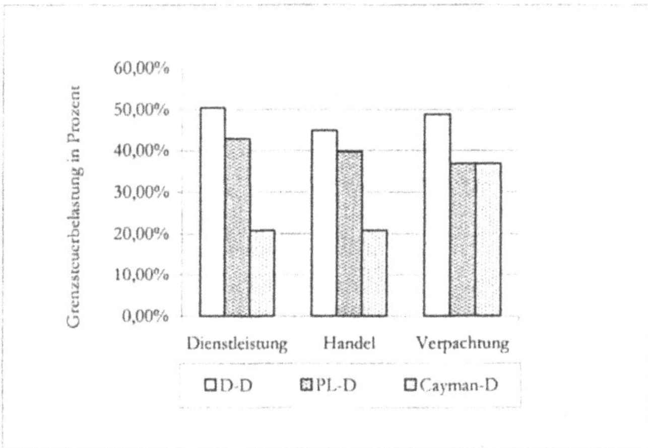

Abb. 10: Effektive Grenzsteuersätze bei Ausschüttung an eine in Deutschland ansässige natürliche Person

Die Differenz zwischen rechtlicher und wirtschaftlicher Grenzsteuerbelastung ist für alle betrachteten Investitionen positiv, unabhängig vom Standort der ausschüttenden Kapitalgesellschaft.[510] Dabei werden – wie schon bei der Besteuerung von Dividenden, die eine in den USA ansässige natürliche Person erhält – die Dividenden gleich besteuert; eine Differenzierung nach der Herkunft oder Vorbelastung auf der Ebene der ausschüttenden Gesellschaft erfolgt nicht. Somit werden die Vergünstigungen bzw. Benachteiligungen, die oben für die Kapitalgesellschaft festgestellt wurden, auch hier bewahrt.

Abschließend bleibt festzuhalten, dass die Berechnungen im vorstehenden Abschnitt gezeigt haben, dass geringe Steuerbelastungen und Vergünstigungen nicht nur im Zusammenhang mit Steueroasen entstehen, sondern auch durch internationale Vereinbarungen wie DBA oder nationale Regelungen (*dividends received deduction*) hervorgerufen werden können.

6 Fallvariation: Einführung der Hinzurechnungsbesteuerung durch ein Hochsteuerland

Wie im ersten Kapitel beschrieben, führte die Besorgnis um möglicherweise schwindendes Steueraufkommen und Verzerrungen im Investitionsverhalten dazu, dass sowohl die USA als auch Deutschland eine Hinzurechnungsbesteuerung einführten. Inwieweit tatsächlich Handlungsbedarf bestand, konnte zum Teil schon durch die Ausführungen des vorstehenden Abschnittes aufgezeigt werden. In Ergänzung zu der obigen Betrachtung soll nun auch beleuchtet werden, ob die Erwartungen der Gesetzgeber durch die Einführung der Hinzurechnungsbesteuerung erfüllt wurden.

[510] Vgl. Anhang A.14, S. XXVIII.

In den bisherigen Betrachtungen stand der Vergleich der Standorte der investierenden Kapitalgesellschaft für den jeweiligen Anteilseigner im Vordergrund. Es wurde gezeigt, dass niedrige Grenzsteuerbelastungen nicht ausschließlich durch die Entscheidung für den Standort Cayman Islands erreicht werden. Die nun anstehende Untersuchung stellt hingegen nicht auf einen Vergleich von Standorten ab, sondern betrachtet dies als gegeben. Die Sachverhalte werden jetzt dahingehend variiert, dass eine auf den Cayman Islands ansässige Kapitalgesellschaft ihr Ausschüttungsverhalten ändert. Für die bereits bekannten alternativen Gestaltungsmöglichkeiten hinsichtlich der Person, die an der investierenden Kapitalgesellschaft beteiligt ist, wird nun untersucht, wie sich die Steuerbelastung ändert, wenn die Gesellschaft zum frühestmöglichen Zeitpunkt ausschüttet bzw. wenn die Gewinne zunächst thesauriert und erst nach einigen Jahren ausgeschüttet werden. Dieser Vergleich soll Aufschluss darüber geben, ob allein die Thesaurierung bereits zu einem Steuervorteil führt.

Neben diese beiden Belastungsgrößen wird die effektive Grenzsteuerbelastung bei Hinzurechnungsbesteuerung bzw. Besteuerung nach *subpart* F gestellt. Der Vergleich soll Aussagen darüber zulassen, wie die Belastung durch die Hinzurechnungsbesteuerung im Ergebnis wirkt; ob sich Parallelen etwa zur Sofortausschüttung ergeben. Da es in den USA zu den Zielen der internationalen Steuerpolitik gehört, Kapitalexportneutralität zu verwirklichen,[511] wird ergänzend die effektive Grenzsteuerbelastung einer Dividende dargestellt, die von einer in den USA ansässigen Kapitalgesellschaft an den nämlichen Anteilseigner zum frühestmöglichen Zeitpunkt ausgeschüttet wird.

Während die Vergleichsgrößen für die Beurteilung des *subpart F* unmittelbar einleuchten, bedarf die Beibehaltung der Vergleichsmaßstäbe für die Einschätzung der deutschen Hinzurechnungsbesteuerung einer kurzen Erläuterung. Nach den Ausführungen im ersten Abschnitt ist die Besteuerung nach den §§ 7 bis 14 AStG eher an dem Direktbezug der Einkünfte orientiert. Ein solcher Direktbezug wird etwa im Rahmen der Missbrauchsbesteuerung nach § 42 AO fingiert. Die Hinzurechnungsbesteuerung hingegen war ursprünglich nicht dazu gedacht, die rechtlichen Gestaltungen der Steuerpflichtigen zu negieren. Es sollten lediglich die steuerlichen Vorteile (Vergünstigungen), die aus diesen Gestaltungen resultierten, abgeschöpft werden. Als Referenzpunkt bietet sich daher auch für die deutsche Hinzurechnungsbesteuerung entweder eine ausländische oder eine inländische Dividende an.

Die Betrachtung wird zunächst getrennt für die USA und Deutschland durchgeführt. In einem zweiten Schritt werden dann die Ergebnisse verglichen. Für die Berechnungen wird vereinfachend davon ausgegangen, dass der Hinzurechnungsbetrag der Höhe nach dem ausschüttungsfähigen Gewinn der ausländischen Gesellschaft entspricht.[512] Soweit die Ausschüttung der Gewinne, die zuvor der Hinzurechnungsbesteuerung zugeführt wurden, weitere steuerliche Konsequenzen auslöst, werden diese unmittelbar in die Betrachtung einbezogen.

---

[511] So etwa *Garrett-Nelson, L.*, in: Brown, K. B.; Fellows, M. L., Taxing America, 1996, S. 233.

[512] Da der Hinzurechnungsbetrag nach dem Recht des die Hinzurechnungsbesteuerung durchführenden Staates ermittelt wird, wirkt sich diese Annahme einschränkend auf die Ergebnisse der Untersuchung aus.

6.1 Die Steuerbelastung unter *subpart F* in den USA

Es werden zunächst vier Szenarien verglichen: Die auf den Cayman Islands ansässige Kapitalgesellschaft schüttet ihren Gewinn unverzüglich aus, sie thesauriert ihn zunächst und schüttet im darauffolgenden Jahr aus, die thesaurierten Gewinne unterliegen der Besteuerung nach *subpart F* und eine in den USA ansässige Kapitalgesellschaft schüttet ihren Gewinn aus. Hierbei wird jeweils unterstellt, dass die Investitionen auf der Ebene der ausschüttenden Kapitalgesellschaft identisch sind. Gesellschafter ist eine Kapitalgesellschaft, die in den USA ansässig ist.

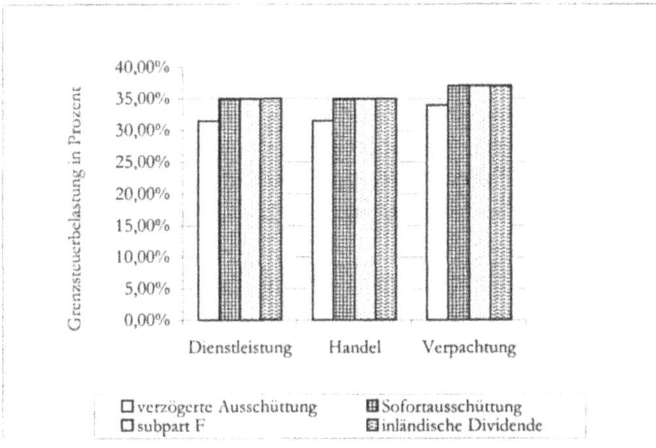

Abb. 11: Vergleich der effektiven Grenzsteuersätze unter *subpart F*, Sofortausschüttung und späterer Ausschüttung an eine Kapitalgesellschaft

Wie aus Abb. 11 erkennbar ist, entsprechen sich die effektiven Grenzsteuersätze bei Sofortausschüttung der auf den Cayman Islands ansässigen Kapitalgesellschaft, der in den USA ansässigen Kapitalgesellschaft und bei Besteuerung unter *subpart F*.

Das Ergebnis überrascht nicht. Die Besteuerung der investierenden Gesellschaft ist in diesen drei Fällen (unterschieden wird hierbei nach dem Ausschüttungsverhalten der Kapitalgesellschaft bzw. der Ansässigkeit der investierenden Kapitalgesellschaft) identisch für die betrachteten Investitionen. Die Dividende bzw. der Hinzurechnungsbetrag werden auf der Ebene des US-amerikanischen Anteilseigners gleich behandelt, der Hinzurechnungsbetrag wird wie eine Dividende besteuert. Soweit – wie im Fall der Verpachtung – im Ausland (will heißen: in der Schweiz) Steuern gezahlt werden, können diese sowohl bei der Dividendenbesteuerung als auch bei der Besteuerung nach *subpart F* im Wege der indirekten Anrechnung berücksichtigt werden.

Die geringere Steuerbelastung, die sich bei einer verzögerten Ausschüttung ergibt, ist dem Verstreichen von Zeit zuzurechnen. Die Steuerzahlung des Anteilseigners erfolgt eine Periode später als bei Sofortausschüttung; sie ist also abzuzinsen. Zudem kann das Unternehmen die Rendite, die in der ersten Periode nicht ausgeschüttet werden, noch einmal anlegen und vergrößert damit den in der zweiten Periode ausschüttungsfähigen Betrag. Im Ergebnis ist so die Nachsteuerrendite des Anteilseigners höher, als wenn die Gesellschaft in der ersten Periode ausgeschüttet und er den Betrag selbst investiert hätte.

Das der Anteilseigner nicht indifferent zwischen einer (zusätzlichen) Investition durch die Gesellschaft und einer Anlage durch ihn selbst sein kann, ergibt sich bereits aus der Tatsache, dass die Gewinne auf Unternehmensebene nicht besteuert werden.[513] Damit steht der Gesellschaft mehr von der erwirtschafteten Rendite zur Verfügung, die wieder investiert werden kann als dem Gesellschafter, der einen Teil der ursprünglichen Rendite sogleich der Steuerzahlung opfern muss. Daneben tritt die Tatsache, dass eine spätere Steuerzahlung durch die Abzinsung immer vorteilhaft ist gegenüber einer sofortigen Abgabe. Die Hinauszögerung der Ausschüttung führt somit zunächst erst einmal zu einer geringeren Steuerbelastung als die Sofortausschüttung und ist daher unter Vernachlässigung von Liquiditätsaspekten vorzuziehen.

Für die ersten beiden Investitionen (Handel und Dienstleistung) ergeben sich weder Vergünstigungen noch Benachteiligungen, wenn die Gesellschaft die Gewinne zum frühestmöglichen Zeitpunkt ausschüttet.[514] Dies lässt sich mathematisch leicht erklären, wenn berücksichtigt wird, dass kein Unternehmenssteuerkeil besteht, also Vor- und Nachsteuerrendite auf Unternehmensebene sich entsprechen:

$$p = \rho$$

Damit ergibt sich die Nachsteuerrendite des Kapitalgebers aus:

$$s = p \cdot (1 - \tau_{USA})$$

und der effektive Grenzsteuersatz für diese Investitionen wie folgt errechnet:

$$EMTR = \frac{p - p \cdot (1 - \tau_{USA})}{p}$$

woraus unmittelbar resultiert:

$$EMTR = \tau_{USA}$$

Aus der Übereinstimmung von tariflichem und effektivem Grenzsteuersatz kann in diesen beiden Fällen auf Investitionsneutralität geschlossen werden, da kein Unternehmenssteuer-

[513] Es sei auf die ausführlicheren, jedoch abstrakten Ausführungen in Abschnitt C2.4.3 Berücksichtigung des Zeithorizonts, S. 63 verwiesen.

[514] Vgl. Anhang A.15, S. XXVIII.

keil existiert und dies – wie oben dargestellt[515] – neben der Übereinstimmung der beiden Grenzsteuersätze Voraussetzung für Investitionsneutralität ist.

Dies ist jedoch nicht mehr der Fall, wenn die auf den Cayman Islands ansässige Gesellschaft die Gewinne zunächst thesauriert und später ausschüttet. Dann ergibt sich eine Vergünstigung, die allein auf die Tatsache zurückzuführen ist, dass die Gewinne auf den Cayman Islands geparkt werden. Die Art und Weise der Ausgestaltung des *subpart F* ermöglicht hier, dass diese Vergünstigung beseitigt wird, ohne dass diese Besteuerung eine Benachteiligung auslöst. Sie stellt lediglich den Zustand her, der sich bei Sofortausschüttung ergeben hätte. Es sei in diesem Zusammenhang darauf hingewiesen, dass die Vergünstigung auch entsteht, wenn eine US-amerikanische Kapitalgesellschaft ihre Gewinne zunächst thesauriert. Allerdings werden in diesem Fall die Einkünfte zunächst auf Ebene der investierenden Kapitalgesellschaft besteuert und diese Besteuerung im Fall der Ausschüttung zurückgenommen, so dass grundsätzlich keine mit einer auf den Cayman Islands ansässigen Kapitalgesellschaft vergleichbare Situation besteht.

Ganz ähnlich gestaltet sich die Auswertung der bestehenden Vergünstigungen, die sich bei der Besteuerung der Erträge aus der Verpachtung ergeben: Die Vergünstigung steigt durch eine zeitverzögerte Ausschüttung; die Besteuerung nach *subpart F* macht diesen zusätzlichen Vorteil wieder rückgängig. Wesentlicher Unterschied ist jedoch, dass auch bei Sofortausschüttung der Gewinne keine Investitionsneutralität gegeben ist, da die Gewinne auf Unternehmensebene – und hier namentlich in der Schweiz – der Besteuerung unterliegen. Da die US-amerikanische Regierung hierauf keinen Einfluss hat, muss die durch die Besteuerung nach *subpart F* bewirkte Herstellung der Verhältnisse, die bei Sofortausschüttung vorliegen, als Erfolg gewertet werden.

Die Auswertung des Diagramms (Abb. 12) für eine natürliche Person als Kapitalgeber der auf den Cayman Islands ansässigen Kapitalgesellschaft, die ihrerseits in den USA ansässig ist, ergibt, dass die effektive Grenzsteuerbelastung aus der Besteuerung nach *subpart F* und bei Sofortausschüttung identisch sind. Dies gilt für alle betrachteten Investitionen. Die Gleichbelastung ist darauf zurückzuführen, dass der Hinzurechnungsbetrag wie eine Dividende behandelt wird und als normales Einkommen der Einkommensbesteuerung unterliegt. Die Belastung auf Unternehmensebene ist ebenfalls identisch, da die beiden verglichenen Fälle nur hinsichtlich der Besteuerung beim Gesellschafter differenzieren: Ausgangspunkt ist jeweils eine auf den Cayman Islands ansässige Kapitalgesellschaft, die in der Schweiz investiert.

Die Besteuerung nach *subpart F* ist hier in der Lage, die „Minderbelastung", die sich durch eine spätere Ausschüttung, also eine vorherige Ansammlung der Gewinne in einer Steueroase, ergibt, auszugleichen. Sie bewirkt damit eine Gleichbehandlung von Renditen, die aus dem gleichen Staat stammen, mithin Kapitalimportneutralität. Aufgrund der unterschiedlichen Steuersysteme der USA und den Cayman Islands vermag die Besteuerung nach *subpart*

[515] Vgl. S. 97.

F es jedoch nicht, gleichzeitig Kapitalexportneutralität herzustellen, wie der Vergleich mit der Steuerbelastung einer US-amerikanischen (inländischen) Dividende zeigt.

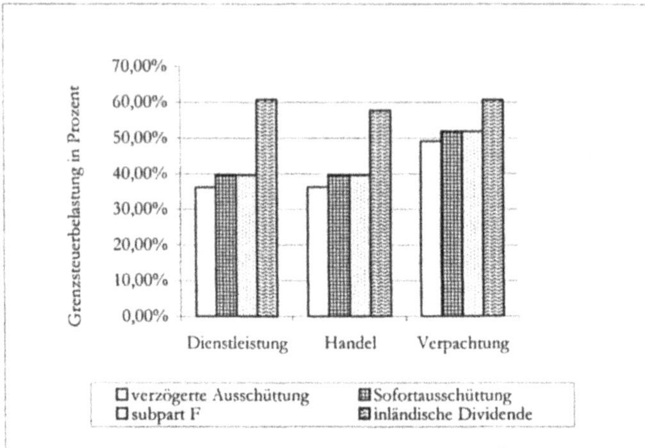

Abb. 12: Vergleich der effektiven Grenzsteuersätze unter *subpart F*, Sofortausschüttung und späterer Ausschüttung an eine natürliche Person

Die inländische Dividende ist für alle Investitionsformen mit einer höheren Abgabenlast verhaftet als der Hinzurechnungsbetrag. Der Grund dafür, dass keine Kapitalexportneutralität hergestellt werden kann, liegt klar auf der Hand: Im klassischen Körperschaftsteuersystem, wie es in den USA umgesetzt wurde, wird die Belastung der ausschüttenden Körperschaft definitiv. Die Besteuerung des Gesellschafters tritt neben die der Gesellschaft, das Belastungsniveau der ausschüttenden Kapitalgesellschaft wird konserviert. Da die in den USA ansässige Kapitalgesellschaft einer höheren Belastung unterliegt als die auf den Cayman Islands angesiedelte, kann die Besteuerung nach *subpart F* als vorweggenommene Dividendenbesteuerung den Belastungsunterschied nicht kompensieren; sie kann keine Kapitalexportneutralität herstellen.

Ein Vergleich der tariflichen und effektiven Grenzsteuerbelastung zeigt, dass in den Fällen der Sofortausschüttung – sowohl der auf den Cayman Islands ansässigen als auch der US-amerikanischen Kapitalgesellschaft – weder für die Dienstleistung noch für den Handel eine Vergünstigung oder Benachteiligung entsteht. Es wurde der Zustand, der sich bei alleiniger Betrachtung der Unternehmensebene ergeben hat, durch die Besteuerung des Gesellschafters nicht verändert. Die Sofortausschüttung der auf den Cayman Islands angesiedelten Kapitalgesellschaft führt dagegen zu einer Benachteiligung, die jedoch geringer ist als die, die sich bei Betrachtung der Unternehmensebene ergeben hat. Die Ausschüttung der auf den Cayman Islands angesiedelten Kapitalgesellschaft in einer späteren Periode führt zu einer Vergünstigung bzw. zu einer Verringerung der Benachteiligung, die durch die Besteuerung der Verpachtungsgewinne auf Unternehmensebene entstanden ist.[516] Die Besteuerung nach *subpart F* beseitigt die Vergünstigungen, die sich durch das Hinauszögern der Dividendenzahlung einstellen und führt zu einer Herstellung der Investitionsneutralität bzw. der geringen Benachteiligung, die bei Sofortausschüttung gegeben sind.

Zusammenfassend kann festgehalten werden, dass die quantitative Untersuchung bestätigt hat, was bereits vorab qualitativ herausgestellt werden konnte: Die US-amerikanische Hinzurechnungsbesteuerung entspricht in ihrer Konzeption der Ausschüttungsfiktion: Es wird im Zeitpunkt der Entstehung des Gewinns auf Ebene der Kapitalgesellschaft fingiert, dass diese sofort ausschüttet.

Die behauptete Gleichstellung mit der Besteuerung einer ausländischen Betriebsstätte wurde nicht separat untersucht. Allein die Betrachtung der Rechtsfolgen lässt jedoch den Schluss zu, dass diese Aussage nicht zutreffend ist.[517] Steuern, die im Rahmen der auf Grund der Betriebsstätte im Ausland bestehenden beschränkten Steuerpflicht erhoben werden, sind sowohl durch natürliche als auch juristische Personen auf die US-amerikanische Steuerschuld anrechenbar. Eine solche Anrechnung ist jedoch nicht möglich, wenn eine natürliche Person an der ausländischen Gesellschaft beteiligt ist. Ihr wird die indirekte Anrechnung versagt. Ihr steht grundsätzlich nur eine direkte Anrechnung zu, so dass die ausländischen Steuern (in dem hier gewählten Beispiel die schweizerischen Steuern) bei der Festsetzung der US-amerikanischen Steuer nicht berücksichtigt werden.

Eine spätere Ausschüttung der Einkünfte, die zuvor der Besteuerung nach *subpart F* unterlegen haben, löst keine zusätzlichen steuerlichen Konsequenzen in den USA aus. Da mit der Besteuerung nach *subpart F* eine Sofortausschüttung fingiert wird und diese – wie gezeigt – auch umgesetzt wurde, entsprechen sich die effektiven Grenzsteuerbelastungen im Zeitpunkt des tatsächlichen Zuflusses einer Dividende in einer der späteren Perioden mit und ohne vorherige Hinzurechnungsbesteuerung nicht, wie aus den vorstehenden Diagrammen zu sehen ist.[518] Damit resultieren im Zeitpunkt des Zuflusses unterschiedliche Steuerwirkungen in Abhängigkeit davon, ob die Einkünfte zuvor der Besteuerung nach *subpart F* unterlegen haben.

Die verzögerte Ausschüttung führt unabhängig von der Rechtsform des Anteilseigners zu einer Vergünstigung sowohl im Vergleich zu einer reinen Betrachtung der Unternehmensebene als auch im Vergleich zu einer Sofortausschüttung. Diese wird durch eine Besteuerung nach *subpart F* beseitigt, wenn die Einkünfte auf Unternehmensebene nicht besteuert werden. Das ist für die Erträge aus der Dienstleistung und dem Handel zutreffend, sowohl wenn der Gesellschafter eine juristische Person ist als auch, wenn er eine natürliche Person ist. Die Besteuerung der Einkünfte auf Ebene der investierenden Kapitalgesellschaft führt dazu, dass

---

516 Vgl. Anhang A.16, S. XXIX.

517 So aber *Staff of the Joint Committee on Taxation*, General Explanation, 1987, S. 869.

518 Die effektiven Grenzsteuersätze für eine Ausschüttung nach erfolgter Hinzurechnungsbesteuerung entsprechen denen, die für die Periode ermittelt wurden, in der die Hinzurechnungsbesteuerung erfolgte.

die Besteuerung nach *subpart F* die durch die verzögerte Ausschüttung entstehende Vergünstigung beseitigt und darüber hinaus zu einer Benachteiligung führt. Auch dies gilt gleichermaßen für natürliche und juristische Personen in der Rolle des Gesellschafters.[519]

Abschließend lässt sich festhalten, dass die Besteuerung nach *subpart F* nur in einigen Fällen Kapitalexportneutralität herstellt. Somit drängt sich der Eindruck auf, dass mit der Hinzurechnungsbesteuerung kein übergeordnetes Steuerziel verfolgt wurde.[520]

6.2 Die Steuerbelastung unter der Hinzurechnungsbesteuerung in Deutschland

In Deutschland löst die Ausschüttung von Gewinnen, die der Hinzurechnungsbesteuerung unterlegen haben – zumindest für eine juristische Person als Gesellschafter – zusätzliche Steuerzahlungen aus. Daher wird die Besteuerung der Ausschüttung sofort in die Betrachtung integriert.

Die Rendite, die die deutsche Kapitalgesellschaft letztlich erhält, wird also durch die Hinzurechnungsbesteuerung und die Steuerzahlung auf die Dividende gemindert. Im Formelapparat wird diese Doppelbelastung durch zwei Komponenten berücksichtigt: Zunächst ist die Nachsteuerrendite der Unternehmung um die Steuerzahlungen, die mit der Hinzurechnungsbesteuerung verbunden sind, zu kürzen. Dies geschieht, indem ein Steuerkeil ermittelt wird, der die Belastung aus der Hinzurechnungsbesteuerung berücksichtigt:

$$w_{HZB,KapGes} = p - \rho \cdot \frac{(1-\tau_D)}{(1-\tau_{CH})} \tag{66}$$

mit:

$w_{HZB,KapGes}$ Steuerkeil durch die Hinzurechnungsbesteuerung im Zeitpunkt der Zurechnung für eine deutsche Kapitalgesellschaft als Anteilseigner

In einem zweiten Schritt wird die Steuerbelastung, die auf der Ausschüttung ruht, bestimmt. Die Ausschüttung in der zweiten Periode führt in Deutschland aufgrund des § 8b Abs. 5 KStG nur zu einer 95 %-igen Körperschaftsteuerfreistellung.[521] Anders als bei Darstellungen in der Literatur[522] greift die Gewerbesteuerfreistellung des § 8 Nr. 5 S. 2 GewStG. Die Nachsteuerrendite des Gesellschafters ist nun um beide Steuerzahlungen zu verringern. Ein Zusammenführen der beiden Gleichungsstücke führt zu der gesuchten Nachsteuerrendite:[523]

---

519 Vgl. Anhang A.15, A.16, S. XXVIII f.

520 Vgl. *McDonald, J.*, Anti-Deferral, Northwestern Journal of International Law & Business 1995, S. 251.

521 Zur Kritik vgl. *Rättig, H.; Protzen, P. D.*, Änderungen der Hinzurechnungsbesteuerung, IStR 2001, S. 606.

522 Vgl. *Kessler, W.; Dorfmueller, P.; Schmitt, C. P.*, Änderungen der Hinzurechnungsbesteuerung, Praxis Internationale Steuerberatung 2001, S. 322.

523 Annahmegemäß entsprechen sich Hinzurechnungsbetrag und Dividende. Deshalb erfolgt hier keine Verzinsung der Nachsteuerrendite der Unternehmung. Das hochgestellte Sternchen am Steuersatz weist darauf hin, dass es sich um einen diskontierten Steuersatz handelt.

$$s_{HZB,KapGes} = \rho \cdot \left(1 - 0{,}05 \cdot \tau^{*}_{KSt}\right) - \left(\rho - w_{HZB,KapGes}\right) \tag{67}$$

mit:

$s_{HZB,KapGes}$ Nachsteuerrendite nach Hinzurechnungsbesteuerung und Ausschüttung für eine deutsche Kapitalgesellschaft als Anteilseigner

Bei Gegenüberstellung der effektiven Grenzsteuersätze für die Hinzurechnungsbesteuerung, für eine Sofortausschüttung und für eine Ausschüttung in der nachfolgenden Periode ergibt sich folgendes Bild, wenn der Anteilseigner eine Kapitalgesellschaft ist:

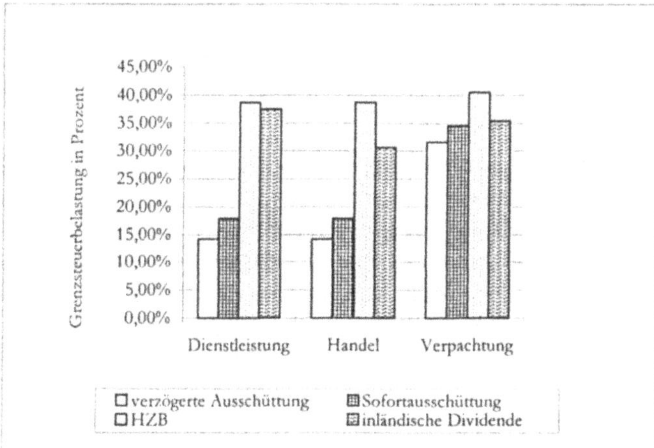

Abb. 13: Vergleich der effektiven Grenzsteuersätze bei Hinzurechnungsbesteuerung, Sofortausschüttung und späterer Ausschüttung von den Cayman Islands und Sofortausschüttung aus Deutschland an eine Kapitalgesellschaft

Die Hinzurechnungsbesteuerung führt bei allen betrachteten Investitionen zu deutlich höheren effektiven Grenzsteuersätzen als eine Sofortausschüttung oder auch eine verzögerte Ausschüttung der auf den Cayman Islands ansässigen Kapitalgesellschaft. Die großen Abweichungen liegen in der unterschiedlichen Behandlung der Einkünfte bei dem Gesellschafter; die Vorsteuerrenditen für die Sofortausschüttung, die verzögerte Ausschüttung und die Hinzurechnungsbesteuerung sind identisch, da es sich bei diesen drei Alternativen nur um unterschiedliche Gewinnverwendungen handelt, die Investition der Kapitalgesellschaft ist jedoch immer gleich.

Bei einer Sofortausschüttung und auch bei der verzögerten Ausschüttung werden auf die nichtabziehbaren Betriebsausgaben in Höhe von 5 % der Dividende Körperschaftsteuer sowie auf die gesamte Dividende Gewerbesteuer erhoben. Der Hinzurechnungsbetrag hingegen unterliegt der vollen Körperschaftsteuer, wenngleich die Möglichkeit der indirekten Anrechnung der in der Schweiz gezahlten Steuern besteht. Die unterschiedliche Behandlung von in- und ausländischen Dividenden im deutschen Körperschaftsteuersystem und die Tatsache, dass die Hinzurechnungsbesteuerung sich weder an der einen noch an der anderen orientiert, führt dazu, dass die Belastung aus der Hinzurechnungsbesteuerung auch nicht mit der einer inländischen Dividende übereinstimmt, sondern diese übersteigt.

Die Besteuerung der Erträge aus den Investitionen im Bereich Dienstleistung und Handel führen jeweils zu keiner Vergünstigung oder Benachteiligung, wenn die auf den Cayman Islands ansässige Kapitalgesellschaft sofort ausschüttet.[524] Die Ansammlung von Gewinnen auf den Cayman Islands und spätere Ausschüttung an den deutschen Gesellschafter führt jedoch zu einer Vergünstigung. Somit wäre die Bundesregierung bestätigt in ihrer Aussage, dass eine Thesaurierung der Gewinne für einige Perioden und spätere Ausschüttung dieser Erträge zu einer Steuervergünstigung führt. Die Hinzurechnungsbesteuerung vermag es, in diesen Fällen den Zustand herzustellen, der bestehen würde, wenn die Gesellschaft auf den Cayman Islands sofort ausgeschüttet hätte.

Anders wirkt die Hinzurechnungsbesteuerung, wenn die Erträge aus der Investition bereits auf Unternehmensebene besteuert wurden, wie dies im Fall der Verpachtung geschieht. Hier besteht bereits bei Sofortausschüttung eine geringe Vergünstigung, die durch das Hinauszögern der Gewinnauskehrung verstärkt wird. Die Hinzurechnungsbesteuerung kann die erhöhte Vergünstigung etwas mildern, führt aber nicht dazu, dass eine so niedrige Vergünstigung erreicht wird, wie sie bei frühestmöglicher Ausschüttung entsteht. Damit muss in solchen Fällen der Sinn der Hinzurechnungsbesteuerung hinterfragt werden, da die Besteuerung nach den §§ 7 bis 14 AStG sehr aufwendig ist. Soweit es dem Gesetzgeber bewusst war, dass die Hinzurechnungsbesteuerung zumindest systematisch nicht die erwünschte Wirkung zeigt, sind wohl eher budgetäre Aspekte ausschlaggebend für die Beibehaltung der Hinzurechnungsbesteuerung bei Kapitalgesellschaften als Anteilseigner gewesen.

Wie bereits zu Beginn der Arbeit beschrieben, wird eine Dividende, die aus Gewinnen ausgekehrt wird, die zuvor der Hinzurechnungsbesteuerung unterlegen haben, in Deutschland nicht noch einmal besteuert, wenn der Gesellschafter eine natürliche Person ist.[525] Damit wird im Zeitpunkt der Hinzurechnungsbesteuerung einfach nur der normale Einkommensteuersatz der natürlichen Person auf den Hinzurechnungsbetrag erhoben, auf die Einkommensteuer kann jedoch eine im Ausland von der ausschüttenden Gesellschaft gezahlte Steuer angerechnet werden. Die Nachsteuerrendite des Gesellschafters berechnet sich wie folgt:

$$s_{HZB,nat.Pers.} = \rho \cdot \frac{(1 - t_{ESt})}{(1 - \tau_{CH})}$$

Unter Zugrundlegung dieser Formel stellen sich die effektiven Grenzsteuersätze für eine Hinzurechnungsbesteuerung im Vergleich zur Sofortausschüttung bzw. verzögerten Aus-

524 Vgl. Anhang A.17, S. XXX.

525 Dieser Aussage liegt die Annahme zugrunde, dass die Ausschüttung innerhalb von 4 Jahren nach erfolgter Hinzurechnungsbesteuerung vorgenommen wird.

schüttung der auf den Cayman Islands ansässigen Kapitalgesellschaft resp. eine inländischen Dividende wie folgt dar:

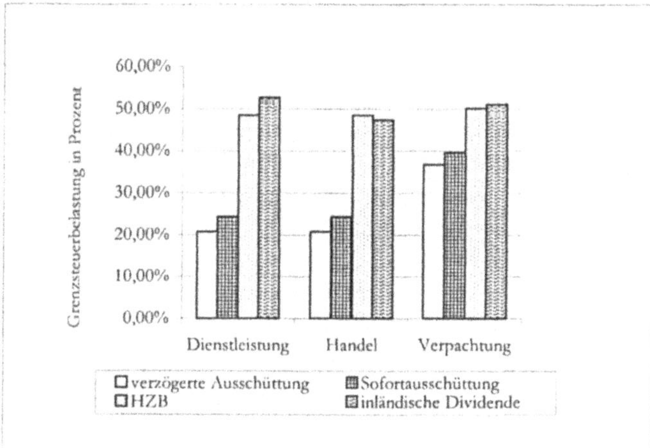

Abb. 14: Vergleich der effektiven Grenzsteuersätze bei Hinzurechnungsbesteuerung, Sofortausschüttung und späterer Ausschüttung an eine natürliche Person

Es ergibt sich ein ähnliches Bild wie für die Kapitalgesellschaft als Anteilseigner: Die effektiven Grenzsteuersätze bei Hinzurechnungsbesteuerung übersteigen die für eine Sofortausschüttung und die für eine verzögerte Ausschüttung an den deutschen Gesellschafter. Der Unterschied ist auf die Behandlung der Einkünfte bei dem Gesellschafter zurückzuführen. Während die Dividende (sowohl bei Sofort- als auch bei verzögerter Ausschüttung) im Rahmen des Halbeinkünfteverfahrens besteuert wird, unterliegt der Hinzurechnungsbetrag in voller Höhe der Einkommensteuer. Damit ist im Ergebnis der auf die Dividende anzuwendende Steuersatz nur halb so hoch wie der, dem der Hinzurechnungsbetrag unterliegt. Dieser Nachteil wird gemildert, in dem § 12 Abs. 1 AStG eine indirekte Anrechnung für die von der ausländischen Kapitalgesellschaft gezahlten Steuern gewährt. Dies führt dazu, dass der Unterschied zwischen den effektiven Grenzsteuersätzen für die Verpachtung in der Schweiz nicht mehr so groß ist wie für die beiden anderen Investitionen. Ein Ausgleich des Nachteils aus dem doppelt so hohen deutschen Einkommensteuersatz erfolgt jedoch nicht.

Des Weiteren ist festzustellen, dass die Hinzurechnungsbesteuerung zu einer höheren Belastung führen kann als die Besteuerung einer inländischen, will heißen von einer deutschen Kapitalgesellschaft ausgeschütteten Dividende (hier im Fall der Besteuerung der Handelserträge). Darin ist eine Benachteiligung des Auslandsengagement zu sehen, der protektionistisch wirkt. Das Ziel, dass die Hinzurechnungsbesteuerung den Gang ins Ausland nicht erschweren soll, wurde damit nicht vollständig erreicht.

Eine Sofortausschüttung der Kapitalgesellschaft auf den Cayman Islands führt für die Investitionen Handel und Dienstleistung weder zu einer Benachteiligung nach zu einer Vergünstigung.[526] Die Ausschüttung zu einem späteren Zeitpunkt, also nach erfolgter Thesaurierung, hingegen erzeugt eine Vergünstigung. Diese wird durch die Hinzurechnungsbesteuerung beseitigt. Die Besteuerung der Gewinne aus der Verpachtung bewirkt bei frühestmöglicher Ausschüttung der Cayman-Kapitalgesellschaft eine geringe Benachteiligung. Sie wird durch ein Hinauszögern der Dividendenzahlung in eine Vergünstigung umgewandelt. Die Hinzurechnungsbesteuerung vermag es in diesem Fall jedoch nicht, diese Vergünstigung zu verringern. Im Gegenteil: Die gewährte indirekte Anrechnung im Rahmen der Hinzurechnungsbesteuerung führt dazu, dass sich die Vergünstigung weiter erhöht. Gemessen an den Zielen des Gesetzgebers muss zumindest für Fälle, in denen – wie hier bei der Verpachtung – die Erträge bereits einer Besteuerung auf Unternehmensebene unterlegen haben, der Versuch der Beseitigung von Vergünstigungen als gescheitert erklärt werden.

Im Gegensatz zu den USA ist damit kein klares Konzept für die deutsche Hinzurechnungsbesteuerung erkennbar. Die Abweichung der effektiven Grenzsteuersätze bei Sofortausschüttung und Hinzurechnungsbesteuerung lassen nicht den Schluss zu, dass eine Ausschüttungsfiktion realisiert wurde.[527]

Es kann festgehalten werden, dass die effektive Grenzsteuerbelastung einer Dividende, deren zugrunde liegende Einkünfte zuvor Steuerobjekt der deutschen Hinzurechnungsbesteuerung waren, höher ist als die einer Dividende, die dem Anteilseigner ohne vorherige Hinzurechnungsbesteuerung zufließt.

Die durch die Hinzurechnungsbesteuerung erfassten Vorgänge wurden durch den Gesetzgeber als Gewinnverlagerungen in das niedrig besteuernde Ausland betrachtet. Es handelt sich also aus Sicht des Gesetzgebers um inländische Einkünfte, die künstlich ins Ausland verlagert wurden. Daraus sollte der einzelne Wettbewerber keine Vorteile ziehen können. Deshalb sollte mit der Hinzurechnungsbesteuerung für diese Einkünfte Kapitalexportneutralität hergestellt werden.[528] Wie herausgearbeitet wurde, gelingt dies nicht. Die Regelung wirkt daher i. d. R. protektionistisch.

7 Schlussfolgerungen aus dem Steuerbelastungsvergleich

In der deutschen Literatur sind die Meinungen geteilt, was den Erfolg der Hinzurechnungsbesteuerung angeht.[529] So wird einmal betont, dass sich das AStG – und damit auch die Hinzurechnungsbesteuerung – insgesamt bewährt hätte. Es würde zur Gleichmäßigkeit der Besteuerung und zu Wettbewerbsneutralität beitragen. Unangemessene Beeinträchtigungen der

---

526 Vgl. Anhang A.18, S. XXXI.

527 Sollte dies Ziel des Gesetzgebers gewesen sein, wie in dem nachfolgenden Kapitel nochmals hinterfragt wird, sind entsprechend Änderungen der Rechtsfolgen der Hinzurechnungsbesteuerung vorzunehmen.

528 So etwa *Kuhlmann, J.-H.,* Systematik, 1983, S. 6.

529 Soweit ersichtlich, wird der Erfolg des *subpart F* in der US-amerikanischen Literatur nicht diskutiert.

„normalen" internationalen Geschäftstätigkeit hätten sich nicht ergeben.[530] Auf der anderen Seite wird der Hinzurechnungsbesteuerung bescheinigt, dass sie den Weg in das Ausland erschwert, zu Mehrbelastungen führt und der erfasste Personenkreis nicht mit dem eigentlichen Zielkreis übereinstimmt. Zudem existieren weiterhin Möglichkeiten, eine Hinzurechnungsbesteuerung zu vermeiden.[531]

Das sinkende Aufkommen aus der Hinzurechnungsbesteuerung in Deutschland[532] wird ebenfalls unterschiedlich gewertet. Nach wie vor wird die Präventivwirkung der Hinzurechnungsbesteuerung betont. Die „Androhung" der Hinzurechnungsbesteuerung veranlasse die Steuerpflichtigen, Gestaltungen zu wählen, die von vornherein nicht unter die Hinzurechnungsbesteuerung fallen. Sie dieser Ansicht setzen mit dieser Aussage stillschweigend voraus, dass die „anderen" Gestaltungen zu einem deutschen Steueraufkommen führen.[533] Dieses Mehraufkommen aus zusätzlicher Einkommen- und Körperschaftsteuer sei jedoch nicht zu messen.[534] Eine Anpassung der Steuerpflichtigen an die gegebene Rechtslage und damit eine Umgehung der Hinzurechnungsbesteuerung wird nicht in Betracht gezogen.[535]

Eine abschließende Würdigung der Hinzurechnungsbesteuerung erfordert zunächst einen Rückgriff auf die Ziele, die der Gesetzgeber mit ihr verfolgt:[536] In den USA sollte die ungerechtfertigte Nutzung der Steueroasen unterbunden werden, indem Kapitalexportneutralität für die entsprechenden passiven Einkünfte hergestellt werden sollte. In Deutschland stand ebenfalls die Eindämmung ungerechtfertigter Steuervorteile im Vordergrund, wobei die Hinzurechnungsbesteuerung zu keinen über die Einebnung der Steuervorteile hinausgehenden Steuerwirkungen führen sollte. Erläuternd wurde dem hinzugefügt, dass Ergebnis der Hinzurechnungsbesteuerung das inländische Belastungsniveau für die passiven Einkünfte sein sollte.

Wie im vorstehenden Abschnitt belegt werden konnte, führt sowohl die Besteuerung nach *subpart F* als auch die Hinzurechnungsbesteuerung nur für die US-amerikanische Kapitalgesellschaft als Anteilseigner der CFC zu Kapitalexportneutralität. Zudem konnte nachgewiesen werden, dass in einigen Fällen nicht geeignet ist, eine Einebnung von Steuervorteilen zu erreichen.

Ein Vergleich zwischen Deutschland und den USA zeigt, dass in den Fällen, in denen in der Schweiz keine Steuern erhoben werden, die Hinzurechnungsbesteuerung weder in den USA

530 *Koch, K.,* in: Vogel, K.; Ellis, M. J., Außensteuergesetze, 1981, S. 90 f.

531 Vgl. *Mersch, E.,* Hinzurechnungsbesteuerung, 1986, S. 145-150.

532 Vgl. *Koch, K.,* in: Vogel, K.; Ellis, M. J., Außensteuergesetze, 1981, S. 85 f.; *Hadenfeldt, B.,* Hinzurechnungsbesteuerung, 2001, S. 37.

533 Vgl. *Koch, K.,* in: Vogel, K.; Ellis, M. J., Außensteuergesetze, 1981, S. 85.

534 Vgl. z. B. *Wassermeyer, F.,* Elf Jahre, RIW 1984, S. 463 f.; Bericht zur Fortentwicklung des Unternehmenssteuerrechts, FR 2001, Beilage zu Heft 11, S. 27.

535 Ritter berichtet bspw. von einem Konzernumbau in dem Unternehmen, für das er tätig ist. Vgl. *Ritter, W.,* in: Vogel, K.; Ellis, M. J., Außensteuergesetze, 1981, S. 79.

536 Vgl. ausführlicher dazu die Ausführungen unter C1.2 Ziele der Hinzurechnungsbesteuerung, S. 33.

noch in Deutschland den Vorteil aus der Thesaurierung rückgängig macht. Hingegen führt die Erhebung von Steuern auf Unternehmensebene, wie sie im Fall der Verpachtung erfolgt, in Deutschland sowohl für natürliche Personen als auch für Kapitalgesellschaften als Gesellschafter dieses Ziel durch die Hinzurechnungsbesteuerung nicht erreicht wird, ja sogar für natürliche Personen zu einer Erhöhung der Vergünstigung führt.[537] In den USA werden die Vorteile aus der Thesaurierung durch die Besteuerung nach *subpart* F beseitigt, eine darüber hinausgehende Benachteiligung entsteht nicht. Bei natürlichen Personen ergibt sich durch die Besteuerung nach *subpart* F eine Benachteiligung, die jedoch systemimmanent ist, da sie in gleicher Höhe bei Sofortausschüttung der CFC besteht. Damit wurde das Ziel der Hinzurechnungsbesteuerung, lenkend einzugreifen, um die mit der Thesaurierung im Niedrigsteuerland bestehenden Vorteile zu beseitigen, erreicht.

Wird nun berücksichtigt, dass in den USA eine Ausschüttungsfiktion umgesetzt wurde, also die effektiven Grenzsteuerbelastungen bei Besteuerung nach *subpart* F und Sofortausschüttung sich entsprechen, stellt sich die Frage, ob eine Umsetzung dieses Konzepts auch für Deutschland zu einer günstigeren Lösung führen kann, da die geltende Rechtslage als unsystematisch zu bezeichnen ist. Dieser Frage soll im folgenden Abschnitt nachgegangen werden.

Lenkungssteuern müssen sich auf Grund ihrer Durchbrechung des Leistungsfähigkeitsprinzip daran messen lassen, ob sie geeignet, erforderlich und verhältnismäßig sind.[538] Das Erfordernis einer solchen Vorschrift ist von dem Vergleichsmaßstab abhängig. Es ist also eine steuerliche Regelung zu bestimmen, von der aus die Benachteiligung bzw. Vergünstigung festgestellt werden soll (Basis der Abschichtung). Der Bezugspunkt für die Hinzurechnungsbesteuerung bzw. *subpart* F war die Steuerbelastung für eine Dividende, die eine im Inland ansässige Kapitalgesellschaft ausschüttet, wenn sie die entsprechende Investition in der Schweiz vornimmt.[539]

Wie die Übersichten im Anhang zeigen,[540] existiert bei den untersuchten Fällen nur wenige, in denen die Vergünstigung für eine Dividende der auf den Cayman Islands ansässigen Kapitalgesellschaft bei einer verzögerten Ausschüttung höher ist als die, die sich bei einer inländischen (US-amerikanischen oder deutschen) Dividende ergibt, nämlich die Ausschüttung an von Gewinnen der Dienstleistungsinvestition und das auch nur, wenn der Anteilseigner in

---

537 Damit bestätigen sich die Befürchtungen, dass der Einsatz einer Lenkungsnorm, um mögliche Fehlallokationen zu beseitigen, zusätzliche Verzerrungen hervorrufen können. Vgl. *Schwinger*, R., Steuersysteme, 1992, S. 15.

538 Vgl. *Vogel, K.*, Besonderheit, DStZ/A 1977, S. 8.

539 *Vogel* weist darauf hin, dass früheres oder geplantes Recht ist ebenso beliebig wie das bestehende. Vgl. *Vogel, K.*, Abschichtung, StuW 1977, S. 100 f. Das bedeutet, dass es keine einzig richtige Basis für einen derartigen Vergleich geben kann.

540 Vgl. Anhang A.11-A.14, S. XXVI-XXVIII. Nachfolgend wird nur die Gegenüberstellung der verzögerten Ausschüttung mit der Hinzurechnungsbesteuerung betrachtet, da – wie zu Beginn der Arbeit dargestellt – in der Thesaurierung im Niedrigsteuerland die Vergünstigung vermutet wird.

Deutschland ansässig oder eine in den USA ansässig natürliche Person ist. Damit lässt sich an dem Erfordernis einer Hinzurechnungsbesteuerung auf dieser Basis zweifeln.

Eine Gegenüberstellung der wirtschaftlichen und der rechtlichen Steuerbelastung zeigte jedoch grundsätzlich Vergünstigungen durch die Thesaurierung in der Steueroase im Vergleich zu einer Sofortausschüttung, die durch die Hinzurechnungsbesteuerung resp. *subpart* F zumeist beseitigt oder doch wenigstens eingeschränkt wurden. Das die Hinzurechnungsbesteuerung leistet, was im nationalen Kontext nicht umgesetzt wurde, nämlich die Herstellung von Investitionsneutralität auch in Fällen, in denen bei Sofortausschüttung der Kapitalgesellschaft auf den Cayman Islands keine Investitionsneutralität gegeben ist, kann nicht erwartet werden. Insofern kann die Hinzurechnungsbesteuerung als Schritt in die richtige Richtung gewertet werden, wenngleich die hoch gesteckten Ziele nicht vollständig erreicht werden kommen und für Deutschland das Konzept zu überarbeiten wäre.

Eine Anpassung der konzeptionellen Ausgestaltung der Hinzurechnungsbesteuerung ist in den vergangenen Jahren versucht worden, sie ist mehrfach grundlegend verändert worden. Im nachfolgenden Abschnitt soll versucht werden, anhand eines Vergleich der bisher in Deutschland umgesetzten Konzeptionen zu bestimmen, ob sich die Rechtslage durch die Reformen verbessert hat. Gegebenenfalls sind Reformvorschläge zu erarbeiten und zu besprechen.

D Konsequenzen für die Ausgestaltung der Hinzurechnungsbesteuerung

1 Bemühungen um eine Reform der Hinzurechnungsbesteuerung in Deutschland

Die Hinzurechnungsbesteuerung ist in den vergangenen Jahren einer permanenten Überarbeitung unterzogen worden. Die in dem vorstehenden Kapitel analysierte Fassung stellt ein Zwischenergebnis dieser Reformbemühungen dar. Weitere Anpassungen sind geplant, betreffen aber – soweit derzeit ersichtlich – nicht die konzeptionelle Ausgestaltung der Hinzurechnungsbesteuerung.[541] Um die ergriffenen Maßnahmen einschätzen und Änderungsvorschläge machen zu können, ist ein Vergleich der Hinzurechnungsbesteuerung in der Fassung des UntStFG (jetzt geltendes Recht) mit der ursprünglich 1972 verabschiedeten Form und der Fassung des StSenkG[542] sinnvoll. Er soll zeigen, ob die Vergünstigungen durch die anderen Ausgestaltungen beseitigt werden konnten, ohne Benachteiligungen zu verursachen, also die gewählte Ausgestaltung besser war als das derzeit geltende Recht. Der Betrachtung wird jeweils eine kurze verbale Erläuterung der Konzeptionen vorangestellt, die sich auf die Unterschiede zum aktuellen Rechtsstand beschränken. Im Anschluss werden die Vergünstigungen bzw. Benachteiligungen, die durch die Hinzurechnungsbesteuerung ausgelöst werden, verglichen.

1.1 Die Hinzurechnungsbesteuerung in der Form bis 2000

Hinsichtlich der Tatbestandsmerkmale zeichnete sich die Hinzurechnungsbesteuerung in ihrer ursprünglichen Fassung, die bis einschließlich 2000 galt, gegenüber dem aktuellen Recht durch einen wesentlichen Unterschied aus: die Ermittlung der Niedrigbesteuerung, die damals bei Unterschreiten einer Belastungsgrenze von 30 % gegeben war. Hierfür wurde auf die Belastung der Einkünfte im Sitz- oder Geschäftsleitungsstaat der Zwischengesellschaft abgestellt. Die jeweiligen Steuerbelastungen wurden hierbei nicht summiert, sondern sie musste in jedem der Staaten unter 30 % liegen.

Für die Bestimmung der Belastung mit ausländischen Steuern wurden die passiven Einkünfte nach deutschem Steuerrecht ermittelt und die Durchschnittsbelastung anhand der abstrakt im Ausland geschuldeten Steuer errechnet. Das bedeutet, dass eine Minderung der Steuerzahllast im Sitzstaat auf Grund einer direkten Steueranrechnung, wie sie bspw. in § 34c EStG gewährt wird, für die Ermittlung einer möglichen Niedrigbesteuerung unberücksichtigt blieb. Gewährte der Sitzstaat für die ausländischen Einkünfte jedoch die Freistellung, wurde anders verfahren. Hier wurde auf die tatsächliche Zahllast abgestellt, so dass eine Unterschreitung der 30 %-Marke ohne weiteres möglich war.[543] Eine Niedrigbesteuerung wurde unabhängig von der tatsächlichen Steuerbelastung immer angenommen, wenn der Sitzstaat der Zwischengesellschaft die indirekte Anrechnung durchführte, also bei Beteiligungseinkünften eine

[541] Vgl. die als mittelfristige Änderungen geplanten Maßnahmen im *Bericht zur Fortentwicklung des Unternehmenssteuerrechts*, FR 2001, S. 33 f.

[542] Das UntStFG sieht eine rückwirkende Änderung des AStG vor, so dass die Hinzurechnungsbesteuerung in der Form des StSenkG nicht zur Anwendung kommen wird.

[543] Vgl. auch *Schaumburg, H.*, Steuerrecht, 1998, S. 468.

anteilige Berücksichtigung der Steuern der ausschüttenden Gesellschaft erfolgte.[544] Die überaus komplizierte Ermittlung fiel hierbei dem möglicherweise der Hinzurechnungsbesteuerung unterliegenden Steuerpflichtigen zu.

Bei der Ermittlung des Hinzurechnungsbetrages fanden die gleichen Vorschriften Anwendung, die für Dividenden maßgebend waren.[545] Der Hinzurechnungsbetrag wurde dem Gesellschafter als Einkünfte aus Kapitalvermögen [natürliche Person] oder als solche aus Gewerbebetrieb [juristische Person] zugerechnet und erhöhte somit auch den gewerbesteuerpflichtigen Gewinn. Er wurde gemäß § 11 Abs. 1 AStG um Ausschüttungen der beherrschten Auslandsgesellschaft in dem Jahr gekürzt, in dem der Hinzurechnungsbetrag anzusetzen war. Überstiegen die Gewinnausschüttungen den Hinzurechnungsbetrag, erfolgte nach Abs. 2 eine Verrechnung des übersteigenden Betrages mit den Hinzurechnungsbeträgen der vergangenen vier Jahre. Dabei war eine Erstattung der darauf lastenden Einkommen- bzw. Körperschaftsteuer vorgesehen.

Durch diese gewährte Kürzung des Hinzurechnungsbetrages im Jahr der Erfassung um tatsächlich von der Gesellschaft ausgeschüttete Beträge erfuhr die Hinzurechnungsbesteuerung eine entscheidende Wertung: Die Besteuerung der Dividende hatte Vorrang vor der des Hinzurechnungsbetrages.[546] Die Hinzurechnungsbesteuerung stellt mithin eine Art Vorauszahlung auf die Dividendenbesteuerung dar. Jedoch orientierte sich die Hinzurechnungsbesteuerung nicht vollständig an den steuerlichen Konsequenzen einer Ausschüttung. Von der ausländischen Kapitalgesellschaft gezahlte Steuern konnten im Rahmen der Hinzurechnungsbesteuerung durch die indirekte Anrechnung berücksichtigt werden. Damit wurde ein Durchgriff für die passiven Einkünfte fingiert. Eine solche indirekte Anrechnung ist dem Steuerpflichtigen, der eine Dividende erhalten hat, verwehrt. Hier wurde die von der ausländischen Zwischengesellschaft gezahlte Steuer nur im Wege des Abzugs berücksichtigt. Es ist zudem darauf hinzuweisen, dass sich der Vorauszahlungscharakter der Hinzurechnungsbesteuerung nach vier Jahren verlor, will heißen, dass bei einer Ausschüttung bspw. im fünften Jahr nach der Hinzurechnungsbesteuerung die Besteuerung der Dividende neben die Hinzurechnungsbesteuerung trat. Dies führte zu einer echten Doppelbelastung des Anteilseigners.

An der Berechnung der Vorsteuerrendite ändert sich nichts, da die Hinzurechnungsbesteuerung auf der Ebene des Anteilseigners ansetzt. Es kann daher auf die obigen Ausführungen verwiesen werden. Die Nachsteuerrendite bei Hinzurechnungsbesteuerung wird wie folgt berechnet:

$$s_{HZB\,2000} = \rho \cdot \frac{(1 - t_{ErSt})}{(1 - \tau_{CH})} \qquad (68)$$

---

[544] Vgl. dazu *Baumgärtel, M.; Perlet, H.*, in: Maßbaum, M.; Meyer-Scharenberg, D.; Perlet, H., Unternehmensbesteuerung, 1994, S. 200 f.

[545] Dies wird unter anderem durch § 10 Abs. 5 AStG deutlich, der abkommensrechtlich die Behandlung des Hinzurechnungsbetrages der einer Dividende gleichstellt. Dazu auch *Wassermeyer, F.*, Änderungen der Hinzurechnungsbesteuerung, IStR 2000, S. 194 f.

[546] So auch *Wassermeyer, F.*, Hinzurechnungsbesteuerung, IStR 2000, S. 116.

wobei:

$s_{HZB\,2000}$	Nachsteuerrendite bei Hinzurechnungsbesteuerung i. d. F. von 2000
t_{ErSt}	Ertragsteuersatz auf den Hinzurechnungsbetrag

Der Spitzensteuersatz der Einkommensteuer lag in 2000 gemäß § 32a Abs. 1 EStG 2000 bei 51 %, thesaurierte Gewinne bei inländischen Kapitalgesellschaften wurden nach § 23 Abs. 1 KStG 1999 mit 40 % besteuert. Zudem fällt bei den Letztgenannten noch Gewerbesteuer auf den Hinzurechnungsbetrag an.

Eine Auskehrung der Gewinne seitens der auf den Cayman Islands ansässigen Kapitalgesellschaft in der zweiten Periode ersetzte die Dividendenbesteuerung die Hinzurechnungsbesteuerung. Wie oben dargestellt, entsprechen sich die Steuerzahlungen bei Hinzurechnungsbesteuerung und Besteuerung der Dividende nicht, was auf die unterschiedliche Berücksichtigung der Steuern der ausländischen Zwischengesellschaft zurückzuführen ist. Der Hinzurechnungsbetrag der ersten Periode wird nun um die Dividende der zweiten Periode gekürzt und die Dividende wird besteuert, was zu einer Erstattung der Einkommen-/Körperschaftsteuer auf den Hinzurechnungsbetrag führt. Im Modell wird unterstellt, dass die natürliche Person stets dem maximalen Grenzsteuersatz der Einkommensteuer unterliegt.

1.2 Die Hinzurechnungsbesteuerung nach dem Steuersenkungsgesetz 2000

Durch das StSenkG 2000 wurde das Konzept der Hinzurechnungsbesteuerung entscheidend verändert. Abgesehen von der Absenkung der Steuerbelastung auf 25 %, die für die Niedrigbesteuerung ausschlaggebend war,[547] bezogen sich die Änderungen überwiegend auf die Rechtsfolgen, mithin auf die Besteuerung des Anteilseigners. So sollten durch die Änderung des § 10 Abs. 2 AStG Hinzurechnungsbeträge künftig nicht mehr dem zu versteuernden Einkommen hinzugefügt, sondern mit einer Sondersteuer i. H. v. 38 % belegt werden, die neben der tariflichen Steuerbelastung steht. Die Höhe des Steuersatzes war an die Belastungsquote inländischer Kapitalgesellschaften angelehnt.[548] Die gleichzeitige Streichung des § 11 Abs. 1 AStG, der bisher die Kürzung des Hinzurechnungsbetrages um Ausschüttungen der Zwischengesellschaft vorsah, führte zu einer Definitivbesteuerung des Hinzurechnungsbetrages.[549]

Die Ausschüttungsfiktion wird durch eine Inlandsstandortfiktion ersetzt.[550] Um die weitreichenden Konsequenzen im einzelnen korrekt abzubilden, ist an dieser Stelle eine Differen-

[547] Ausführlich dazu *Roser, F.*, Hinzurechnungsbesteuerung, IStR 2000, S. 78-80.

[548] Der ursprüngliche Entwurf sah eine Steuer in Höhe von 25 % vor, die jedoch mit Blick auf die Gewerbe- und Solidaritätszuschlagspflicht einer inländischen Kapitalgesellschaft angepasst wurde. Vgl. Beschlußempfehlung des Finanzausschusses, BT-Drs. XIV/3366, S. 87; dazu auch *Grotherr, S.*, Hinzurechnungsbesteuerung, IWB, Fach 3, Gruppe 1, S. 1676.

[549] Vgl. *Rättig, H.; Protzen, P. D.*, Systemwechsel, IStR 2000, S. 396.

[550] Insofern scheinen die Ausführungen von *Morgenthaler* dem neuen Konzept des Gesetzgebers zu entsprechen, der die Aufgabe der Hinzurechnungsbesteuerung darin sieht, „die im Ursprungsland ungerechtfertigter weise fehlende Steuerbelastung [...] durch deutsche Einkommensteuer" zu ersetzen. *Morgenthaler, G.*,

zierung zwischen natürlichen und juristischen Personen als potentielle Anteilseigner der Zwischengesellschaft vorzunehmen.

Im Rahmen des StSenkG wurde die Besteuerung von Kapitalgesellschaften und ihrer Anteilseigner grundlegend geändert. Die Abschaffung des gespaltenen Körperschaftsteuersatzes zugunsten eines einheitlichen Steuersatzes von 25 % auf thesaurierte und ausgeschüttete Gewinne ging mit einer Abschaffung des Anrechnungsverfahrens einher, die das deutsche Körperschaftsteuersystem europatauglich machen soll. Für Kapitalgesellschaften wurde gleichzeitig durch § 8b Abs. 1 KStG geregelt, dass unter anderem Gewinnanteile an Körperschaften und Personenvereinigungen bei der Ermittlung des Einkommens außer Betracht bleiben. Durch diese Vorschrift würde eine äquivalente Behandlung von Hinzurechnungsbetrag und Dividende die Hinzurechnungsbesteuerung bei einem Gesellschafter, der der Körperschaftsteuer unterliegt, insgesamt obsolet machen. Daher wurde diese Regelung explizit in § 10 Abs. 2 S. 3 AStG von einer Anwendung auf den Hinzurechnungsbetrag ausgeschlossen. Eine Kapitalgesellschaft, die also einen Hinzurechnungsbetrag versteuern muss, hätte auf diesen 38 % Körperschaftsteuer (in Form einer Sondersteuer) gezahlt.[551] Die spätere Ausschüttung hat auf Grund von § 8b Abs. 1 KStG keine steuerlichen Konsequenzen in Deutschland.

Auch für natürliche Personen wurde die identische Besteuerung von Hinzurechnungsbetrag und Dividende abgeschafft.[552] Die Änderung der Hinzurechnungsbesteuerung in diesem Bereich ging auf eine geänderte Besteuerung der Dividenden im EStG zurück, die jetzt nach dem Halbeinkünfteverfahren erfolgt. Die gleiche Besteuerung in- und ausländischer Dividenden sollte jedoch voraussetzen, dass die Gewinne bereits entsprechend vorbelastet sind.[553] Diese „notwendige" Vorbelastung war „für niedrig besteuerte Gewinne ausländischer Gesellschaften aus passivem Erwerb"[554] nicht gewährleistet. Daher wurde das Halbeinkünfteverfahren für den Hinzurechnungsbetrag durch § 10 Abs. 2 S. 3 AStG als nicht anwendbar erklärt. Der Hinzurechnungsbetrag unterlag ebenfalls einer Sondersteuer von 38 %. Der geänderte § 11 Abs. 1 AStG bestimmte zudem, dass Gewinnausschüttungen nicht um den Hinzurechnungsbetrag, sondern um den Betrag gekürzt werden sollten, den der Empfänger als Steuer auf den Hinzurechnungsbetrag zu entrichten hatte.[555] Die Gewinnaus-

Steueroasen, IStR 2000, S. 294. Dies geht auch aus der Begründung zum Entwurf des StSenkG hervor. Vgl. StSenkG-Entwurf, BT-Drs. XIV/2683, S. 133.

551 Wie in den übrigen Untersuchungen wird der Solidaritätszuschlag vernachlässigt.

552 Zu dem Problem der unterschiedlichen Besteuerung von Hinzurechnungsbetrag und Dividende bei Kapitalgesellschaften aus verfassungsrechtlicher Sicht *Wassermeyer, F.*, Hinzurechnungsbesteuerung, IStR 2000, S. 116.

553 Eine ausländische Vorbelastung, die unter der deutschen liegt, wird als möglicher Nachteil für den Investitionsstandort Deutschland angesehen und soll durch die neue Form der Hinzurechnungsbesteuerung verhindert werden. Vgl. StSenkG-Entwurf, BT-Drs. XIV/2683, S. 120. Diesen Nachteil für den Standort Deutschland bejahen *Vögele, A.; Edelmann, G.*, Steuerplanung, IStR 2000, S. 465.

554 Alle Zitate StSenkG-Entwurf, BT-Drs. XIV/2683, S. 133.

555 Wenn, wie *Grützner* behauptet, die Steuer auf den Hinzurechnungsbetrag eine Steuer vom Einkommen ist, stellt sich die Frage der Vereinbarkeit dieser Vorschrift mit § 12 Nr. 3 EStG. Vgl. *Grützner, D.*, Änderun-

schüttung wurde somit nicht mehr vorrangig besteuert; es resultierte eine Definitivbelastung des Hinzurechnungsbetrages. Die nachfolgende Ausschüttung unterlag dem Halbeinkünfteverfahren.

Der Steuerkeil bei der Hinzurechnungsbesteuerung i. d. F. des StSenkG ermittelt sich wie folgt:

$$w_{HZB\ StSenkG} = \rho \cdot (1 - t_{HZB}) \tag{69}$$

bzw. wenn die passiven Einkünfte in der Schweiz besteuert wurden:

$$w_{HZB\ StSenkG} = \rho - \rho \cdot \frac{(1 - t_{HZB})}{(1 - \tau_{CH})} \tag{70}$$

mit:

$w_{HZB\ StSenkG}$ Steuerkeil bei Hinzurechnungsbesteuerung i. d. F. des StSenkG

t_{HZB} Steuer auf den Hinzurechnungsbetrag (38 %)

Die Ausschüttung der Gewinne führt für eine Kapitalgesellschaft als Anteilseigner der Zwischengesellschaft zu keinen weiteren Steuerzahlungen. Die Dividende wird nach § 8b Abs. 1 KStG freigestellt. Bei natürlichen Personen unterliegt die Dividende dem Halbeinkünfteverfahren, wobei die Steuer auf den Hinzurechnungsbetrag von der Dividende abgezogen wird. Wird wiederum Gleichheit von Hinzurechnungsbetrag und Dividende unterstellt, unterliegt damit im Modell der Dividendenbesteuerung in der zweiten Periode die Nachsteuerrendite aus der Hinzurechnungsbesteuerung. Die vollständige Nachsteuerrendite unter Einbeziehung des Steuerkeils durch die Hinzurechnungsbesteuerung ermittelt sich dann aus:

$$s_{Auss.-HZB\ StSenkG} = \rho - (\rho - w_{HZB\ StSenkG}) \cdot t^{*}_{HEV} - w_{HZB\ StSenkG} \tag{71}$$

mit:

$s_{Auss-HZB\ StSenkG}$ Nachsteuerrendite bei Hinzurechnungsbesteuerung i. d. F. des StSenkG in t_0 und Ausschüttung in t_1

2 Analyse der Reformen

In diesem Abschnitt werden zunächst nur die aus den jeweiligen Formen der Hinzurechnungsbesteuerung resultierenden Benachteiligungen verglichen.[556] Die nachfolgende Abbildung stellt die entsprechenden Benachteiligungen einander gegenüber, wenn der Steuerpflichtige eine Kapitalgesellschaft ist:

gen des Außensteuergesetzes, NWB, Fach 3, S. 11323. Handelt es sich hierbei mal wieder um einen „Regiefehler" des Gesetzgebers? So *Jacobs, O. H.*, Unternehmensbesteuerung, 1999, S. 51, im Zusammenhang mit der Abzugsfähigkeit ausländischer Steuern im Rahmen des § 34c Abs. 2 EStG.

[556] Im Anhang findet sich eine Übersicht, die zeigt, dass auch vor dem UntStFG bei der Thesaurierung in einer und Ausschüttung in der darauffolgenden Periode eine Vergünstigung bestand, die es durch die Hinzurechnungsbesteuerung zu beseitigen galt. Vgl. Anhang A.19, S. XXXII.

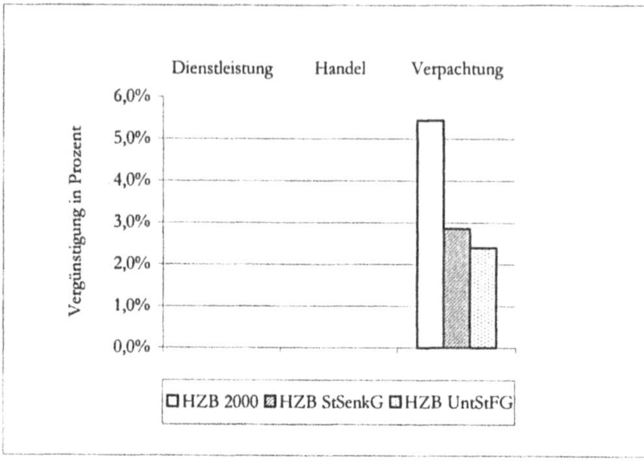

Abb. 15: Vergleich der Vergünstigungen aus den Hinzurechnungsbesteuerungen i.d.F. bis 2000, des StSenkG und des UntStFG für eine Kapitalgesellschaft

Die Reformen der Hinzurechnungsbesteuerung haben dazu geführt, dass sich kontinuierlich die effektive Grenzsteuerbelastung des Gesellschafters aus der Hinzurechnungsbesteuerung verringert hat.[557] Unter diesem Gesichtspunkt können die Reformbemühungen positiv bewertet werden.

Wie in dem obenstehenden Diagramm zu erkennen ist, bestehen in den Fällen, in denen die passiven Einkünfte auf Unternehmensebene keiner Besteuerung unterliegen, bei Hinzurechnungsbesteuerung keine Benachteiligungen oder Vergünstigungen für alle Varianten der Hinzurechnungsbesteuerung. Die durch die Thesaurierung entstehende Vergünstigung kann (konnte) somit beseitigt werden.

Problematisch sind jedoch auch weiterhin die Fälle, in denen der Quellenstaat (hier die Schweiz) eine Steuer auf die Gewinne erhebt und somit ein Unternehmenssteuerkeil entsteht. Hier führt der Versuch, die Vergünstigung zu beseitigen, nicht vollständig zum gewünschten Erfolg.

Für eine natürliche Person als Gesellschafter der Zwischengesellschaft stellen sich die Vergünstigungen für die einzelnen Formen der Hinzurechnungsbesteuerung wie folgt dar:

[557] Vgl. Anhang A.20 und A.21, S. XXXIII.

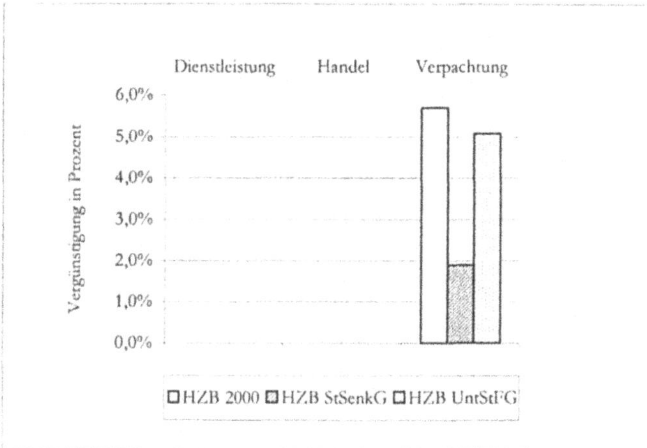

Abb. 16: Vergleich der Vergünstigungen aus den Hinzurechnungsbesteuerungen i. d. F. bis 2000, des StSenkG und des UntStFG für eine natürliche Person

Vorab sei festgehalten, dass die effektive Grenzsteuerbelastung, die durch die Anwendung der Hinzurechnungsbesteuerung entsteht, im Verlaufe der Reformmaßnahmen gesunken ist, so dass, wie schon für eine Kapitalgesellschaft als Anteilseigner der Zwischengesellschaft, in dieser Hinsicht den Änderungen ein positiver Aspekt zu bescheinigen ist. Des Weiteren ist festzustellen, dass die Vergünstigung, die durch die Thesaurierung auf den Cayman Islands entsteht, in den Fällen nicht vollständig beseitigt wird, in denen die Zwischengesellschaft bereits in der Schweiz Steuern entrichtet hat. Dabei ist die Vergünstigung, die bei Anwendung des Konzepts des Steuersenkungsgesetzes verbleibt, am geringsten, die Vergünstigung, die nach geltendem Recht bestehen bleibt, stiegt im Vergleich dazu wieder an. Wird die effektive Grenzsteuerbelastung in den Vergleich des geltenden Rechts und der Hinzurechnungsbesteuerung nach dem StSenkG einbezogen, fällt auf, dass die Wenigerbelastung durch die Hinzurechnungsbesteuerung i. d. F. des UntStFG nur gering ist. Wesentlicher Kritikpunkt in der Literatur war jedoch, dass die Hinzurechnungsbesteuerung als Definitivbelastung unabhängig vom persönlichen Einkommensteuersatz des Gesellschafters war. Diese Tatsache war einer der Gründe, weshalb diese Form der Hinzurechnungsbesteuerung insgesamt als nicht tragfähiges Konzept beurteilt wurde.[558]

[558] Vgl. *Heurung, R.; Heinsen, O.; Springer, M.*, Anwendungs- und Zweifelsfragen, BB 2001, S. 181; ebenso deutlich *Rättig, H.; Protzen, P. D.*, Systemwechsel, IStR 2000, S. 394; *Wassermeyer, F.*, Hinzurechnungsbesteuerung, IStR 2000, S. 118; *Wassermeyer, F.*, Änderungen, IStR 2000, S. 196; ähnlich kritisch *Grotherr, S.*, Hinzurechnungsbesteuerung, IWB, Fach 3, Gruppe 1, S. 1676; *Kessler, W.; Teufel, T.*, Hinzurechnungsbesteuerung, IStR 2000, S. 548; *Köhler, St.*, Auswirkungen, DStR 2000, S. 616-620; *Roser, F.*, Hinzurechnungsbesteuerung, IStR 2000, S. 80; *Vögele, A.; Edelmann, G.*, Steuerplanung, IStR 2000, S. 465.

Unabhängig von der Rechtsform des Gesellschafters bleibt also bei allen Formen der Hinzurechnungsbesteuerung eine Vergünstigung bestehen, wenn die Gewinne bereits bei der ausländischen Zwischengesellschaft besteuert werden. Da die Besteuerung der Zwischengesellschaft in der Schweiz bei allen untersuchten Fällen identisch ist, ist die Höhe der Vergünstigung offensichtlich von der Behandlung der Einkünfte bei dem Anteilseigner abhängig. Die Vergünstigung wird durch die Hinzurechnungsbesteuerung zwar regelmäßig eingeschränkt, jedoch nicht vollständig beseitigt. Da die einzelnen Formen der Hinzurechnungsbesteuerung auch systematische Probleme aufwerfen – ja z. T. kein dahinterstehendes Konzept erkennbar ist – erscheinen weitere grundlegende Reformmaßnahmen notwendig.

3 Alternative Konzepte zur Ausgestaltung der Hinzurechnungsbesteuerung

Um die Hinzurechnungsbesteuerung an sich rechtfertigen zu können, wäre ihre Einfügung in das übrige Steuersystem wichtig. Demnach sollte sich die Wertung, auf der die §§ 7 bis 14 AStG beruhen, in das vorhandene System von Grundwertungen einfügen. Die Feststellung dieser Grundwertungen des bestehenden Steuerrechts in Deutschland fällt schwer. Sie würde erfordern, dass es auf der Grundlage von Prinzipien so geordnet ist, dass die Gesamtregelung eine Einheit darstellt, die frei von Lücken, Überschneidungen oder Widersprüchen ist.[559] Diese Prinzipien (oder Wertungen) stellen, wenn sie einem oder mehreren Gesetzen zugrunde liegen, das Fundament dieser Ordnung, das innere System dar.[560] Jedoch entspringen die in den existierenden Steuersystemen enthaltenen Regelungen i. d. R. nicht einem einheitlichen Konzept, sondern stellen eine Reaktion auf ökonomische, politische und soziale Einflüsse dar.[561] Es wird sich also kaum ein einheitliches System innerhalb des Steuerrechts finden lassen, da keine „rationale Erfassung der Folgerichtigkeit rechtlicher Wertzusammenhänge"[562] möglich ist.[563]

Vor Einführung der §§ 7 bis 14 AStG war die niedrige Besteuerung, die durch das Ausnutzen des internationalen Steuergefälles für Einkünfte einer ausländischen Kapitalgesellschaft entstand, systemimmanent. Dies mag zwar steuerpolitisch unerwünscht gewesen sein,[564] es kann als unmoralisch gewertet werden,[565] aber ungerechtfertigt in diesem Sinne war die Ein-

[559] Vgl. *Tipke, K.*, Steuergesetzgebung, StuW 1976, S. 304. Die Widerspruchsfreiheit innerhalb des Steuerrechts wird von *Mösbauer* als unerreichbar bezeichnet. Vgl. *Mösbauer, H. H.*, Steuerrecht, DStR 1975, S. 681.

[560] Vgl. *Tipke, K.*, Steuergerechtigkeit, 1981, S. 47. In Anlehnung an juristische Interpretationen kann das Steuersystem in ein äußeres und ein inneres System unterschieden werden, wobei das äußere System aus der Art der formalen Stoffanordnung, der technischen Gliederung und Ordnung des Stoffes besteht. Vgl. *Canaris, C.-W.*, Systemdenken, 1983, S. 19. Die Terminologie geht auf *Heck* zurück. Vgl. *Heck, Ph.*, Begriffsbildung, 1932, S. 142 f.; eine Anwendung auf das Steuerrecht findet sich beispielsweise bei *Tipke, K.*, Steuerrechtsordnung, Bd. I, 2000, S. 61-88.

[561] So *Musgrave, R. A.; Musgrave, P. B.; Kullmer, L.*, Finanzen, Bd. 2, 1993, S. 9; ähnlich auch *Haller, H.*, Finanzpolitik, 1968, S. 235.

[562] *Canaris, C.-W.*, Systemdenken, 1983, S. 43.

[563] So auch *Schaumburg, H.*, Systemdefizite, StuW 2000, S. 369.

[564] Vgl. *Thiel, R.*, Ausnutzung steuergesetzlicher Unzulänglichkeiten, FR 1976, S. 56.

[565] Etwa bei *Menck, T.*, Grenzverhalten im Steuerrecht, DB 1975, S. 1861.

schaltung ausländischer Kapitalgesellschaften in Niedrigsteuerländern nicht. Die Betrachtung dieser Steuervermeidungsstrategien als illegitim fügte dem Steuergesetz eine neue Wertung hinzu.[566] Damit geht es im Rahmen der Hinzurechnungsbesteuerung „um die Grenzziehung zwischen legitimer Steuervermeidung und dem Recht des Staates, Auslandsaktivitäten zu besteuern."[567] Dabei ist darauf hinzuweisen, dass ein Übermaß an Steuergestaltung zeigt, dass das betreffende Steuergesetz mangelhaft ist[568] und bei einer Korrektur desselben verschwinden würde.[569] So wird bspw. für die USA analysiert, dass viele der Probleme, die mit dem Steueraufschub in Verbindung stehen, beseitigt würden, wenn das Einkommensteuersystem sich hin zu einer konsumorientierten Besteuerung bewegen würde. In einem solchen System wären ausländische Bruttoeinkünfte steuerbefreit.[570] Von einer so fundamentalen Abkehr der einmal getroffenen Steuerwürdigkeitsentscheidung des Gesetzgebers in naher Zukunft ist nicht auszugehen.[571] Die lediglich Ergänzung der bestehenden Einkommensteuer durch eine konsumorientierte Steuer würde wohl zu einer Beibehaltung der Hinzurechnungsbesteuerung führen.[572]

Das Erfordernis einer Regelung wie der Hinzurechnungsbesteuerung stellt die Frage nach ihrer Ausgestaltung, um eine bessere Einfügung derselben in das bestehende Recht zu erwirken. Grundsätzlich wird die Übernahme von gesetzlichen Regelungen anderer Staaten positiv gesehen. Es wird jedoch darauf hingewiesen, dass die Grundstrukturen der Rechtsordnungen beachtet und bewahrt bleiben sollten, damit das übernommene Rechtsinstitut nicht zu einem Fremdkörper wird, der eine ganz andere Bedeutung annehmen kann, wie dies für die Hinzurechnungsbesteuerung bejaht wird.[573] Die Hinzurechnungsbesteuerung hätte zu einem schweren Systembruch im deutschen Steuerrecht geführt,[574] da sie sich nicht in die Systematik des EStG und des KStG, die sie ja ergänzen soll, einfügt. Sie durchbricht deren Sachgesetzlichkeit, da der Steuerpflichtige von Dritten erzielte Einkünfte versteuern muss.[575]

Um solche Vorwürfe zu vermeiden, wird bspw. gefordert, dass unter dem AStG nichts besteuert werden sollte, was bei Verwirklichung des Vorganges im Inland steuerfrei wäre.[576] Dies würde wohl zu einer konsequenten Anwendung der Regelungen für inländische Divi-

---

566 Vgl. *Vogel, K.,* in: Vogel, K.; Ellis, M. J., Außensteuergesetze, 1981, S. 127.

567 *Wassermeyer, F.,* Elf Jahre, RIW 1984, S. 466; ähnlich schon *Vogel, K.,* in: Vogel, K.; Ellis, M. J., Außensteuergesetze, 1981, S. 127.

568 Vgl. *Vogel, K.,* Perfektionismus, StuW 1980, S. 208.

569 *Wagner, F. W.,* Steuervermeidungslehre, Finanzarchiv, N. F., 1986, S. 47.

570 *Garrett-Nelson, L.,* in: Brown, K. B.; Fellows, M. L., Taxing America, 1996, S. 234 f., 244.

571 Hinzuweisen ist an dieser Stelle auf die unbeachtet gebliebenen Bemühungen des Karlsruher Entwurfs zur Reform der Einkommensbesteuerung oder die umfangreiche Literatur, die einen Übergang von der Einkommens- zur Konsumbesteuerung fordert.

572 *Garrett-Nelson, L.,* in: Brown, K. B.; Fellows, M. L., Taxing America, 1996, S. 247.

573 Vgl. *Mössner, J.-M.,* Selbständigkeit juristischer Personen, RIW 1986, S. 208; ähnlich auch bei *Arnold, B.,* Controlled Foreign Corporations, 1986, S. 406.

574 Vgl. *Mössner, J.-M.,* Selbständigkeit, RIW 1986, S. 209.

575 *Vogel, K.,* in: Vogel, K.; Ellis, M. J., Außensteuergesetze, 1981, S. 126.

576 Vgl. *Werra, M.,* Reformbedarf, IStR 2001, S. 438.

denden auf den Hinzurechnungsbetrag führen. Hinsichtlich der Besteuerung von Kapitalgesellschaften hieße dies, den Hinzurechnungsbetrag freizustellen, und zwar sowohl von der Körperschaft- als auch von der Gewerbesteuer. Dies würde die Hinzurechnungsbesteuerung in diesem Fall obsolet machen; eine Verringerung der Vergünstigung, die durch die Thesaurierung im Ausland entsteht, kann somit nicht erreicht werden. Dies verwundert indes auch nicht. War es doch ausdrücklicher Wunsch des Gesetzgebers, durch den Wechsel vom Anrechnungs- zum Halbeinkünfteverfahren die Thesaurierung von Gewinnen durch die Kapitalgesellschaft zu begünstigen.[577] Dies steht konträr zu den Zielen der Hinzurechnungsbesteuerung, weshalb eine Gleichstellung mit inländischen Dividenden und die Verwirklichung von Kapitalexportneutralität in Bezug zum Inland nicht angestrebt werden sollte.

Ein weiterer Reformvorschlag stammt von *Rättig & Protzen*, die die Hinzurechnungsbesteuerung erst im Zeitpunkt der Ausschüttung vornehmen wollen, um die Liquiditätsnachteile aus der Hinzurechnungsbesteuerung zu vermeiden.[578] Ein solcher Vorschlag unterstellt als Zielsetzung der Hinzurechnungsbesteuerung die Herstellung einer angemessenen Vorbelastung für das Halbeinkünfteverfahren, wie sie sich aus dem Bericht zur Fortentwicklung des Unternehmenssteuerrechts ergibt.[579] Als eine solche sehen sie 25 % an. Damit wird grundsätzlich das Konzept des StSenkG befürwortet. Mit der Rückkehr zum ursprünglichen Konzept der Hinzurechnungsbesteuerung wird der Gesetzgeber diesem Ziel jedoch nicht gerecht. Die Besteuerung im Zeitpunkt des Entstehens der passiven Einkünfte bei der Zwischengesellschaft ist wohl daran angelehnt, dass eine inländische Kapitalgesellschaft ihre Gewinne bei Realisation versteuern muss. Dem widerspricht dann jedoch das Anwenden des persönlichen Einkommensteuersatzes auf den Hinzurechnungsbetrag, wie es derzeit für natürliche Personen geltendes Recht ist.

Das Konzept verlangt also eine Besteuerung des Hinzurechnungsbetrages im Zeitpunkt der Ausschüttung mit 25 %, was im Modell zu einer Abzinsung des Steuersatzes führt. Weiterhin wird die Dividende von der deutschen Besteuerung freigestellt. Gleichzeitig soll die Ausschüttung – anders als im bisher geltenden Recht – von der Gewerbesteuer befreit sein. Für natürliche Personen als Anteilseigner unterliege die Ausschüttung dem Halbeinkünfteverfahren. Der Steuerkeil für die Hinzurechnungsberechung ist für natürliche Personen und Kapitalgesellschaften als Gesellschafter identisch:

$$w_{HZB,R\&P} = \rho - \rho \cdot \frac{\left(1 - \tau^{*}_{KSt}\right)}{\left(1 - \tau_{CH}\right)} \qquad (72)$$

mit:

$w_{HZB,R\&P}$ Steuerkeil durch die Hinzurechnungsbesteuerung nach dem Konzept von *Rättig & Protzen*

---

[577] Vgl. StSenkG-Entwurf, BT-Drs. XIV/2683, S. 133, 136. Durch die gleichzeitige Senkung des Körperschaftsteuersatzes wird in der Tat ein leichter Lock-In-Effekt erreicht. Vgl. *Hundsdoerfer, J.*, Lock-In-Effekt, StuW 2001, S. 123 f.

[578] Vgl. *Rättig, H.; Protzen, P. D.*, Änderungen der Hinzurechnungsbesteuerung, IStR 2001, S. 604.

[579] Vgl. Bericht zur Fortentwicklung des Unternehmenssteuerrechts, FR 2001, Beilage zu Heft 11 S. 24, 26 f.

Die Ausschüttung unterliegt der normalen Dividendenbesteuerung und führt zu folgenden Nachsteuerrenditen:

$$s_{HZB,R\&P,KapGes} = \rho - (\rho - w_{HZB,R\&P}) \cdot 0{,}05 \cdot \tau^{*}_{KSt} - w_{HZB,R\&P} \quad \text{bzw.} \qquad (73)$$

$$s_{HZB,R\&P,nat.Pers.} = \rho - (\rho - w_{HZB,R\&P}) \cdot t^{*}_{HEV} - w_{HZB,R\&P} \qquad (74)$$

mit:

$s_{HZB,\,R\&P,\,KapGes}$ Nachsteuerrendite nach Hinzurechnungsbesteuerung und Ausschüttung für eine Kapitalgesellschaft als Anteilseigner nach dem Konzept von *Rättig & Protzen*

$s_{HZB,\,R\&P,\,nat.\,Pers.}$ Nachsteuerrendite nach Hinzurechnungsbesteuerung und Ausschüttung für eine natürliche Person als Anteilseigner nach dem Konzept von *Rättig & Protzen*

Daneben soll geprüft werden, wie eine analoge Umsetzung des Konzeptes, das in den USA verwirklicht wurde, sich auf die Höhe der effektiven Grenzsteuersätze sowie die Benachteiligungen, die in einem der untersuchten Fälle bei Hinzurechnungsbesteuerung auftritt, auswirkt. Dieses Konzept verlangt, dass der Hinzurechnungsbetrag wie eine zum frühestmöglichen Zeitpunkt vorgenommene Ausschüttung behandelt wird und führt mithin zu einer Gleichstellung der Besteuerung von ausländischen Dividenden und dem Hinzurechnungsbetrag. Die Nachsteuerrenditen ergeben sich dabei wie folgt:

$$s_{HZB,US-Konzept,KapGes} = \rho \cdot (1 - 0{,}05 \cdot \tau_{KSt} - \tau_{GewSt}) \qquad (75)$$

$$s_{HZB,US-Konzept,nat.Pers.} = \rho \cdot (1 - t_{HEV}) \qquad (76)$$

mit:

$s_{HZB,\,US\text{-}Konzept,\,KapGes}$ Nachsteuerrendite nach Hinzurechnungsbesteuerung und Ausschüttung für eine Kapitalgesellschaft als Anteilseigner nach dem US-Konzept

$s_{HZB,\,US\text{-}Konzept,\,nat.\,Pers.}$ Nachsteuerrendite nach Hinzurechnungsbesteuerung und Ausschüttung für eine natürliche Person als Anteilseigner nach dem US-Konzept

Ein weiterer Reformversuch sei hier nur am Rande erwähnt und nicht in die Analyse einbezogen, da er in den Gesetzgebungsmaßnahmen der letzten Jahre keinen Niederschlag gefunden hat. Es handelt sich um den Entwurf eines Gesetzes zur Änderung des Außensteuergesetzes und anderer Gesetze.[580] Geplant war eine Absenkung der Beteiligungsgrenze deutscher Steuerpflichtiger von bisher 50 % auf 10 %. Damit würde die Hinzurechnungsbesteuerung über jedes vernünftige Maß ausgedehnt werden.[581] Zudem sollte die zeitliche Begrenzung der Verrechnung von Hinzurechnungsbeträgen und Dividendenausschüttungen vollständig entfallen. Die Ausschüttung in einem anderen Jahr als dem der Hinzurechnung sollte dazu führen, dass der Ausschüttungsüberschuss von dem Gesamtbetrag der Einkünfte abge-

[580] Vgl. Gesetzantrag des Landes Baden-Württemberg vom 16.01.1998, BR-Drs. XII/98.

[581] Vgl. *Köhler, St.*, Entwurf eines Gesetzes, DB 1998, S. 491.

zogen werden kann. Damit bliebe die Steuerbelastung aus dem Jahr der Gewinnentstehung definitiv.[582]

Aus der Betrachtung des Reformvorschlages von *Rättig & Protzen* und der Umsetzung des US-amerikanischen Konzeptes ergeben sich im Vergleich zum geltenden Recht folgende Vergünstigungen/Benachteiligungen für eine Kapitalgesellschaft als Anteilseigner der Zwischengesellschaft.[583]

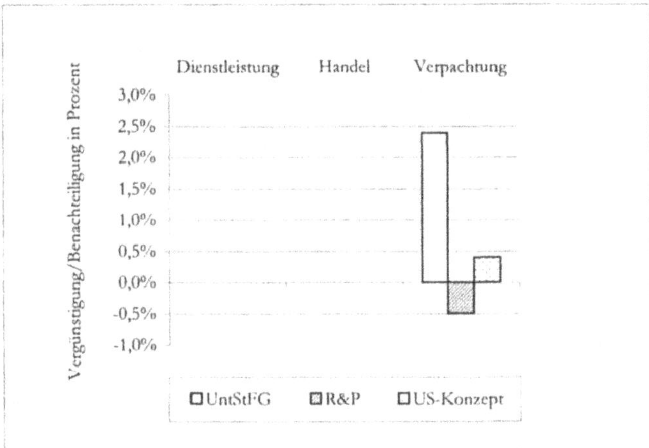

Abb. 17: Vergleich der Vergünstigungen bzw. Benachteiligungen aus der Hinzurechnungsbesteuerung i. d. F. des UntStFG, des Reformvorschlags von *Rättig & Protzen* sowie des US-amerikanischen Konzeptes für eine Kapitalgesellschaft

Zunächst ist festzustellen, dass beide Reformvorschläge zu einer geringeren effektiven Grenzsteuerbelastung führen als das im geltenden Steuerrecht der Fall ist. Da die Vorschläge auf unterschiedliche Konzepte zurückgehen – *Rättig & Protzen* versuchen, Kapitalimportneutralität herzustellen, während das US-amerikanische Konzept an Kapitalexportneutralität orientiert ist – sind neben der reinen Steuerbelastung auch systematische Kriterien einzubeziehen und die oben dargestellten Vergünstigungen bzw. Benachteiligungen zu berücksichtigen.

Wie bereits im vorstehenden Abschnitt gezeigt, führt die Hinzurechnungsbesteuerung nach dem Unternehmenssteuerfortentwicklungsgesetz nicht dazu, dass die durch die Thesaurierung auf den Cayman Islands entstehende Vergünstigung beseitigt wird. Das US-Konzept vermag auch keine vollständige Beseitigung der Vergünstigung, ist jedoch in der Lage, sie weiter einzuschränken. Die verbleibende Vergünstigung ist nun systemimmanent, sie wird

582 Vgl. ebenfalls *Köhler, St.*, Entwurf eines Gesetzes, DB 1998, S. 492.

583 Vgl. Anhang A.21 und A.22, S. XXXV.

durch die Art und Weise der Besteuerung von Dividenden, die eine deutsche Kapitalgesellschaft erhält, bestimmt.

Der Reformvorschlag von *Rättig & Protzen* schießt über das Ziel hinaus und führt zu einer Benachteiligung im Rahmen der Hinzurechnungsbesteuerung. Dieser negative Aspekt des Konzeptes wird noch dadurch verstärkt, dass es wieder Gestaltungsmöglichkeiten dahingehend eröffnet, dass es dem Steuerpflichtigen freisteht, die Besteuerung in Deutschland beliebig in die Zukunft zu verlagern, soweit sein Einfluss auf die Gesellschaft groß genug ist. Damit wirkt die unter Liquiditätsgesichtspunkten durchaus positiv zu bewertende Verzögerung der Besteuerung kontraproduktiv in Bezug die Ziele der Hinzurechnungsbesteuerung.

Dies führt zu folgenden Vergünstigungen/Benachteiligungen:

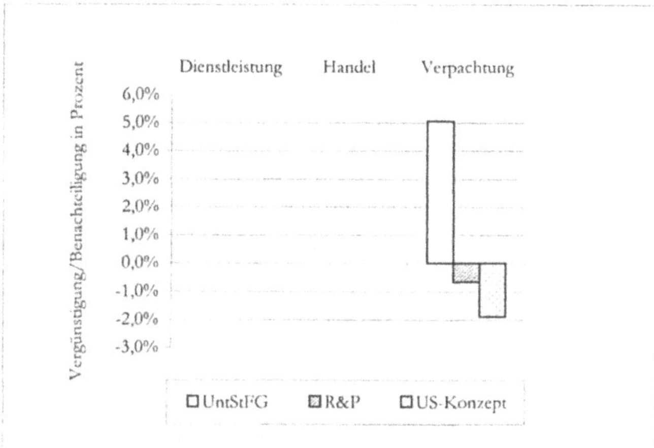

Abb. 18: Vergleich der Benachteiligungen bzw. Vergünstigungen aus der Hinzurechnungsbesteuerungen i. d. F. des UntStFG, des Reformvorschlags von *Rättig & Protzen* und des US-amerikanischen Konzepts für eine natürliche Person

Die effektiven Grenzsteuersätze für beide Reformvorschläge liegen unterhalb des Niveaus, dass sich für das geltende Recht ergibt. Damit sind die Ansätze aus Sicht des Steuerpflichtigen, der i. d. R. daran interessiert sein dürfte, seine Steuerbelastung zu senken, positiv zu bewerten. Dies allein reicht jedoch nicht, um einen Reformvorschlag im Rahmen der angestellten Untersuchung als umsetzungswürdig empfehlen zu können. Hierzu muss auf die oben abgebildeten Vergünstigungen und Benachteiligungen eingegangen werden.

Der Reformvorschlag von *Rättig & Protzen* führt – wie schon für eine Kapitalgesellschaft als Anteilseigner der Zwischengesellschaft – auch für natürliche Personen als Gesellschafter zu einer Benachteiligung. Die Umsetzung des US-Konzeptes bewirkt ebenfalls, dass sich die bestehenden Vergünstigungen[584] in Benachteiligungen wandeln. Die entstehende Benachteiligung ist zwar höher als die für das *Rättig-Protzen*-Konzept, ist jedoch systemimmanent, also auf die Behandlung von Dividenden ausländischer Kapitalgesellschaften, die an eine natürliche Person ausgeschüttet werden, zurückzuführen. Ihre Beseitigung liegt damit nicht in der Ausgestaltung der Hinzurechnungsbesteuerung, sondern in der Behandlung von ausländischen Dividenden. Insgesamt scheint damit die exakte Übernahme der Regelungen des *subpart F* die bisher beste Alternative zu sein, soweit es dem Gesetzgeber tatsächlich darum geht, die Besteuerung der Dividende vorwegzunehmen. Nachteilig gegenüber den anderen Konzepten ist zweifellos das geringere Steueraufkommen, das mit der Verwirklichung dieses Vorschlages einhergeht. Da das Aufkommen aus der Hinzurechnungsbesteuerung ohnehin sehr gering ist, bleibt weiterhin die Frage im Raum stehen, ob sich die Hinzurechnungsbesteuerung noch „rechnet".

Für die USA wird im Zusammenhang mit der Diskussion um den *subpart F* i. d. R. auf das Problem des Steueraufschubs verwiesen, den es zu vermeiden gilt.[585] Daher erfolgt eine Einbeziehung der passiven Einkünfte in das Einkommen des Gesellschafters bei Realisation durch die ausländische Zwischengesellschaft. Obwohl der deutsche Gesetzgeber an keiner Stelle dieses Ziel erwähnt, scheint es implizit Bestandteil des Zielkatalogs zu sein, da sich ansonsten die Ausgestaltung der Hinzurechnungsbesteuerung in den beschriebenen Formen nicht erklären lässt. Die Überlegungen zu einer Reform der Hinzurechnungsbesteuerung werden diesem Aspekt Rechnung tragen müssen.

Daher erscheint der Reformvorschlag von *Rättig & Protzen* in zweifacher Hinsicht nicht als beste Lösung: Zum Einen besteht für den Steuerpflichtigen weiterhin die Möglichkeit, die Steuerzahlung in Deutschland hinauszuschieben. Zum Anderen führt die Orientierung an der Besteuerung einer deutschen Dividende (unter Ausschluss der Gewerbesteuer) nicht zur gleichen Belastung wie sie in Deutschland für eine Dividende entsteht. Dies wäre der Fall, wenn die Steuer auf den Hinzurechnungsbetrag zum frühestmöglichen Zeitpunkt erhoben werden würde. Da *Rättig & Protzen* dies aber mit Verweis auf die Liquiditätslage des Gesellschafters ablehnen – was sinnvoll ist, jedoch nicht den Zielen des Gesetzgebers zu entsprechen scheint – ist das Konzept m. E. keine echte Alternative.

[584] Vergünstigungen ergeben sich hier – wie oben bereits dargestellt – für die Fälle, in denen keine Unternehmensbesteuerung in der Schweiz erfolgt nur, wenn in der ersten Periode der Gewinn thesauriert und in der zweiten ausgeschüttet wird.

[585] Vgl. z.B. *Land, St. B.*, Defeating Deferral, Tax Law Review 1996, S. 64 f.; *Hufbauer, G.; Foster, D.*, in: Department of the Treasury, Essays, 1976, S. 10 f.; *Peroni, R. J.*, Progressive Reform, University of Miami Law Review 1997, S. 986 f.

E Zusammenfassung der Ergebnisse

Steuerlich erfolgt eine Trennung der Kapitalgesellschaft von ihrem Gesellschafter. Dadurch eröffnen sich bei einem internationalen Steuergefälle steuerplanerische Möglichkeiten, die nach dem zweiten Weltkrieg umfassend genutzt wurden. Die Staaten mit einem relativ hohen Steuerniveau waren besorgt um ihre Steuerbasis und suchten nach Möglichkeiten, der Steuerflucht entgegenzuwirken. Hierzu wurde die Hinzurechnungsbesteuerung konstruiert, die zu einer Verwirklichung des universalen Steueranspruchs des entsprechenden Staates beitragen sollte.

In den Grundzügen entsprechen sich dabei die Regelungen in den USA und Deutschland: Dem Gesellschafter der beherrschten ausländischen Gesellschaft wird das durch sie realisierte Einkommen im Zeitpunkt seiner Entstehung zugerechnet. Die Tatbestandsvoraussetzungen variieren geringfügig, was die Definition der Niedrigbesteuerung und die Beteiligungsvoraussetzungen des einzelnen Steuerpflichtigen angeht. Die Rechtsfolgen unterscheiden sich im Wesentlichen dadurch, dass in den USA eine Ausschüttungsfiktion etabliert wurde, d. h. der Hinzurechnungsbetrag wird steuerlich wie eine Dividende behandelt. In Deutschland hingegen unterliegt der Hinzurechnungsbetrag wie normales Einkommen der Besteuerung. Eine Gleichstellung mit der Dividendenbesteuerung erfolgt nicht. Auch hinsichtlich der Wirkung von Doppelbesteuerungsabkommen sind die Systeme verschieden. In den USA kann die Besteuerung nach *subpart F* durch ein Doppelbesteuerungsabkommen nicht eingeschränkt werden. In Deutschland ist dies (noch) möglich.

Die Einordnung in das System der Steuernormen hat ergeben, dass es sich bei der Hinzurechnungsbesteuerung um Lenkungsvorschriften handelt, denen vorrangig die Aufgabe zukommt, ungerechtfertigte Steuervorteile einzuebnen. Dabei wurde ursprünglich die Herstellung von Kapitalexportneutralität angestrebt. Wie ebenfalls gezeigt wurde, hat sich für Deutschland dieses Ziel (vermutlich) geändert, indem nun laut Gesetzesbegründung die Flankierung des Halbeinkünfteverfahrens für passive ausländische Einkünfte gewährleistet werden soll. Tatsächlich erfolgt jedoch ein Durchgriff durch die Kapitalgesellschaft, der sich darin ausdrückt, dass die Besteuerung des Hinzurechnungsbetrages so angelegt ist, als ob der Gesellschafter die Einkünfte direkt bezogen hätte.

Der Versuch, den Steueraufschub, um dessen Beseitigung es im Rahmen der Hinzurechnungsbesteuerung letztlich geht, als Subvention zu klassifizieren, wie dies in den USA verbreitet ist, scheiterte. Die Definitionen des Einkommens, die als Grundlage für die Bestimmung einer Subvention dienen, lassen diesen Schluss nicht zu.

Die Untersuchung erfolgte auf der Basis des Modells der effektiven Grenzsteuersätze, welches für Berücksichtigung von Direktinvestitionen und des Zeitaspektes angepasst wurde. Für die Analyse wurden drei Investitionen konstruiert, die jeweils in den Einzugsbereich der Hinzurechnungsbesteuerung und des *subpart F* fallen. Die Fälle waren so aufgebaut, dass ein in den USA resp. Deutschland ansässiger Kapitalgeber, der sowohl eine natürliche Person als auch eine Kapitalgesellschaft sein kann, zu 100 % an einer Kapitalgesellschaft beteiligt ist, die eine Investition in der Schweiz tätigt. Dabei wird der Standort der investierenden Kapitalgesellschaft in einzelnen Fallvariationen verändert und letztlich die Hinzurechnungsbesteuerung bzw. der *subpart F* in das Modell eingeführt.

Die Ergebnisse lassen sich wie folgt zusammenfassen: Ist der Anteilseigner der investierenden Kapitalgesellschaft eine US-amerikanische Kapitalgesellschaft, führt die Besteuerung polnischer Dividenden im Vergleich zur Ausschüttung einer US-amerikanischen Kapitalgesellschaft stets zu einer höheren Belastung. Eine Dividende von den Cayman Islands unterliegt hingegen der gleichen Belastung wie eine US-amerikanische Dividende, was darauf zurückzuführen ist, dass im Ergebnis jeweils keine bzw. eine gleich hohe Steuerbelastung auf der Ebene der ausschüttenden Gesellschaft vorliegt. Die Besteuerung unter *subpart F* führt zu einer Steuerbelastung, die sich ebenfalls auf dem Niveaus befindet, das sich für Dividenden im nationalen Kontext ergibt. Dies ist das Ergebnis der konsequenten Umsetzung der Ausschüttungsfiktion im Rahmen der Besteuerung nach *subpart F*. Dabei werden bestehende Vergünstigungen zwar nicht vollständig beseitigt, jedoch weitgehend verringert.

Eine Dividende, die eine in Deutschland angesiedelte Kapitalgesellschaft von einer polnischen Gesellschaft erhält, kann zu einer Mehr- oder Minderbelastung führen im Vergleich zu der Ausschüttung einer deutschen Kapitalgesellschaft. Hingegen unterliegt die deutsche Dividende stets einer höheren Steuerbelastung als die Ausschüttung einer auf den Cayman Islands angesiedelten Kapitalgesellschaft. Die Hinzurechnungsbesteuerung führt zu einer Steuerbelastung, die immer oberhalb der liegt, die bei einer Ausschüttung entsteht, das gilt für alle betrachteten Standorte der investierenden Kapitalgesellschaft. Dies ist darauf zurückzuführen, dass das aktuelle Konzept der Hinzurechnungsbesteuerung sich nicht an der Dividendenbesteuerung orientiert. Dabei wird die Vergünstigung, die durch die Thesaurierung auf den Cayman Islands entsteht, verringert, jedoch nicht vollständig beseitigt.

Für eine natürliche Person ist, unabhängig von ihrer Ansässigkeit – will heißen USA oder Deutschland –, die Grenzsteuerbelastung in den meisten Fällen niedriger, wenn sie eine Dividende aus dem Ausland erhält, wobei die Belastung für eine Ausschüttung einer auf den Cayman Islands ansässigen Kapitalgesellschaft stets unter der liegt, die sich für eine polnische Dividende ergibt. Die Hinzurechnungsbesteuerung bzw. die Besteuerung nach *subpart F* erhöhen die Grenzsteuerbelastungen, in den USA jedoch nicht bis auf das Niveau, dem eine inländische Dividende unterliegt. Für eine natürliche Person, die in Deutschland ansässig ist, kann die Hinzurechnungsbesteuerung auch zu einer höheren Belastung führen, als die, die sich für eine inländische Dividende ergibt. Dabei geht die Wirkung des *subpart F* über eine Beseitigung der bestehenden Vergünstigung hinaus und führt zu einer Benachteiligung, während die deutsche Hinzurechnungsbesteuerung sogar zu einer Erhöhung der Vergünstigung führt.

Ein Vergleich der verschiedenen Hinzurechnungsbesteuerungskonzepte, die in Deutschland in den vergangenen zwei Jahren geltendes Recht waren bzw. noch sind, zeigt, dass mit jedem Reformschritt die effektiven Grenzsteuersätze sinken, jedoch die Vergünstigungen nicht vollständig beseitigt werden können. Daher wurden zwei Alternativen dahingehend überprüft, ob sie dem Gesetzgeber als Reformvorschläge unterbreitet werden können. Das eine

Konzept orientiert sich an der Herstellung einer angemessenen Vorbelastung im Halbeinkünfteverfahren. Es führt zu geringeren effektiven Grenzsteuersätzen als das derzeit geltende Recht. Die jeweilige Belastung bei dieser Form der Hinzurechnungsbesteuerung sinkt zudem unter das Niveau, das sich für eine inländische Dividende ergibt, ist jedoch höher als die, die sich bei einer Sofortausschüttung ergibt. Das Konzept ist wohl an einer Verwirklichung von Kapitalimportneutralität ausgerichtet, kann sie aber nicht verwirklichen. Zudem entstehen durch die Hinzurechnungsbesteuerung Benachteiligungen, so dass über das vom Gesetzgeber vorgegebene Ziel, nicht zu Steuererschwernissen zu führen, die über die Beseitigung der Vergünstigung hinausgehen, hinausgeschossen wird. Das zweite untersuchte Konzept sieht eine Übernahme der US-amerikanischen Regelungen dahingehend vor, dass der Hinzurechnungsbetrag wie eine Dividende besteuert wird. Dadurch sinken die effektiven Grenzsteuerbelastungen im Vergleich zum geltenden Recht. Sie entsprechen den Belastungswerten, die sich für ausländische Dividenden von den Cayman Islands ergeben, was durch die Umsetzung der Ausschüttungsfiktion erklärt werden kann. Dieses Konzept kann für eine Kapitalgesellschaft als Anteilseigner die bestehenden Vergünstigungen nicht vollständig beseitigen. Für natürliche Personen als Gesellschafter der Zwischengesellschaft entstehen Benachteiligungen, die jedoch auf die Dividendenbesteuerung in Deutschland zurückzuführen sind und nicht auf konzeptionelle Schwächen der US-amerikanischen Lösung hinweisen. Die Umsetzung der Ausschüttungsfiktion nach US-amerikanischem Vorbild wäre daher gegenüber den anderen hier betrachteten Konzeptionen zu präferieren.

Anhang

A.1: Zusammenhang zwischen der Nutzungsdauer und des Abschreibungsbarwertes

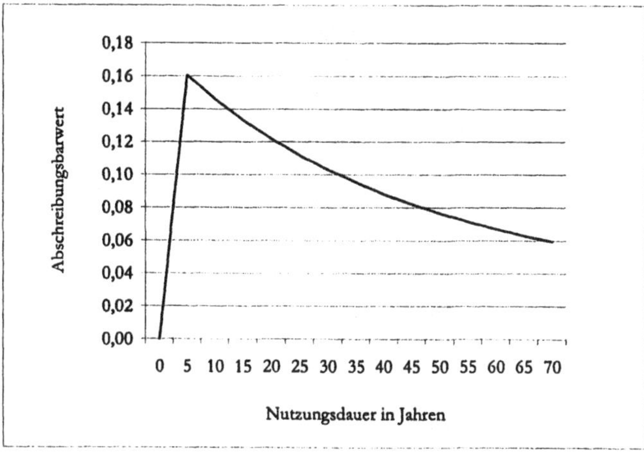

Abb. 19: Zusammenhang zwischen Abschreibungsbarwert und Nutzungsdauer für das Industriegebäude in der Schweiz

Für das Diagramm wurde ein Ertragsteuersatz von 17,71 % und eine Nachsteuerrendite der Unternehmung von 4 % unterstellt.

Der Abschreibungsbarwert ermittelt sich nach der Formel:

$$A = \tau \cdot \frac{1}{\rho \cdot L} \cdot \left(1 - e^{-\rho \cdot L}\right)$$

Es ist erkennbar, dass in dem fraglichen Bereich zwischen 50 und 67 Jahren der Abschreibungsbarwert mit steigender Nutzungsdauer sinkt.

A.2: Diagramme zum steuersatzunabhängigen Teil des Abschreibungsbarwertes

Der steuersatzunabhängige Teil des Abschreibungsbarwertes berechnet sich wie folgt:

$$A = \tau \cdot \frac{1}{\rho \cdot L} \cdot \left(1 - e^{-\rho \cdot L}\right)$$

Er ist damit von der Nachsteuerrendite der Unternehmung und der Nutzungsdauer abhängig. Die nachstehenden Diagramme zeigen, dass bei jeweiliger Konstanz einer der beiden Variablen, der steuersatzunabhängige Teil des Abschreibungsbarwertes kleiner als eins bleibt.

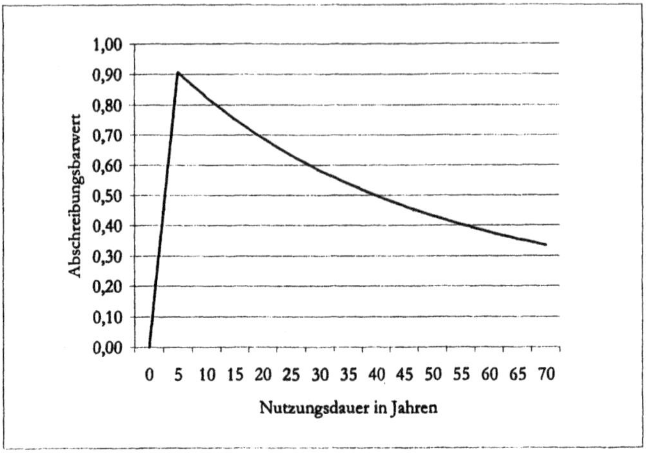

Abb. 20: Abhängigkeit des steuersatzunabhängigen Teils des Abschreibungsbarwertes von der Nutzungsdauer ($\rho = 4$ %)

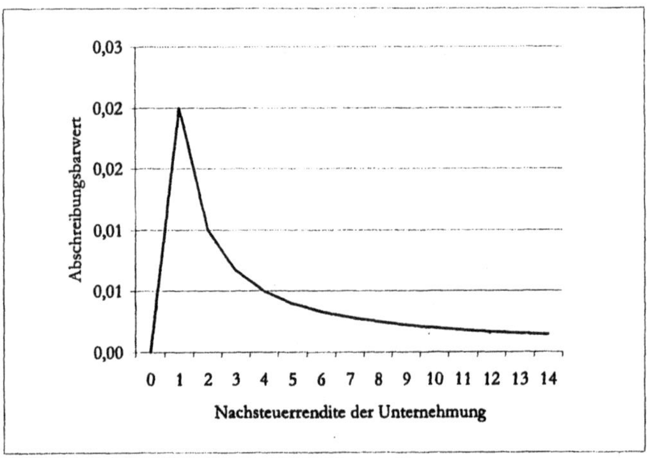

Abb. 21: Abhängigkeit des steuersatzunabhängigen Teils des Abschreibungsbarwertes von der Nachsteuerrendite der Unternehmung (L= 50)

A.3: Ableitung der Vorsteuerrendite p nach dem Ertragsteuersatz τ

$$p = \frac{1}{1-\tau} \cdot \left[(1-A) \cdot (\delta + \rho - \pi) - w_c\right] - \delta$$

Da der Abschreibungsbarwert ebenfalls vom Ertragsteuersatz abhängig ist, wird nachfolgend die Gleichung zur Berechnung des Abschreibungsbarwertes in die zur Berechnung der Vorsteuerrendite vor Bildung der Ableitung eingesetzt:

$$A = \tau \cdot \frac{1}{\rho \cdot L} \cdot \left(1 - e^{-\rho \cdot L}\right) \qquad \text{wobei:} \qquad Ab = \frac{1}{\rho \cdot L} \cdot \left(1 - e^{-\rho \cdot L}\right) \tag{77}$$

Zur Vereinfachung wird der ebenfalls steuersatzunabhängige Term $(\delta + \rho - \pi)$ ersetzt:

$$\kappa = \delta + \rho - \pi$$

Somit stellt sich die abzuleitende Vorsteuerrendite wie folgt dar:

$$p = (1-\tau)^{-1} \cdot \left[(1 - \tau \cdot Ab) \cdot \kappa - w_c\right] - \delta$$

$$p = (1 - \tau \cdot Ab) \cdot \kappa \cdot (1-\tau)^{-1} - w_c \cdot (1-\tau)^{-1} - \delta$$

Die erste Ableitung ergibt sich dann als:

$$\frac{\partial p}{\partial \tau} = -\frac{Ab \cdot \kappa}{1-\tau} + \frac{(1 - \tau \cdot Ab) \cdot \kappa}{(1-\tau)^2} - \frac{w_c}{(1-\tau)^2}$$

$$\frac{\partial p}{\partial \tau} = \frac{1}{(1-\tau)^2} \cdot \left\{(1 - \tau \cdot Ab) \cdot \kappa - Ab \cdot (1-\tau) \cdot \kappa - w_c\right\}$$

$$\frac{\partial p}{\partial \tau} = \frac{1}{(1-\tau)^2} \cdot \left\{\kappa \cdot \left[(1 - \tau \cdot Ab) - Ab \cdot (1-\tau)\right] - w_c\right\}$$

$$\frac{\partial p}{\partial \tau} = \frac{1}{(1-\tau)^2} \cdot \left\{(\delta + \rho - \pi) \cdot (1 - Ab) - w_c\right\}$$

A.4: Ableitung der Vorsteuerrendite der Unternehmung nach dem Ertragsteuersatz: Einfluss der Substanzbesteuerung

Für die Ableitung der Vorsteuerrendite nach dem Ertragsteuersatz

$$\frac{\partial p}{\partial \tau} = \frac{1}{(1-\tau)^2} \cdot \{(\delta + \rho - \pi) \cdot (1 - Ab) - w_c\}$$

soll gezeigt werden, dass für alle hier verwendeten Werte der Term in der geschweiften Klammer für $w_c = 0{,}07\ \%$ positiv wird. Die Ertragswertminderung und die Nachsteuerrendite sind in allen Fällen identisch:

$\delta = 0{,}0361$

$\rho = 4\ \%$

Damit bleibt als Variable der steuersatzunabhängige Teil des Abschreibungsbarwertes, der sich für die einzelnen Länder wie folgt ergibt:

$A_{USA} = 0{,}1772$

$A_D = 0{,}205$

$A_{CH} = 0{,}0766$[586]

Damit ergibt sich der Term in der geschweiften Klammer für die einzelnen Staaten wie folgt:

USA	Deutschland	Polen/Cayman
0,0368	0,0338	0,0424

586 Wie erläutert, besteuert im Fall der Verpachtung die Schweiz die Einkünfte, weshalb bei einer Ansässigkeit der investierenden Kapitalgesellschaft in Polen und auf den Cayman Islands auf den Abschreibungsbarwert der Schweiz abgestellt wird.

A.5: Ermittlung des Steuerkeils auf Unternehmensebene

Unter Verwendung der im Text aufgeführten Daten können für die einzelnen Standorte und Investitionen folgende Vorsteuerrenditen und Unternehmenssteuerkeile ermittelt werden:

	Dienstleistung	Handel	Verpachtung
Vorsteuerrendite			
USA	6,15 %	5,72 %	6,14 %
Deutschland	6,40 %	5,76 %	6,19 %
Polen	5,56 %	5,26 %	5,02 %
Nachsteuerrendite			
USA	4,00 %	4,00 %	4,00 %
Deutschland	4,00 %	4,00 %	4,00 %
Polen	4,00 %	4,00 %	4,00 %
Steuerkeil			
USA	2,15 %	1,72 %	2,14 %
Deutschland	2,40 %	1,76 %	2,19 %
Polen	1,56 %	1,26 %	1,02 %

A.6: Ermittlung der Vergünstigung/Benachteiligung auf Unternehmensebene

	Dienstleistung	Handel	Verpachtung
tariflicher Grenzsteuersatz			
USA	35,00 %	35,00 %	35,07 %
Deutschland	37,50 %	37,50 %	37,57 %
Polen	28,00 %	28,00 %	17,71 %
effektiver Grenzsteuersatz			
USA	35,00 %	30,07 %	31,84 %
Deutschland	37,50 %	30,56 %	35,36 %
Polen	28,00 %	23,97 %	20,30 %
Vergünstigung/Benachteiligung			
USA	0,00 %	4,93 %	0,26 %
Deutschland	0,00 %	6,94 %	2,22 %
Polen	0,00 %	4,03 %	-2,52%

Die Vergünstigung bzw. Benachteiligung ergibt sich als Unterschiedsbetrag zwischen wirtschaftlicher und rechtlicher Grenzsteuerbelastung.

Die tarifliche Steuerbelastung ergibt sich wie folgt:

USA: $\tau_{USA} + w_c$

Deutschland: $\tau_{KSt} + \tau_{GewSt} - \tau_{KSt} \cdot \tau_{GewSt} + w_c$

Polen: tariflicher polnischer Steuersatz bzw. für die Verpachtung vgl. Gleichung (29), S. 79.

A.7 Ableitung der Nachsteuerrendite des Kapitalgebers nach der Inflationsrate und dem Vermögensteuersatz

Die Nachsteuerrendite des Kapitalgebers berechnet sich grundsätzlich nach:

$$s = \rho \cdot \theta \cdot (1 - t_d) - \pi - w_p$$

Ableitung nach dem Vermögensteuersatz w_p:

$$\frac{\partial p}{\partial w_p} = -1 < 0$$

Ableitung nach Inflationsrate π:

$$\frac{\partial p}{\partial \pi} = -1 < 0$$

In beiden Fällen ergibt sich eine negative Korrelation. Mit steigender Inflationsrate bzw. mit steigendem Vermögensteuersatz sinkt die Nachsteuerrendite des Kapitalgebers.

A.8: Rechtliche und effektive Steuerbelastungen bei verzögerter Ausschüttung an eine Kapitalgesellschaft und die Ermittlung von Vergünstigungen

	Dienstleistung	Handel	Verpachtung
tariflicher Grenzsteuersatz			
USA-USA	34,11 %	34,11 %	37,72 %
Deutschland-Deutschland	37,50 %	37,50 %	37,57 %
Polen-USA	40,75 %	40,75 %	41,44 %
Polen-Deutschland	43,55 %	43,55 %	35,76 %
effektiver Grenzsteuersatz			
USA-USA	31,48 %	31,48 %	34,00 %
Deutschland-Deutschland	35,00 %	27,78 %	32,77 %
Polen-USA	32,15 %	28,35 %	34,00 %
Polen-Deutschland	41,23 %	37,94 %	34,94 %
Vergünstigung			
USA-USA	2,64 %	2,64 %	3,72 %
Deutschland-Deutschland	2,50 %	9,72 %	4,80 %
Polen-USA	8,60 %	12,40 %	7,44 %
Polen-Deutschland	2,32 %	5,61 %	0,82 %

Die tarifliche Steuerbelastung ergibt sich wie folgt:

USA-USA: $\tau_{CH} + \frac{(1-(1-\tau_{USA}))}{(1-\tau_{CH})} + w_c$

Deutschland-Deutschland: $\tau_{Unt,D} = \tau_{KSt} + \tau_{GewSt} - \tau_{KSt} \cdot \tau_{GewSt} + w_c$

Polen-USA: $\tau_{PL/CH} + \frac{(1-(1-\tau_{PL/CH}))}{(1-\tau_{PL/CH} + (1-\tau_{PL/CH}) \cdot \tau_{PL\to USA})} + w_c$

Polen-Deutschland : $\tau_{KSt} + (1-\tau_{PL/CH}) \cdot \tau_{PL\to D} + (1-\tau_{PL/CH}) \cdot (0{,}05 \cdot \tau_{KSt} + \tau_{GewSt}) + w_c$

A.9 Rechtliche und effektive Steuerbelastungen bei Ausschüttungen an eine natürliche Person für die Ermittlung von Vergünstigungen

	Dienstleistung	Handel	Verpachtung
tariflicher Grenzsteuersatz			
USA-USA	60,13 %	60,13 %	60,21 %
Deutschland-Deutschland	52,35 %	52,35 %	52,41 %
Polen-USA	55,84 %	55,84 %	49,60 %
Polen-Deutschland	45,11 %	45,11 %	37,32 %
effektiver Grenzsteuersatz			
USA-USA	58,54 %	55,39 %	58,42 %
Deutschland-Deutschland	50,44 %	44,94 %	48,75 %
Polen-USA	54,07 %	51,5 %	49,16 %
Polen-Deutschland	42,91 %	39,72 %	36,81 %
Vergünstigung			
USA-USA	1,59 %	4,74 %	1,79 %
Deutschland-Deutschland	1,91 %	7,41 %	3,66 %
Polen-USA	1,77 %	4,34 %	0,44 %
Polen-Deutschland	2,20 %	5,39 %	0,51 %

Die rechtliche Steuerbelastung ergibt sich jeweils aus: $\tau_{Ges} + (1-\tau_{Ges}) \cdot t_{Gesfter}$

mit:

τ_{Ges} Steuerbelastung der Gesellschaft

$t_{Gesfter}$ Ertragsteuersatz des Gesellschafters

A.10 Ermittlung der Vergünstigung bzw. Benachteiligung für die Unternehmensebene einer auf den Cayman Islands ansässigen Kapitalgesellschaft

	Dienstleistung	Handel	Verpachtung
tariflicher Grenzsteuersatz			
Cayman Islands	0 %	0 %	17,78 %
effektiver Grenzsteuersatz			
Cayman Islands	0 %	0 %	20,30 %
Vergünstigung/Benachteiligung			
Cayman Islands	0 %	0 %	-2,52 %

Die tarifliche Steuerbelastung von 17,78 % setzt sich aus der schweizerischen Ertrags- und Substanzbesteuerung zusammen.

A.11 Ermittlung der Vergünstigung bzw. Benachteiligung für (verzögerte) Ausschüttungen einer auf den Cayman Islands ansässigen Kapitalgesellschaft an eine US-amerikanische Kapitalgesellschaft

	Dienstleistung	Handel	Verpachtung
tariflicher Grenzsteuersatz			
USA-USA	34,11 %	34,11 %	37,72 %
Cayman Islands-USA	34,11 %	34,11 %	37,72 %
effektiver Grenzsteuersatz			
USA-USA	31,48 %	31,48 %	34 %
Cayman Islands-USA	31,48 %	31,48 %	34 %
Vergünstigung			
USA-USA	2,64 %	2,64 %	3,72 %
Cayman Islands-USA	2,64 %	2,64 %	3,72 %

Die tarifliche Steuerbelastung ergibt sich jeweils als:

$$\tau_{CH} + \frac{(1-(1-\tau_{USA}))}{(1-\tau_{CH})} + w_c$$

A.12 Ermittlung der Vergünstigung bzw. Benachteiligung für verzögerte Ausschüttungen einer auf den Cayman Islands ansässigen Kapitalgesellschaft an eine in den USA ansässige natürliche Person

	Dienstleistung	Handel	Verpachtung
tariflicher Grenzsteuersatz			
USA-USA	60,13 %	60,13 %	60,21 %
Cayman Islands-USA	38,67 %	38,67 %	49,60 %
effektiver Grenzsteuersatz			
USA-USA	58,54 %	55,39 %	58,42 %
Cayman Islands-USA	36,21 %	36,21 %	49,16 %
Vergünstigung			
USA-USA	1,59 %	4,74 %	1,79 %
Cayman Islands-USA	2,45 %	2,45%	0,44 %

Die tarifliche Steuerbelastung für die Dividende der *CFC* ergibt sich aus:

$$\tau_{CH} + (1 - \tau_{CH} - w_c) \cdot t_{USA} + w_c$$

A.13 Ermittlung der Vergünstigung bzw. Benachteiligung für verzögerte Ausschüttungen einer auf den Cayman Islands ansässigen Kapitalgesellschaft an eine deutsche Kapitalgesellschaft

	Dienstleistung	Handel	Verpachtung
tariflicher Grenzsteuersatz			
Deutschland-Deutschland	37,50 %	37,50 %	37,57 %
Cayman Islands-Deutschland	17,48 %	17,48 %	35,05 %
effektiver Grenzsteuersatz			
Deutschland-Deutschland	35,00 %	27,78 %	32,77 %
Cayman Islands-Deutschland	14,18 %	14,18 %	31,60 %
Vergünstigung			
Deutschland-Deutschland	2,50 %	9,72 %	4,80 %
Cayman Islands-Deutschland	3,30 %	3,30 %	3,44 %

Der tarifliche Grenzsteuersatz für die Dividende der Zwischengesellschaft ergibt sich aus:

$$0{,}05 \cdot \tau_{KSt} \cdot (1 - \tau_{CH}) + \tau_{GewSt} + \tau_{CH} + w_c$$

A.14 Ermittlung der Vergünstigung bzw. Benachteiligung für Ausschüttungen einer auf den Cayman Islands ansässigen Kapitalgesellschaft an eine in Deutschland ansässige natürliche Person

	Dienstleistung	Handel	Verpachtung
tariflicher Grenzsteuersatz			
Deutschland-Deutschland	52,35 %	52,35 %	52,41 %
Cayman Islands-Deutschland	23,76 %	23,76 %	37,32 %
effektiver Grenzsteuersatz			
Deutschland-Deutschland	50,44 %	44,94 %	48,75 %
Cayman Islands-Deutschland	20,71 %	20,71 %	36,81 %
Vergünstigung			
Deutschland-Deutschland	1,91 %	7,41 %	3,66 %
Cayman Islands-Deutschland	3,05 %	3,05 %	0,51 %

Der tarifliche Grenzsteuersatz für die Dividende der Zwischengesellschaft ergibt sich aus:

$$\tau_{D/CH} + (1 - \tau_{D/CH} - w_c) \cdot 0{,}5 \cdot t_D + w_c$$

A.15 Vergleich der effektiven Grenzsteuersätze bei Sofortausschüttung und verzögerter Ausschüttung einer auf den Cayman Islands ansässigen Kapitalgesellschaft an eine US-amerikanische Kapitalgesellschaft mit der Besteuerung nach *subpart F*

	Dienstleistung	Handel	Verpachtung
tariflicher Grenzsteuersatz			
verzögerte Ausschüttung	34,11 %	34,11 %	37,72 %
Sofortausschüttung	35,00 %	35,00 %	38,79 %
subpart F	35,00 %	35,00 %	38,79 %
effektiver Grenzsteuersatz			
verzögerte Ausschüttung	34,11 %	34,11 %	34,00 %
Sofortausschüttung	35,00 %	35,00 %	37,05 %
subpart F	35,00 %	35,00 %	37,05 %
Vergünstigung			
verzögerte Ausschüttung	2,64 %	2,64 %	3,72 %
Sofortausschüttung	0,00 %	0,00 %	1,75 %
subpart F	0,00 %	0,00 %	1,75 %

Der tarifliche Grenzsteuersatz für die Dividende der *CFC* ergibt sich aus:

$$\tau_{CH} + (1 - \tau_{CH} - w_c) \cdot \tau_{USA} + w_c$$

A.16 Vergleich der effektiven Grenzsteuersätze bei Sofortausschüttung und verzögerter Ausschüttung einer auf den Cayman Islands ansässigen Kapitalgesellschaft an eine in den USA ansässige natürliche Person mit der Besteuerung nach *subpart F*

	Dienstleistung	Handel	Verpachtung
tariflicher Grenzsteuersatz			
verzögerte Ausschüttung	38,67 %	38,67 %	49,60 %
Sofortausschüttung	39,6 %	39,6 %	50,37 %
subpart F	39,6 %	39,6 %	50,37 %
effektiver Grenzsteuersatz			
verzögerte Ausschüttung	36,21 %	36,21 %	49,16 %
Sofortausschüttung	39,6 %	39,6 %	51,86 %
subpart F	39,6 %	39,6 %	51,86 %
Vergünstigung/Benachteiligung			
verzögerte Ausschüttung	2,46 %	2,46 %	0,44 %
Sofortausschüttung	0,00 %	0,00 %	-1,49 %
subpart F	0,00 %	0,00 %	-1,49 %

Der tarifliche Grenzsteuersatz für die Dividende der *CFC* ergibt sich aus:

$$\tau_{CH} + (1 - \tau_{CH} - w_e) \cdot t_{USA} + w_e$$

A.17 Vergleich der effektiven Grenzsteuersätze bei Sofortausschüttung und verzögerter Ausschüttung einer auf den Cayman Islands ansässigen Kapitalgesellschaft an eine deutsche Kapitalgesellschaft mit der Hinzurechnungsbesteuerung

	Dienstleistung	Handel	Verpachtung
tariflicher Grenzsteuersatz			
verzögerte Ausschüttung	17,48 %	17,48 %	35,05 %
Sofortausschüttung	17,92 %	17,92 %	35,48 %
Hinzurechnungsbesteuerung	38,72 %	38,72 %	42,84 %
effektiver Grenzsteuersatz			
verzögerte Ausschüttung	14,18 %	14,18 %	31,6 %
Sofortausschüttung	17,92 %	17,92 %	34,58 %
Hinzurechnungsbesteuerung	38,72 %	38,72 %	40,44 %
Vergünstigung			
verzögerte Ausschüttung	3,30 %	3,30 %	3,44 %
Sofortausschüttung	0,00 %	0,00 %	0,90 %
Hinzurechnungsbesteuerung	0,00 %	0,00 %	2,39 %

Der tarifliche Grenzsteuersatz für die Dividende der Zwischengesellschaft ergibt sich aus:

$$\tau_{CH} + \frac{\left(1-\left(1-\tau_{Unt,D}\right)\right)}{\left(1-\tau_{CH}\right)} + w_c + 0{,}05 \cdot \tau_{KSt} - 0{,}05 \cdot \tau_{CH} \cdot \tau_{KSt}$$

$\tau_{Unt,D}$ entspricht dem Teilsteuersatz aus dem Anhang A.8, S. XXV.

A.18 Vergleich der effektiven Grenzsteuersätze bei Sofortausschüttung und verzögerter Ausschüttung einer auf den Cayman Islands ansässigen Kapitalgesellschaft an eine in Deutschland ansässige natürliche Person mit der Hinzurechnungsbesteuerung

	Dienstleistung	Handel	Verpachtung
tariflicher Grenzsteuersatz			
verzögerte Ausschüttung	23,76 %	23,76 %	37,32 %
Sofortausschüttung	24,25 %	24,25 %	37,74 %
Hinzurechnungsbesteuerung	48,50 %	48,50 %	55,20 %
effektiver Grenzsteuersatz			
verzögerte Ausschüttung	20,71 %	20,71 %	36,81 %
Sofortausschüttung	24,25 %	24,25 %	39,63 %
Hinzurechnungsbesteuerung	48,50 %	48,50 %	50,12 %
Vergünstigung/Benachteiligung			
verzögerte Ausschüttung	3,05 %	3,05 %	0,51 %
Sofortausschüttung	0,00 %	0,00 %	-1,89 %
Hinzurechnungsbesteuerung	0,00 %	0,00 %	5,08 %

Der tarifliche Grenzsteuersatz für die Dividende der Zwischengesellschaft ergibt sich aus:

$$\tau_{CH} + \frac{(1-(1-t_D))}{(1-\tau_{CH})} + w_c$$

A.19 Ermittlung der Vergünstigung für eine verzögerte Ausschüttung einer auf den Cayman Islands ansässigen Kapitalgesellschaft vor dem StSenkG[587]

	Dienstleistung	Handel	Verpachtung
tariflicher Grenzsteuersatz			
Kapitalgesellschaft	46,98 %	46,98 %	48,65 %
natürliche Person	48,02 %	48,02 %	58,57 %
effektiver Grenzsteuersatz			
Kapitalgesellschaft	49,02 %	49,02 %	49,10 %
natürliche Person	51,00 %	51,00 %	68,78 %
Vergünstigung			
Kapitalgesellschaft	4,16 %	4,16 %	0,90 %
natürliche Person	5,84 %	5,84 %	14,84 %

Der tarifliche Grenzsteuersatz für die Dividende der Zwischengesellschaft (ohne Hinzurechnungsbesteuerung) ergibt sich aus:

$$\tau_{CH} + (1 - \tau_{CH} - w_c) \cdot t_D + w_c$$

[587] Die durch das StSenkG geänderten Regelungen außerhalb der Hinzurechnungsbesteuerung, die für diese Untersuchung relevant sind, wurden durch das UntStFG nicht verändert. Daher erfolgt hier nur eine Auflistung der Vergünstigungen für die Zeit vor dem StSenkG. Im Übrigen sei auf die Übersichten in den Anhängen A.13 und A.14, S. XXVII f. verwiesen.

A.20 Vergleich der effektiven Grenzsteuersätze der verschiedenen Hinzurechnungsbesteuerungen für Kapitalgesellschaften als Anteilseigner

	Dienstleistung	Handel	Verpachtung
tariflicher Grenzsteuersatz			
HZB 2000	50,00 %	50,00 %	57,03 %
HZB StSenkG	39,83 %	39,83 %	44,27 %
HZB UntStFG	38,72 %	38,72 %	42,84 %
effektiver Grenzsteuersatz			
HZB 2000	50,00 %	50,00 %	51,58 %
HZB StSenkG	39,83 %	39,83 %	41,41 %
HZB UntStFG	38,72 %	38,72 %	40,44 %
Vergünstigung			
HZB 2000	0,00 %	0,00 %	9,55 %
HZB StSenkG	0,00 %	0,00 %	6,45 %
HZB UntStFG	0,00 %	0,00 %	5,58 %

Die tarifliche Steuerbelastung für die HZB 2000 ergibt sich aus:

$$\tau_{CH} + \frac{(1-(1-\tau_{KSt}))}{(1-\tau_{CH})} + w_c$$

wobei darauf hinzuweisen ist, dass der Körperschaftsteuersatz in 2000 noch 50 % betrug.

Die tarifliche Steuerbelastung für die HZB StSenkG ergibt sich aus:

$$\tau_{CH} + \frac{(1-(1-0{,}38))}{(1-\tau_{CH})} + w_c$$

A.21 Vergleich der effektiven Grenzsteuersätze der verschiedenen Hinzurechnungsbesteuerungen für natürliche Personen als Anteilseigner

	Dienstleistung	Handel	Verpachtung
tariflicher Grenzsteuersatz			
HZB 2000	51,00 %	51,00 %	58,24 %
HZB StSenkG	52,73 %	52,73 %	56,12 %
HZB UntStFG	48,50 %	48,50 %	55,20 %
effektiver Grenzsteuersatz			
HZB 2000	51,00 %	51,00 %	52,54 %
HZB StSenkG	52,73 %	52,73 %	54,22 %
HZB UntStFG	48,50 %	48,50 %	50,12 %
Vergünstigung			
HZB 2000	0,00 %	0,00 %	9,77 %
HZB StSenkG	0,00 %	0,00 %	3,37 %
HZB UntStFG	0,00 %	0,00 %	9,19 %

Die tarifliche Steuerbelastung für die HZB 2000 ergibt sich aus:

$$\tau_{CH} + \frac{(1-(1-t_{ESt}))}{(1-\tau_{CH})} + w_c$$

wobei darauf hinzuweisen ist, dass der Einkommensteuersatz in 2000 noch 51 % betrug.

Die tarifliche Steuerbelastung für die HZB StSenkG ergibt sich aus:

$$\tau_{CH} + \frac{(1-(1-0{,}38))}{(1-\tau_{CH})} + w_c$$

A.22 Vergleich der effektiven Grenzsteuersätze der verschiedenen Konzepte für Hinzurechnungsbesteuerungen für Kapitalgesellschaften als Anteilseigner

	Dienstleistung	Handel	Verpachtung
tariflicher Grenzsteuersatz			
HZB R&P	26,22 %	26,22 %	27,73 %
HZB USA	17,92 %	17,92 %	35,48 %
HZB UntStFG	38,72 %	38,72 %	42,84 %
effektiver Grenzsteuersatz			
HZB R&P	26,22 %	26,22 %	28,23 %
HZB USA	17,92 %	17,92 %	35,08 %
HZB UntStFG	38,72 %	38,72 %	40,44 %
Vergünstigung/Benachteiligung			
HZB R&P	0,00 %	0,00 %	-0,50 %
HZB USA	0,00 %	0,00 %	0,40 %
HZB UntStFG	0,00 %	0,00 %	5,58 %

Der tarifliche Grenzsteuersatz für das Konzept von *Rättig & Protzen* ergibt sich aus:

$$\tau_{CH} + \frac{\left(1-\left(1-\tau_{KSt}\right)\right)}{\left(1-\tau_{CH}\right)} + w_c + 0{,}05 \cdot \tau_{Unt,D}$$

Für die Hinzurechnungsbesteuerung nach US-amerikanischem Konzept wird er wie folgt berechnet:

$$0{,}05 \cdot \tau_{KSt} \cdot \left(1-\tau_{CH}\right) + \tau_{GewSt} + \tau_{CH} + w_c$$

A.23 Vergleich der effektiven Grenzsteuersätze der verschiedenen Hinzurechnungsbesteuerungen für natürliche Personen als Anteilseigner

	Dienstleistung	Handel	Verpachtung
tariflicher Grenzsteuersatz			
HZB R&P	42,36 %	42,36 %	42,43 %
HZB USA	24,25 %	24,25 %	42,03 %
HZB UntStFG	48,5 %	48,5 %	48,57 %
effektiver Grenzsteuersatz			
HZB R&P	42,36 %	42,36 %	44,17 %
HZB USA	24,25 %	24,25 %	39,63 %
HZB UntStFG	48,5 %	48,5 %	50,12 %
Vergünstigung/Benachteiligung			
HZB R&P	0,00 %	0,00 %	-0,66 %
HZB USA	0,00 %	0,00 %	-1,89 %
HZB UntStFG	0,00 %	0,00 %	5,08 %

Der tarifliche Grenzsteuersatz für das Konzept von *Rättig & Protzen* ergibt sich aus:

$$\left(\tau_{CH} + \frac{(1-(1-\tau_{KSt}))}{(1-\tau_{CH})} + w_c\right) \cdot (1-0{,}5 \cdot t_D)$$

Für die Hinzurechnungsbesteuerung nach US-amerikanischem Konzept ergibt er sich aus:

$$\tau_{CH} + (1-\tau_{CH} - w_c) \cdot 0{,}5 \cdot t_D + w_c$$

Literaturverzeichnis

Abrams, H. E.; Doernberg, R. L., Essentials of United States Taxation, The Hague; Boston: Kluwer Law International, 1999

Akerlof, G. A., Market for „Lemons": Quality Uncertainty and the Market Mechanism, Quarterly Journal of Economics 1970, S. 488-500

Altshuler, R., Recent Developments in the Debate on Deferral, Tax Notes 2000, S. 255-268

Alworth, J. S., The Finance, Investment and Taxation Decisions of Multinationals, New York, N. Y.: Basil Blackwell, 1988

Andrews, W. D., Personal Deductions in an Ideal Income Tax, Harv. Law Rev. 1972, S. 309-385

Arnold, B. J., Taxation of Domestic Shareholders on undistributed Income of Foreign Corporate Affiliates: Objectives, Techniques and Consequences, IFA congress seminar series 11a; Deventer; Boston: Kluwer Law and Taxation Publishers, 1987

Arnold, B., The Taxation of Controlled Foreign Corporations, Toronto: Canadian Tax Foundation 1986

Arthur Anderson & Co GmbH, Doppelbesteuerungsabkommen Deutschland – USA: Kommentar, Köln: O. Schmidt, 1990

Auerbach, A. J., Taxation, Corporate Financial Policy and the Cost of Capital, Journal of Economic Literature 1983, S. 905-940

Ault, H. J., Steuervergünstigungen in der Bundesrepublik Deutschland und den USA: Einige vergleichende begriffliche Aspekte, StuW 1974, S. 335-339

Bach, S., Die Perspektiven des Leistungsfähigkeitsprinzips im gegenwärtigen Steuerrecht, StuW 1991, S. 116-135

Bamberg, G.; Coenenberg, A. D., Betriebswirtschaftliche Entscheidungslehre, WiSo-Kurzlehrbücher: Reihe Betriebswirtschaft – 10., überarb. und erw. Aufl., München: Vahlen, 2000

Baumgärtel, M.; Perlet, H., Die Hinzurechnungsbesteuerung, in: Maßbaum, M.; Meyer-Scharenberg, D.; Perlet, H., Unternehmensbesteuerung im europäischen Binnenmarkt – Besteuerungsgrundlagen und grenzüberschreitende Steuerplanung in Deutschland, Neuwied; Kriftel; Berlin: Luchterhand, 1994, S. 176

Bayer, H.-W., Die verfassungsrechtlichen Grundlagen der Wirtschaftslenkung durch Steuerbefreiungen, StuW 1971, S. 149-156

Bellstedt, Ch., Beteiligungen an ausländischen „Zwischengesellschaften" nach dem Außensteuergesetz-Entwurf, FR 1972, S. 242-248

Bellstedt, Ch., Die Neuregelung der Besteuerung von Auslandsinvestitionen im amerikanischen Steuerrecht, DStR 1962/63, S. 331-336

Benda, E., Der soziale Rechtsstaat, in: Benda, E.; Maihofer, W.; Vogel, H.-J., Handbuch des Verfassungsrechts – 2., neubearb. Und erw. Aufl. – Berlin; New York: de Gruyter 1994, S. 719-797

Beranek, A., Die steuerlich optimale Rechtsform der Unternehmung: Analyse und EDV-gestützter Modellansatz zur Besteuerung als Entscheidungskomponente, Hamburg: S + W Steuer- und Wirtschaftsverl., 1993; zugl.: Berlin, FU, Diss., 1993

Bilstein, J., Anwendungsprobleme der Teilsteuerrechnung bei Personengesellschaften, DB 1975, S. 2189-2194

Blohm, H.; Lüder, K., Investition - Schwachstellenanalyse des Investitionsbereichs und Investitionsrechnung, Vahlens Handbücher der Wirtschafts- und Sozialwissenschaften – 8., aktualisierte und erg. Aufl. – München: Vahlen 1995

Boadway, R. W.; Bruce, N.; Mintz, J. M., Taxes on Capital Income in Canada: Analysis and Policy, Canadian Tax Paper No. 80, 1987

Boatwright, B. D.; Eaton, J. R., The Estimation of Investment Functions for Manufacturing Industry in the United Kingdom, Economica 1972, S. 403-418

Boles, E., Gesellschaften im US-Einkommensteuerrecht, Münchener Schriften zum Internationalen Steuerrecht, H. 16, München: Beck 1993

Boles, E. P.; Walz, W. R., Kriterien der Körperschaftsteuersubjektivität im Vergleich von deutschem und US-amerikanischem Recht, GmbHR 1986, S. 435-442

Bond, St.; Chennels, L., Unternehmensbesteuerung und Investitionen – Deutschland im internationalen Vergleich, Gütersloh: Verlag Bertelsmann Stiftung 2000

Bone-Winkel, T. J., Internationale Betriebswirtschaftliche Steuerbelastungsvergleiche: Stand, Methoden, Entwicklungsmöglichkeiten, Steuerberatung - Betriebsprüfung - Unternehmensbesteuerung; 25, Bielefeld: Erich Schmidt 1994, Zugl.: Göttingen, Univ., Diss., 1993 u. d. T.: Bone-Winkel, Thomas J.: Methodenwahl bei internationalen betriebswirtschaftlichen Steuerbelastungsvergleichen

Borghoff, G., Die Einbeziehung von Tarifdifferenzen in die Teilsteuerrechnung, DB 1969, S. 3-5

Boss, A., Unternehmensbesteuerung und Standortqualität: e. internat. Vergleich, Kieler Diskussionsbeiträge, 145/146, Kiel: Inst. für Weltwirtschaft, 1988

Bradford, D. F., Untangling the Income Tax, Cambridge, Massachusetts, and London, England: Harvard University Press, 1986

Bradford, D. F; Fullerton, D., Pitfalls in the Construction and Use of Effective Tax Rates, in: Hulton, Ch. R., Depreciation, Inflation, and the Taxation of Income from Capital, Washington D. C.: The Urban Institute Press, 1981, S. 251-278

Bradfort, D.; Stuart, Ch., Issues in the Measurement and Interpretation of Effective Tax Rates, NTJ 1986, S. 307-316

Braun, A., Steuerlastrechnung und Teilsteuerrechnung - ein Systemvergleich, DStR 1987, S. 72-76

Brosig, M., Zur steuerlichen Behandlung von Basisgesellschaften: Unzulänglichkeiten im deutschen Außensteuerrecht, Europäische Hochschulschriften: Reihe 2, Rechtswissenschaft; Bd. 1423; Frankfurt am Main; Berlin; Bern; New York; Paris; Wien: Lang 1993; zugl.: Frankfurt (Main), Univ., Diss, 1993

Brown, E. C., Business-Income Taxation and Investment Incentives, in: Metzler, L. A. et al., Income, Employment and Public Policy – Essays in Honor of Alvin H. Hansen, New York, New York: W. W. Norton & Company, Inc. 1948, S. 300-316

Burke, C. J., Can subpart F income be avoided through the Use of a Partnership?, The Journal of Taxation 7(1994), S. 4-10

Canaris, C.-W., Systemdenken und Systembegriff in der Jurisprudenz, Schriftenreihe zur Rechtstheorie, Heft 14 – 2., überarb. Aufl. – Berlin: Duncker und Humblot, 1983

Cansier, D.; Wellisch, D., Steuerwirkungen nach dem neoklassischen Investitionsmodell, StuW 1989, S. 158-164

Chirinko, R. S., Business Investment and Tax Policy: A Perspective an Existing Models and Empirical Results, NTJ 1986, S. 137-155

Claassen, F., Steuerbelastung internationaler Investitionen – Ein Vergleich der Bundesrepublik Deutschland mit den USA, Schriften zum Steuer-, Rechnungs- und Prüfungswesen; Bd. 13, Hamburg: S + W Steuer- und Wirtschaftsverl., 1994

Claassen, F.; Sprey, R., Das Lifo-Verfahren: Eine Steuervergünstigung?, DB 1993, S. 497-498

Colm, G., The Role of Corporate Taxation in the American Economy, American Economic Review 1954, S. 486-503

Crawford, T. W.; Terzian, L. A., The Slow Crawl toward Eliminating Deferral under subpart F, Int'l Tax J. 3(1996), S. 1-19

Crooks, E.; Devereux, M.; Pearson, M.; Wookey, Ch., Transnational Tax Rates and Incentives to Invest, IFS Working Paper No. W89/9, London 1989

Davie, B. F.; Nauheim, S. A., Tax Incentives as an Instrument for Achievement of Governmental Goals, CDFI LXIa, S. 317-334

Debatin, H., in: Debatin, H.; Wassermeyer, F., Doppelbesteuerung – Kommentar zu allen deutschen Doppelbesteuerungsabkommen, München: C. H. Beck, Stand: Oktober 2001, Systematik III

Debatin, H., Das Betriebsstättenprinzip der deutschen Doppelbesteuerungsabkommen (Teil 1), DB 1989, S. 1692-1697

Debatin, H., System und Auslegung der Doppelbesteuerungsabkommen, DB 1985 Beilage 23

Debatin, H., Außensteuerreformgesetz, DStZ/A 1972, S. 265-278

Debatin, H., Reform des Steuerrechts der USA (Teil II), DB 1963, S. 110-113

Debatin, H., Die geplante amerikanische Steuerreform, DB 1961, S. 991-994

Debatin, H. Der Einkommensbegriff im Steuerrecht der USA im Lichte der Rechtsvergleichung, StuW 1958, Sp. 305-326

Devereux, M. P., Griffith, R., The Taxation of Discrete Investment Choices, IFS Working Paper No. W98/16, London 1999

Devereux, M.; Pearson, M., Corporate Tax Harmonisation and Economic Efficiency, London: Institute for Fiscal Studies 1989

Dietzel, C., Die Besteuerung der Actien-Gesellschaften in Verbindung mit der Gemeinde-Besteuerung, Köln: Verlag der M. DuMont-Schauberg'schen Buchhandlung, 1859

Doernberg, R. L., International Taxation in a Nutshell, St. Paul, Minn: West Group, 1999

Doggart, C., Steuerparadiese - und wie man sie nutzt – 3., aktualisierte und erw. Aufl. – Düsseldorf: Verl. Wirtschaft und Finanzen, 1997

Dueball, L., Zugriffsbesteuerung der ausländischen Zwischengesellschaft nach dem Außensteuerreformgesetz, DStR 1973, S. 561-564

Dunn, D.; Pellechio, A., Analyzing Taxes on Business Income with the Marginal Effective Tax Rate Model, World Bank Discussion Papers No. 79, Washington D. C.: The World Bank 1990

Duvall Alsobrook, A., Improving the Competitiveness of U.S. Multinational Corporations through Changes to the Foreign Tax Credit, Am. U. J. Int'l L. & Pol'y 5(1997), S. 875-901

Eckert, R., Rechtsschutz gegen „Treaty Overriding", RIW 1992, S. 386-388

Egner, H., Die Belastung deutscher und französischer Kapitalgesellschaften mit gewinnabhängigen Steuern, Schriftenreihe Anales Universitatis Saraviensis, Rechts- und Wirtschaftswissenschaftliche Abteilung, Heft 35, Köln, Berlin, Bonn, München: Carl Heymann Verlag KG 1969

Eisenach, M., Entscheidungsorientierte Steuerplanung: Grundlagen, Instrumente und Konzept zur Planung der Steuerbelastung der Unternehmung mittels dynamischer Teilsteuerrechnung, Schriftenreihe: Besteuerung der Unternehmung, Band 5, Wiesbaden: Betriebswirtschaftlicher Verlag Dr. Th. Gabler 1974

Elschen, R., Entscheidungsneutralität, Allokationseffizienz und Besteuerung nach der Leistungsfähigkeit, StuW 1991, S. 99-115

Elschen, R.; Hüchtebrock, M., Steuerneutralität in Finanzwissenschaft und Betriebswirtschaftslehre - Diskrepanzen und Konsequenzen, FA 1983, S. 253-280

Engels, W.; Stützel, W., Teilhabersteuer – Ein Beitrag zur Vermögenspolitik, zur Verbesserung der Kapitalstruktur und zur Vereinfachung des Steuerrechts, 1968

Ernst & Young, Worldwide Corporate Tax Guide, Ernst & Young International, Ltd. 2001

Firlinger, R., Die abkommensrechtliche Ansässigkeit und die Methoden zur Vermeidung der Doppelbesteuerung, in: Gassner, W.; Lang, M.; Lechner, E., Die Methoden zur Vermeidung der Doppelbesteuerung: Anrechnungs- und Befreiungsmethode, Wien: Linde, 1995, S. 307-330

Fischer, L., Die effektive Steuerbelastung von Unternehmen, in: John, G., Besteuerung und Unternehmenspolitik: Festschrift für Günter Wöhe [Festschrift für Wöhe], München: Vahlen 1989, S. 131-155

Fischer, L., Die Reform des Unternehmenssteuerrechts in den wichtigsten Industriestaaten – Übereinstimmungen und Unterschiede, in: Herzig, N., Betriebswirtschaftliche Steuerlehre und Steuerberatung: Gerd Rose zum 65. Geburtstag [Festschrift für Rose], Wiesbaden: Betriebswirtschaftlicher Verlag Dr. Th. Gabler 1991, S. 218-237

Fisher, I., Theory of Interest as determined by Impatience to Spend Income and Opportunity to Invest it, Reprints of Economic Classics, New York, N. Y.: Sentry Press 1965 (Original 1930)

Fleming, J. C. Jr.; Peroni, R. J.; Shay, St. E., Deferral: Consider Ending it, Instead of Expanding it, Tax Notes 2000, S. 837-850

Flick, H., Vereinbarkeit des Steuerfluchtgesetzes mit Doppelbesteuerungsabkommen, BB 1971, S. 250-251

Flick, H., Steuervermeidung bei internationalen Wirtschaftsbeziehungen, StuW 1961, Sp. 615-624

Flick, H.; Wassermeyer, F., Die funktionale Betrachtungsweise im Außensteuerreformgesetz, BB 1973, S. 857-860

Flüge, H., Internationale Steuerplanung mit schweizerischen Basisgesellschaften unter besonderer Berücksichtigung des amerikanischen und des deutschen Außensteuerrechts, Basel, 1960

Fohr, I., Besteuerungskonzept für Holdinggesellschaften: eine systematische Analyse der Anforderungen an die Ertragsbesteuerung internationaler Holdinggesellschaften unter besonderer Berücksichtigung des deutschen Steuerrechts, Europäische Hochschulschriften: Reihe 5, Volks- und Betriebswirtschaft; Bd. 2677, Frankfurt am Main et al.: Lang 2001; zugl.: Mannheim, Univ., Diss., 2000

Fuest, W.; Kroker, R., Unternehmensbesteuerung im internationalen Vergleich: Kritische Anmerkungen zum DIW-Gutachten, StuW 1989, S. 260-266

Fuisting, B., Preußischen direkten Steuern, 4. Bd.: Grundzüge der Steuerlehre, Berlin: C. Heymann 1902

Fullerton, D., Which Effective Tax Rate?, NTJ 1984, S. 23-41

Gaal, A., Die Eignung der Teilsteuerrechnung als Recheninstrument der Ertragsteuerplanung – Überprüfung der vorliegenden Modellkonzeptionen der Teilsteuerrechnung anhand alternativer Steuertatbestandsgestaltungen und alternativer Rechenziele, Inauguraldisseration zur Erlangung der Würde eines Doktors der Wirtschaftswissenschaften des Fachbereichs Wirtschaftswissenschaft der Gesamthochschule Duisburg 1979

Garrett-Nelson, L., The Future of Deferral: Taxing the Income of U.S. Multinationals, in: Brown, K. B.; Fellows, M. L., Taxing America, New York; London: New York University Press 1996, S. 233-249

Geiger, K., Beteiligung an ausländischen Zwischengesellschaften – Probleme des Außensteuergesetzes, DStR 1973, S. 532-536

Gelbert, E., Die Berücksichtigung der Einkommensteuerprogression in der Teilsteuerrechnung, DB 1970, S. 1281-1284

Gérard, M., Cost of Capital, Investment Location and Marginal Effective Tax Rate: Methodology and Application, in: Heimler, A.; Meulders, D., Empirical Approaches to Fiscal Policy Modelling, London et al.: Chapman & Hall 1993, S. 61-80

Gibbons, W. J., Tax Effects of Basing International Business abroad, Harv. L. Rev. 1956, S. 1206-1249

Glicklich, P. H.; Goldstein, S. B., Avoid subpart F tax: CFC Partnerships, International Tax Report 1994, S. 1-4

Gordon, R. A., Tax Havens and their Use by U.S. Taxpayers – An Overview, A Report to the Commissioner of Internal Revenue, the Assistant Attorney General (Tax Division) and the Assistant Secretary of the Treasury (Tax Policy), January 12, 1981

Große, S., Die Wahl der Steuerpflicht nach § 1 Abs. 3 EStG, StuW 1999, S. 357-362

Große, S.; Klier, U., Das neue Doppelbesteuerungsabkommen Deutschland-Polen, in: Kudert, St.: Das polnische Bilanz- und Steuerrecht – mit Gestaltungsüberlegungen für Direktinvestitionen deutscher Unternehmen – 2., neu bearbeitete und wesentlich erweiterte Auflage – Bielefeld: Erich Schmidt Verlag 2001, S. 141-206

Große, S.; Kolm, L.-O., Die Berücksichtigung polnischer Steuern im deutschen Einkommensteuerrecht – Systematik des § 34c EStG zur Optimierung steuerlicher Belastungen, RIW 2001, S. 587-598

Großfeld, B., Basisgesellschaften im Internationalen Steuerrecht, Tübingen: J. C. B. Mohr (Paul Siebeck), 1974

Grotherr, S., Änderungen bei der Hinzurechnungsbesteuerung durch das Steuersenkungsgesetz, IWB, Fach 3, Gruppe 1, S. 1675-1690

Grützner, D., Änderungen des Außensteuergesetzes durch das Steuersenkungsgesetz, NWB, Fach 3, S. 11321-11326

Haas, G., Basisgesellschaften – in Typen von heute, RIW/AWD 1976, S. 421-424

Haberstock, L., Der Einfluß der Besteuerung auf Rechtsform und Standort, – 2., verbesserte Auflage – Hamburg: S + W Steuer- und Wirtschaftsverl. 1984

Hackmann, J., Die Bestimmung des steuerrechtlichen Einkommensbegriffs aus finanzwissenschaftlicher Sicht, in: Hansmeyer, K.-H., Staatsfinanzierung im Wandel: Verhandlungen auf der Jahrestagung der Gesellschaft für Wirtschafts- und Sozialwissenschaften, Verein für Socialpolitik 1982, Schriften des Vereins für Socialpolitik, Gesellschaft für Wirtschafts- und Sozialwissenschaften, N. F., Bd. 134, Berlin: Duncker und Humblot, 1983, S. 661-702

Hadenfeldt, B., Die Hinzurechnungsbesteuerung nach dem Außensteuergesetz von Einkünften aus deutschen Quellen, Schriften des Instituts für Ausländisches und Internationales Finanz- und Steuerwesen der Universität Hamburg, Bd. 35, Baden-Baden: Nomos Verl.-Ges 2001, zugl.: Hamburg, Univ., Diss, 1998

Haig, R. M., The Concept of Income – Economic and Legal Aspects, wieder abgedruckt in: Musgrave, R. A.; Shoup, C. S., Readings in the Economics of Taxation, The Series of Republished Articles on Economics Volume IX, Homewood, Illinois: Richard D. Irwin, Inc. 1959, S. 54-76

Hall, R. E.; Jorgenson, D. W., Tax Policy and Investment Behavior, American Economic Review 1967, S. 391-414

Haller, H., Finanzpolitik: Grundlagen und Hauptprobleme – 4., durchgesehene und verbesserte Auflage – Tübingen: J. C. B. Mohr (Paul Siebeck) 1968

Hansmeyer, K.-H., Bemerkungen zum Subventionsbericht, FA N.F. 1971, S. 103-117

Hauer, G., Grundlagen der Steuerplanung: mit STPLAN für Windows, München, Wien: Oldenburg, 1993

Hax, Herbert, Investitionstheorie, korrigierter Nachdruck der 5., bearbeiteten Auflage, Heidelberg: Physica Verlag 1993

Heck, Ph., Begriffsbildung und Interessenjurisprudenz, Tübingen: J. C. B. Mohr (Paul Siebeck) 1932

Heinbold, M., Simultane Unternehmensplanungsmodelle - ein Irrweg?, DBW 1989, S. 689-708

Henkel, U. W., E.III Basisgesellschaften, in: Mössner, J. M. et al., Steuerrecht international tätiger Unternehmen: Handbuch der Besteuerung von Auslandsaktivitäten inländischer Unternehmen und von Inlandsaktivitäten ausländischer Unternehmen – 2., völlig überarb. und erw. Aufl. – Köln: O. Schmidt, 1998, S. 727-791

Henselmann, K., Erfolgsmessung und Steuerbelastung: eine Analyse geltender Vorschriften und ausgewählter Reformvorschläge zur Erfolgsmessung und ihre Wirkung auf die Steuerbelastung von Unternehmen, Unternehmen und Steuern, Bd. 2, Heidelberg: Physica-Verl.,1994

Hesse, K., Grundzüge des Verfassungsrechts der Bundesrepublik Deutschland – 20., neubearb. Aufl. – Heidelberg: Müller Verl., 1995

Hessischer Minister der Finanzen, Entwurf für ein Gesetz zur Bekämpfung der Steuerflucht, Wiesbaden 1970

Heurung, R.; Heinsen, O.; Springer, M., Anwendungs- und Zweifelsfragen im Rahmen der Steuerreform, BB 2001, S. 181-186

Hitschler, W., Der Einfluß der Besteuerung auf Innovation, Investition und Eigenkapitalbildung: eine vergleichende Analyse der Steuersysteme der USA und der Bundesrepublik Deutschland, Europäische Hochschulschriften: Reihe 5, Volks- und Betriebswirtschaft, Bd. 1456, Frankfurt am Main et al.: Lang, 1993, zugl. Mannheim, Univ., Diss., 1993

Hufbauer, G.; Foster, D., U.S. Taxation of the Undistributed Income of Controlled Foreign Corporations, in: Department of the Treasury, Essays in International Taxation, Washington D. C.: 1976, S. 1-63

Hulton, Ch. R.; Wykoff, F. C., The Measurement of Economic Depreciation, in: Hulton, Ch. R., Depreciation, Inflation, and the Taxation of Income from Capital, Washington D. C.: The Urban Institute Press, 1981, S. 81-125

Hundsdoerfer, J., Beteiligungsaufwendungen im Halbeinkünfteverfahren, BB 2001, S. 2242-2250

Hundsdoerfer, J., Halbeinkünfteverfahren und Lock-In-Effekt, StuW 2001, S. 113-125

Hundt, F.; Kolb, A., Steuerrecht der Schweiz, in: Flick, H.; Wassermeyer, F.; Wingert, K. D.; Kempermann, M., Doppelbesteuerungsabkommen Deutschland - Schweiz, Köln: O. Schmidt, Stand: November 2001,

IBFD; Deutsches Steuerberaterinstitut e. V.; Fachinstitut des deutschen Steuerberaterverbandes e. V., Berlin, Steuerberater-Handbuch Europa: Länderdarstellungen, Berufsrecht, Querschnittsdarstellungen, Rechtsvorschriften, Verwaltungsverlautbarungen, Rechtsprechung, Bonn: Stollfuss 1997, Stand: März 2002, Länderdarstellungen/Nicht-EU, Schweiz (Bundessteuern); Kanton Zug

Isenbergh, J., International Taxation, New York, NY: Foundation Press, 2000

Isenbergh, J., Perspectives on the Deferral of U.S. Taxation in the Earnings of Foreign Corporations, Taxes 1988, S. 1062-1071

Isensee, J., Steuerstaat als Staatsform, in: Stödter, R.; Thieme, W., Hamburg, Deutschland, Europa: Beitr. Zum dt. u. europ. Verfassungs-, Verwaltungs- u. Wirtschaftsrecht; Festschrift für Hans Peter Ipsen zum 70. Geburtstag [Festschrift für Ipsen], Tübingen: Mohr 1977, S. 409-436

Jacobs, O. H., Internationale Unternehmensbesteuerung: deutsche Investitionen im Ausland; ausländische Investitionen im Inland – 4., neubearb. und erw. Aufl. – München: C. H. Beck, 1999

Jacobs, O. H., Handbuch und EDV-gestützter Belastungsvergleich der Besteuerung von Unternehmen unterschiedlicher Rechtsform, München: C. H. Beck, 1998

Jacobs, O. H., Die Steuerbelastung deutscher Kapitalgesellschaften im Vergleich zur Steuerbelastung nach US-amerikanischem Recht - eine EDV-gestützte Steuerbelastungsanalyse, DStR 1991, S. 257-262

Jacobs, O. H., Einflussfaktoren der internationalen Steuerbelastung – dargestellt am Vergleich Deutschland - USA, in: Herzig, N., Betriebswirtschaftliche Steuerlehre und Steuerberatung: Gerd Rose zum 65. Geburtstag [Festschrift für Rose], Wiesbaden: Betriebswirtschaftlicher Verlag Dr. Th. Gabler 1991, S. 255-270

Jacobs, O. H., Meinungsspiegel, BFuP 1979, S. 368-380

Jacobs, O. H., "Die Steuerbelastung der Unternehmung - Grundzüge der Teilsteuerrechnung" - Bemerkungen zu dem gleichnamigen Werk von Gerd Rose, ZfB 1974, S. 197-200

Jacobs, O. H.; Spengel, Ch., The Effective Average Tax Burden in the European Union and the USA: A Computer-based Calculation and Comparison with the Model of the European Tax Analyzer, ZEW Diskussionspapier No. 99-54, 1999

Jacobs, O. H.; Spengel, Ch., Aspekte einer Reform der Unternehmensbesteuerung in Europa, in: Siebert, H., Steuerpolitik, 1996

Jagdfeld, A., Steuerflucht und Steuerfluchtbekämpfung von Brüning bis Brandt, StuW 1972, S. 258-263

Joint Committee on Taxation, Factors affecting the International Competitiveness of the United States, scheduled for Hearings before the Committee on Ways and Means on July 4-6 and 18-20, and July, 16-18, 1991, JCS-6-91

Jorgenson, D. W., Capital as a Factor of Production, in: Jorgenson, D. W.; Landau, R., Technology and Capital Formation, Cambridge, Massachusetts, and London, England: The MIT Press 1989, S. 1-36

Jorgenson, D. W., Capital Theory and Investment Behavior, American Economic Review 1963, S. 247-259

Jorgenson, D. W.; Stephenson, J. A., Investment Behavior in U.S. Manufacturing, 1947-1960, Econometrica 1967, S. 169-220

Jorgenson, D. W.; Sullivan, M. A., Inflation and Corporate Capital Recovery, in: Hulton, Ch. R., Depreciation, Inflation, and the Taxation of Income from Capital, Washington D. C.: The Urban Institute Press, 1981, S. 171-237

Kaefer, W., Grundlagen und Modelle zu Steuerbelastungsanalysen und -vergleichen mit Hilfe der automatischen Datenverarbeitung, von der philosophischen Fakultät der Rheinisch-Westfälischen Technischen Hochschule Aachen zur Erlangung des akademischen Grades eines Doktors der Wirtschafts- und Sozialwissenschaften genehmigte Dissertation, 1974

Kahle, H., Der kapitaltheoretische Gewinn als entscheidungsneutrale Steuerbemessungsgrundlage, WiSt 1995, S. 214-218

Kaiser, M., Konsumorientierte Reform der Unternehmensbesteuerung, Wirtschaftswissenschaftliche Beiträge, 72, Heidelberg: Physica-Verl., 1992; zugl.: Heidelberg, Univ., Diss., 1992

Katz, St., in: IFA, How domestic Anti-Avoidance Rules affect Double Taxation Conventions, The Hague; London; Boston: Kluwer Law International, 1995

Kessler, W.; Dorfmueller, P.; Schmitt, C. P., Änderungen der Hinzurechnungsbesteuerung durch den Entwurf eines UntStFG, Praxis Internationale Steuerberatung 2001, S. 318-329

Kessler, W.; Teufel, T., Läuft die Hinzurechnungsbesteuerung bei Beteiligungserträgen und Veräußerungsgewinnen leer?, IStR 2000, S. 545-548

King, M. A., Public Policy and the Corporation, London: 1977

King, M. A.; Fullerton, D., The Taxation of Income from Capital, Chicago; London: The University of Chicago Press 1984

Kirchhof, P., Die Kunst der Steuergesetzgebung, NJW 1987, S. 3217-3226

Klein, F., Die Besteuerung des thesaurierten Gewinns bei der Körperschaft, in: Raupach, A.; Uelner, A., Ertragsbesteuerung: Zurechnung, Ermittlung, Gestaltung; Festschrift für Ludwig Schmidt zum 65. Geburtstag [Festschrift für Schmidt], München: C. H. Beck 1993, S. 589-603

Kluge, V., Basisgesellschaften und Doppelbesteuerungsabkommen, RIW/AWD 1975, S. 525-532

Kluge, V., Außensteuergesetz und Doppelbesteuerungsabkommen, AWD 1972, S. 411-416

Knies, W., Steuerzweck und Steuerbegriff: eine dogmengeschichtliche und kompetenzrechtliche Studie, Steuerrecht im Rechtsstaat ; H. 14, München: C. H. Beck 1976; Zugl.: München, Univ., Jur. Fak., Habil.-Schr., 1970

Knobbe-Keuk, B., Besteuerung stiller Reserven mit und ohne Gewinnrealisierung, DStR 1985, S. 494-498

Koch, K., Zur Frage der Bewährung des Außensteuergesetzes aus der Sicht der Verwaltung, in: Vogel, K.; Ellis, M. J., Steueroasen und Außensteuergesetze: Die Bedeutung der Steueroasen heute und die gesetzlichen Maßnahmen zu ihrer Bekämpfung, Münchener Schriften zum Internationalen Steuerrecht, Heft 3, München: C. H. Beck 1981, S. 81-91

Köhler, St., Diskussionsforum Unternehmenssteuerreform: Auswirkungen der steuerlichen Änderungen auf deutsche Auslandsinvestitionen, DStR 2000, S. 613-620

Köhler, St., Entwurf eines Gesetzes zur Änderung des Außensteuergesetzes und anderer Gesetze (AStÄG), DB 1998, S. 489-493

Krabbe, Das neue OECD-Musterabkommen und die deutsche Abkommenspolitik, in: Herzig, N., Die Unternehmensbesteuerung im Standortsicherungsgesetz: Steuersätze, Gesellschafter-Fremdfinanzierung, Beteiligung an ausländischen Gesellschaften – Steuerberater-Jahrbuch 1993/94 – Steuerthemen im Brennpunkt; Bd. 8, Köln: O. Schmidt 1994, S. 28-41

Krabbe, H., OECD-Musterabkommen 2000, IStR 2000, S. 196-201

Kraft, C., Steuergerechtigkeit und Gewinnermittlung: eine vergleichende Analyse des deutschen und US-amerikanischen Steuerrechts, Neue betriebswirtschaftliche Forschung, 78, Wiesbaden: Gabler 1991; Zugl.: Mannheim, Univ., Diss., 1990 u. d. T.: Kraft, Cornelia: Die Verwirklichung des Leistungsfähigkeitsprinzips bei der Besteuerung von Einkommen aus unternehmerischer Tätigkeit

Kramer, J. L.; Kramer, S. S., Foreign Tax Credit Planning, International Tax Journal 1992, S. 82-88

Krauthamer, N., Brown Group shows Interplay between subpart F and Partnerships, Journal of Taxation of Investments 2(1995), S. 155-160

Krawitz, N.; Büttgen, D.; Hick, Ch., Zwischenholdinggesellschaften inländisch beherrschter internationaler Konzerne unter dem Einfluss der Reformen des Unternehmenssteuerrechts, WPg 2002, S. 85-103

Krebühl, H.-H., Steueranrechnungsverfahren in den USA: Ein Vorbild für Deutschland?, in: Kley, M. D.; Sünner, E.; Willemsen, A., Festschrift für Wolfgang Ritter zum 70. Geburtstag: Steuerrecht, Steuer- und Rechtspolitik [Festschrift für Ritter], Wirtschaftsrecht und Unternehmensverfassung, Umweltrecht, Köln: O. Schmidt, 1997, S. 147-166

Kroschel, J., Die Federal Income Tax der Vereinigten Staaten von Amerika, Düsseldorf: IDW-Verl. 2000; zugl.: Dresden, Techn. Univ., Diss., 1999

Kudert, St.; Jamrozy, M., Die polnische Körperschaftsteuer, FR 1996, S. 777-785

Kudert, St.; Nabialek, J.; Grzeskowiak, M., Die Einkommensteuer juristischer Personen, in: Kudert, St., Das polnische Bilanz- und Steuerrecht – mit Gestaltungsüberlegungen für Direktinvestitionen deutscher Unternehmen – 2., neu bearbeitete und wesentlich erweiterte Auflage – Bielefeld: Erich Schmidt Verlag 2001, S. 103-140

Kuhlmann, J.-H., Die Systematik der Hinzurechnungsbesteuerung gemäß §§ 7-14 AStG und ihre Einfügung in das nationale und internationale Steuerrecht, Inauguraldissertation zur Erlangung des Grades eines Doktors der Wirtschaftswissenschaft beim Fachbereich Wirtschaftswissenschaft der Freien Universität Berlin, 1983

Künne, Th., Die effektive Steuerbelastung von Investitionen auf dem Europäischen Binnenmarkt, Schriften zum Steuer-, Rechnungs- und Prüfungswesen, Bd. 17, Hamburg: S + W Steuer- und Wirtschaftsverl., 1997

Lainoff, St., Commentary: International Tax Simplification, Am. J. Tax Pol'y 1990, S. 249-254

Land, St. B., Defeating Deferral: A Proposal for Retrospective Taxation, Tax Law Review 1996, S. 45-117

Lang, J., in: Tipke, K.; Lang, J., Steuerrecht – 16., völlig überarb. Aufl. – Köln: O. Schmidt Verlag 1998

Lang, J., Liebhaberei im Einkommensteuerrecht - Grundsätzliches zur Abgrenzung einkommensteuerbarer Einkünfte, StuW 1981, S. 223-234

Lang, M., CFC-Gesetzgebung und Gemeinschaftsrecht, IStR 2002, S. 217-222

Larenz, K.; Canaris, C.-W., Methodenlehre der Rechtswissenschaft – 3., Aufl. – Berlin et al: Springer 1995

Lehner, M., in: Vogel, K., Doppelbesteuerungsabkommen der Bundesrepublik Deutschland auf dem Gebiet der Steuern vom Einkommen und Vermögen – 3., völlig neubearb. Aufl. – München: C. H. Beck, 1996

Leibfritz, W.; Meurer, C., Steuerliche Investitionsförderung im internationalen Vergleich, Schriftenreihe des Ifo-Instituts für Wirtschaftsforschung Nr. 117, Berlin; München: Duncker und Humblot, 1985

Leibfritz, W.; Parsche, R., Steuerbelastung der Unternehmen der deutschen Werkzeugmaschinenindustrie im internationalen Vergleich, Ifo-Studien zur Finanzpolitik, Nr. 46, München: Ifo-Inst. Für Wirtschaftsforschung, 1988

Littmann, K., Die Steuerlast der Unternehmen: Positives und Kritisches zu einem Orientierungspunkt der Steuerpolitik, Schriftenreihe der Klaus-Dieter-Arndt-Stiftung e. V., Heft 11, Bonn 1987

Luhmann, N., Der Funktionsbegriff in der Verwaltungswissenschaft, VerwArch 1958, S. 97-105

McCarthy, C. M., The Brown Group Trilogy and U.S. Taxation of International Partnerships, BIFD 1996, S. 448-458

McDonald, J., Anti-Deferral Deferred: A Proposal for the Reform of International Tax Law, Northwestern Journal of International Law & Business 1995, S. 248-283

McIntyre, M. J., Separate Basket Limitations in Theory and Practice, http://www.tax.org/ritp.nsf, Foreign Tax Credit, Stand: 25.04.2002

Mellwig, Winfried, Investition und Besteuerung: e. Lehrbuch zum Einfluss d. Steuern auf d. Investitionsentscheidung – Wiesbaden: Gabler, 1985

Menck, T., Grenzverhalten im Steuerrecht, DB 1975, S. 1859-1861

Menck, T., in: Blümich, W.; Ebling, K., Einkommensteuergesetz, Körperschaftsteuergesetz, Gewerbesteuergesetz - Kommentar [EStG, KStG, GewStG], München: Vahlen, Stand: Oktober 2001, Vorb. §§ 7-14 AStG

Mersch, E., Die Hinzurechnungsbesteuerung nach den §§ 7 ff. AStG unter Berücksichtigung des Rechts der Doppelbesteuerungsabkommen, Steuerwissenschaft Band 23, Köln: Dr. Peter Deubner Verlag, 1986

Mikesell, J. L., Patterns of Exclusion of Personal Property from American Property Tax System, Public Finance Quarterly 1992, S. 528-542

Morgenthaler, G., Steueroasen und die deutsche Hinzurechnungsbesteuerung, IStR 2000, S. 289-295

Mösbauer, H. H., Steuerrecht, DStR 1975, S. 683, Fn. 96.

Mössner, J.-M., Selbständigkeit juristischer Personen und Kapitalgesellschaften im internationalen Steuerrecht, RIW 1986, S. 208-213

Müller-Dott, J. P., Die Messung der Steuerlast deutscher Unternehmen aus Sicht der Wirtschaft, BB 1990, Beilage 8 zu Heft 7

Musgrave, R. A.; Musgrave, P. B.; Kullmer, L., Die öffentlichen Finanzen in Theorie und Praxis, Bd. 2, Uni-Taschenbücher, 519 – 5., völlig überarb. Aufl. – Tübingen: Mohr 1993

Neumark, F., Grundsätze gerechter und ökonomisch rationaler Steuerpolitik, Tübingen: J. C. B. Mohr (Paul Siebeck), 1970

Niehus, R. J., Zum amerikanischen Steuerreformgesetz, RIW/AWD 1963, S. 12-15

OECD, Taxation and Household Saving, Paris: OECD 1994

OECD, Taxing Profits in a Global Economy: Domestic and International Issues, Paris: OECD 1991

Peffekoven, R., Persönliche allgemeine Ausgabensteuer, in: Neumark, F., Handbuch der Finanzwissenschaft, Bd. II: Öffentliche Unternehmungen, Grundlegung der Lehre von den öffentlichen Einnahmen, die Lehre von den Steuern, nichtsteuerliche öffentliche Einnahmen – 3., gänzl. neubearb. Aufl. – Tübingen: Mohr 1980, S. 417-452

Peroni, R. J., Back to the Future: a Path to Progressive Reform of the U.S. International Income Tax Rules, University of Miami Law Review 1997, S. 975-1011

Perry, G. M.; Glyer, J. D., Durable Asset Depreciation: A Reconciliation between Hypothesis, The Review of Economics and Statistics, 1990, S. 524-529

Pfitzer, N., Zum Einfluß der Besteuerung auf die Finanzierung der zweistufigen internationalen deutschen Unternehmung: steuerrechtl. Grundlagen, Modellbildung, Sensitivitätsanalyse unter bes. Berücks. Ausgew. Gewinnverwendungsstrategien, Europäische Hochschulschriften: Reihe 5, Volks- und Betriebswirtschaft, Bd. 919, Frankfurt am Main et al: Lang 1988, zugl. Mannheim, Univ., Diss., 1988

Popkin, W. D., The Taxation of Foreign Incorporated Pocketbooks with Nonresident Alien Shareholders, Rutgers L. Rev. 1966, S. 268-299

Rädler, A. J., Struktur der Körperschaftsteuer-Systeme aus deutscher Sicht, Europäische Steuer-Zeitung 1970, S. 103-116

Rasenack, C. A. L., Die Theorie der Körperschaftsteuer, Schriften zum öffentlichen Recht, Bd. 233, Berlin: Duncker & Humblot 1974; Zugl.: Berlin, Freie Univ., Diss., 1974

Rättig, H.; Protzen, P. D. G., Überblick über die Hinzurechnungsbesteuerung des AStG in der Fassung des Unternehmenssteuerfortentwicklungsgesetzes, DStR 2002, S. 241-246

Rättig, H.; Protzen, P. D., Die im Entwurf eines Gesetzes zur Fortentwicklung des Unternehmenssteuerrechts vorgesehenen Änderungen der Hinzurechnungsbesteuerung der §§ 7-14 AStG, IStR 2001, S. 601-610

Rättig, H.; Protzen, P. D., Unbeabsichtigter Systemwechsel bei der Hinzurechnungsbesteuerung von Kapitalgesellschaften als Folge des Steuersenkungsgesetzes?, IStR 2000, S. 394-401

Reinhardt, R./Schultz, D., Gesellschaftsrecht: ein Lehrbuch – 2. Aufl. – Tübingen: Mohr, 1981

Richter, W. R.; Seitz, H.; Wiegard, W., Steuern und unternehmensbezogene Staatsausgaben als Standortfaktoren, in: Siebert, H., Steuerpolitik und Standortqualität: Expertisen zum Standort Deutschland; Institut für Weltwirtschaft an der Universität Kiel – Tübingen: Mohr, 1996, S. 13-48

Ritter, W., Zur Frage der Bewährung des Außensteuergesetzes aus der Sicht der betroffenen Wirtschaft, in: Vogel, K.; Ellis, M. J., Steueroasen und Außensteuergesetze: Die Bedeutung der Steueroasen heute und die gesetzlichen Maßnahmen zu ihrer Bekämpfung, Münchener Schriften zum Internationalen Steuerrecht, Heft 3, München: C. H. Beck 1981, S. 75-82

Rödder, T.; Schumacher, A., Unternehmensteuerfortentwicklungsgesetz: Wesentliche Änderungen des verkündeten Gesetzes gegenüber dem Regierungsentwurf, DStR 2002, S. 105-113

Rödder, T.; Schumacher, A., Der Regierungsentwurf eines Gesetzes zur Fortentwicklung des Unternehmenssteuerrechts (Teil II) DStR 2001, S. 1685-1693

Rose, G., Betriebswirtschaftliche Steuerlehre: eine Einführung für Fortgeschrittene – 3., vollst. überarb. und aktualisierte Aufl. – Wiesbaden: Gabler, 1992

Rose, G., Einführung in die Teilsteuerrechnung, BfuP 1979, S. 293-308

Rose, G., Die Steuerbelastung der Unternehmung: Grundzüge der Teilsteuerrechnung, Schriftenreihe: Besteuerung der Unternehmung, Wiesbaden: Betriebswirtschaftlicher Verlag Dr. Th. Gabler, 1973

Rose, G., Untersuchungen über die Steuerbelastung der Unternehmung, DB 1968, Beilage 7 zu Heft 10

Rose, M., Das fiskalische Ziel der Besteuerung, Kyklos 1973, S. 815-840

Roser, F., Erforderliche Änderungen der Hinzurechnungsbesteuerung, IStR 2000, S. 78-80

Ruppe, H. G., in: Herrmann, C.; Heuer, G.; Raupach, A., Einkommensteuer- und Körperschaftsteuergesetz: Kommentar, Köln: O. Schmidt, Stand: Dezember 2001, Einf. ESt

Ruppe, H. G., Möglichkeiten und Grenzen der Übertragung von Einkunftsquellen als Problem der Zurechnung, in: Tipke, K., Übertragung von Einkunftsquellen im Steuerrecht: Möglichkeiten u. Grenzen d. Einkommensverlagerung durch Nießbrauch u. Beteiligung mit e. rechtsvergleichenden Teil – 2. Aufl. – Köln: O. Schmidt, 1979, S. 7-40

Ruppe, H.-G., Die Ausnahmebestimmungen des Einkommensteuergesetzes: Probleme der Rechtsanwendung und Rechtsfortbildung bei den „Steuerbegünstigungen" der österreichischen Einkommensteuer, Schriften zum österreichischen Abgabenrecht, Bd. 6, Wien: Wirtschaftsverlag Dr. A. Orac 1971

Schanz, G., Der Einkommensbegriff und die Einkommensteuergesetze, FA 1896, S. 1-87

Schanz, G., Die direkten Steuern Hessens und deren neueste Reform, FA 1885, S. 235-379

Schaumburg, H., Systemdefizite im internationalen Steuerrecht, StuW 2000, S. 369-377

Schaumburg, H., Internationales Steuerrecht: Außensteuerrecht, Doppelbesteuerungsrecht – 2., völlig überarb. und erw. Aufl. – Köln: O. Schmidt Verlag 1998

Scheffler, W., Veranlagungssimulation vs. Teilsteuerrechnung, WiSt 1991, S. 69-75

Scheffler, W., Leasing im Vergleich zum (Kredit-)Kauf – Ein EDV-gestützter Wirtschaftlichkeitsvergleich, Betriebswirtschaftliche Schriften zur Unternehmensführung; Bd. 45: Betriebl. Steuerlehre, Gelsenkirchen: Mannhold, 1984

Schneider, D., Hochsteuerland Deutschland 1994/95, DB 1994, S. 541-549

Schneider, D., Grundzüge der Unternehmensbesteuerung – 6., neu bearb. Aufl. – Wiesbaden: Gabler 1994

Schneider, D., Sichert das Standortsicherungsgesetz „die Attraktivität Deutschlands als Wirtschaftsstandort für ausländische Unternehmen"?, StuW 1994, S. 121-130

Schneider, D., Betriebswirtschaftslehre, Bd. I: Grundlagen, München; Wien: Oldenbourg 1993

Schneider, D., Investition, Finanzierung und Besteuerung – 7., vollst. überarb. u. erw. Aufl., Studentenausg. – Wiesbaden: Gabler, 1992

Schneider, D., Einkommensteuer, Konsumsteuer und die Steuerreformen der letzen Jahre, FA N. F. 1992, S. 534-557

Schneider, D., Maß und Ausmaß der Steuervergünstigungen, DB 1992, S. 1737-1742

Schneider, D., Die Messung der Unternehmenssteuerbelastung: Methoden und Ergebnisse, BB 1990, S. 534-539

Schneider, D., Meßkozepte zur Steuerbelastung von Unternehmen, WiSt 1990, S.497-502

Schneider, D., Wider leichtfertige Steuerbelastungsvergleiche, WPg 1988, S. 281-291

Schneider, D., Hochsteuerland Bundesrepublik Deutschland: Die Spannweite effektiver Grenzsteuerbelastungen für Investitionen, WPg 1988, S. 328-338

Schneider, D., Betriebswirtschaftliche Steuerlehre als Steuerplanungslehre oder als ökonomische Analyse des Steuerrechts, in: Fischer, L., Unternehmung und Steuer: Festschr. zur Vollendung d. 80. Lebensjahres von Peter Scherpf [Festschrift für Scherpf], Wiesbaden: Gabler 1983, S. 21-37

Schneider, D., Steuerbilanzen: Rechnungslegung als Messung steuerlicher Leistungsfähigkeit, Gabler-Lehrbuch, Wiesbaden: Gabler 1978

Schneider, D., Finanzplanung, Koordination mit der Gesamtplanung, in: Büschgen, H. E., Handwörterbuch der Finanzwirtschaft, Stuttgart: C. E. Poeschel Verlag 1976, Sp. 558-567

Schneider, D., Körperschaftsteuerreform und Gleichmäßigkeit der Besteuerung, StuW 1975, S. 97-112

Schneider, D.; Siegel, Th., Marginal Effective Tax Rates as a Tool for Managerial Economics in Connection with the German Tax Reform 1990, TU Berlin Diskussionspapier Nr. 126, 1988

Schreiber, U., Notwendigkeit und Alternativen einer Reform der Besteuerung von Kapitaleinkommen, in: Jacobs, O. H.; Spengel, Ch., Aspekte der Unternehmensbesteuerung in Europa, ZEW-Wirtschaftsanalysen; Bd. 4, Baden-Baden: Nomos Verl.-Ges. 1996, S. 85-115

Schreiber, U., Die Steuerreform 1990: Ein Schritt auf dem Weg zu einer marktwirtschaftlichen Steuerpolitik?, in: Schreiber, U., Steuerreform 1990: Steuerpolitik und Marktwirtschaft, Stuttgart: Poeschel 1989, S. 1-27

Schreiber, U., Rechtsformabhängige Unternehmensbesteuerung? Eine Kritik des Verhältnisses von Einkommen- und Körperschaftsteuer auf der Grundlage eines Modells für mehrperiodige Steuerbelastungsvergleiche, Steuerwissenschaft Band 24, Köln: Dr. Peter Deubner Verlag 1987

Schult, E.; Richter, H., Zur Berechnung der Grenzsteuersätze von Einkommen-, Kirchen- und Gewerbesteuerung nach der Steuerreform 1990, BB 1990, S. 609-612

Schwarz, H.; Fischer-Zernin, J., Deutsches „Treaty Overriding" im Entwurf zum Steueränderungsgesetz, RIW 1992, S. 49-53

Schwinger, R., Konsum oder Einkommen als Bemessungsgrundlagen direkter Steuern?, StuW 1994, S. 39-50

Schwinger, R., Einkommens- und konsumorientierte Steuersysteme: Wirkungen auf Investitionen, Finanzierung und Rechnungslegung, Heidelberg: Physica-Verlag, 1992

Scott, M. FG., A Note on King and Fullerton's Formulae to Estimate the Taxation of Income from Capital, Journal of Public Economics 1987, S. 253-264

Seer, R.; Haken, I., Bedeutung und Einfluss des europäischen Gemeinschaftsrechts, SteuerStud 2001, S. 344-349

Seidel, Bernhard; Franzmeyer, Fritz; Volz, Joachim; Teichmann, Dieter, Die Besteuerung der Unternehmensgewinne – Sieben Industrieländer im Vergleich, Beiträge zur Strukturforschung, Heft 111 – Berlin: Dunker & Humblot, 1989

Seiler, B., Zur Wahl der betriebswirtschaftlichen Bemessungsgrundlagenteile in der Teilsteuerrechnung, DB 1979, S. 659-663

Shannon, H. A., Die „saving clause" in der amerikanischen Abkommenspolitik und -praxis, RIW 1987, S. 368-373

Shannon, H. A., Die Doppelbesteuerungsabkommen der USA: Abkommenspolitik u. geltendes Abkommensrecht, Münchener Schriften zum internationalen Steuerrecht; Heft 11, München: C. H. Beck 1987; zugl. München, Univ., Diss., 1986/87

Shannon, H. A., Das OECD-Musterabkommen zur Vermeidung der Doppelbesteuerung im Vergleich mit dem US-Musterabkommen, RIW 1986, S. 271-283

Siegel, T., Steuern, in: Korff, W.: Handbuch der Wirtschaftsethik, Bd. 3: Ethik wirtschaftlichen Handelns, Gütersloh: Gütersloher Verl.-Haus 1999, S. 354-398

Siegel, Th., Steuerwirkungen und Steuerpolitik in der Unternehmung, Würzburg; Wien: Physica-Verlag 1982

Sigloch, J., Verzerrende Wirkungen von Bemessungsgrundlagen und Tarif auf Unternehmensentscheidungen nach der Steuerreform 1990, StuW 1990, S. 229-239

Simons, H. C., Personal Income Taxation – the Definition of Income as a Problem of Fiscal Policy, Chicago, Illinois: The University of Chicago Press 1938

Sinn, H.-W., Taxation and the Cost of Capital: The "Old" View, the "New" View, and Another View, in: Bradford, D., Tax Policy and the Economy, Bd. 5, 1991, S. 25-54

Smith, B. A., Components of subpart F Income, http://www.intltaxlaw.com/outbound/cfc/subpartf.htm, Stand: 25.04.2002

Smith, J. K., Analyse und Vergleich der Besteuerung von Kapitalgesellschaften nach deutschem und amerikanischem Steuerrecht: eine EDV-gestützte Modelluntersuchung zum internationalen Steuerbelastungsvergleich, Europäische Hochschulschriften: Reihe 5, 1202, Frankfurt am Main et al.: Lang 1991; Zugl.: Mannheim, Univ., Diss., 1991

Spengel, Ch., Effektive Steuerbelastung der grenzüberschreitenden Geschäftstätigkeit nach den Vorschlägen zur Reform der Unternehmensbesteuerung, ZEW Diskussionspapier 00-15, Mannheim 2000

Spengel, Ch., Europäische Steuerbelastungsvergleiche: Deutschland – Frankreich – Großbritannien, Düsseldorf: IDW-Verl., 1995; zugl. Mannheim, Univ., Diss.

Spengel, Ch.; Lammerson, L., Methoden zur Messung und zum Vergleich von internationalen Steuerbelastungen, StuW 2001, S. 222-238

Spooner, G. M., Effective Tax Rates from Financial Statements, NTJ 1986, S. 293-306

Stadie, H., Die persönliche Zurechnung von Einkünften, Schriften zum Steuerrecht, Bd. 25, Berlin: Duncker & Humblot 1983

Staff of the Joint Committee on Taxation, General Explanation of the Tax Reform Act of 1986, JCS-10-87, Washington D. C.: U.S. Government Printing Office, 1987

Strickrodt, G., Das Subventionsthema in der Steuerpolitik unter besonderer Berücksichtigung der Stellung der Landwirtschaft, Berlin: Duncker & Humblot 1960

Strutz, G., Buchbesprechung zu B. Fuisting, Die Preußischen Direkten Steuern, IV. Band, Grundzüge der Steuerlehre, Berlin 1902, Verwaltungsarchiv 1903, S. 475-492

Strutz, G., Die Neuordnung der direkten Staatssteuern in Preußen, Berlin: Carl Heymanns Verlag 1912

Stübben, D., Die Steuerbelastung der Unternehmung in der Bundesrepublik Deutschland und in der Schweiz (Kanton Zürich): e. vergleichende Analyse mit Hilfe der Teilsteuerrechnung, Reihe: Finanzierung, Steuern, Wirtschaftsprüfung; Bd. 2 – 2., unveränd. Aufl. – Köln: Müller Botermann, 1989

Sureth, C., Der Einfluss von Steuern auf Investitionsentscheidungen bei Unsicherheit, Gabler Edition Wissenschaft: Schriften zur quantitativen Betriebswirtschaftslehre, Wiesbaden: Dt. Univ.-Verl.; Wiesbaden: Gabler, 1999; zugl. Bielefeld, Univ., Diss., 1999

Surrey, St. S., Tax Incentives as a Device for Implementing Government Policy: A Comparison with Direct Government Expenditures, Harv. Law Rev. 1970, S. 705-738

Thiel, R., Ist die Ausnutzung steuergesetzlicher Unzulänglichkeiten illegitim?, FR 1976, S. 53-56

Thiele, C., Einführung in das US-amerikanische Steuerrecht, Wien: Orac, 1997

Thömmes, O., EG-rechtliche Anmerkungen zu Ritter, S. 430, IStR 2001, S. 441-442

Tillinghast, D. R., International Tax Simplification, Am. J. Tax Policy 1990, S. 187-247

Timm, H., Bemerkungen zur wirtschaftspolitisch orientierten nichtfiskalischen Besteuerung, FA N.F. 1968, S. 87-107

Tipke, K., Die Steuergesetzgebung in der Bundesrepublik Deutschland aus der Sicht des Steuerrechtswissenschaftlers - Kritik und Verbesserungsvorschläge, StuW 1976, S. 293-310

Tipke, K, Die Steuerrechtsordnung, Bd. I: Wissenschaftsorganisatorische, systematische und grundrechtlich-rechtsstaatliche Grundlagen – 2. völlig überarb. Aufl. – Köln: O. Schmidt Verlag 2000

Tipke, K, Die Steuerrechtsordnung, Bd. II: Steuerrechtfertigungstheorie, Anwendung auf alle Steuerarten, sachgerechtes Steuersystem, Köln: O. Schmidt Verlag 1993

Tipke, K., Steuergerechtigkeit in Theorie und Praxis: vom politischen Schlagwort zum Rechtsbegriff und zur praktischen Anwendung, Köln: O. Schmidt Verlag 1981

Tipke, K, Steuerrecht: e. systemat. Grundriß – 9., völlig überarb. Aufl. – Köln: O. Schmidt, 1983

Tischbirek, W., in: Vogel, K., Doppelbesteuerungsabkommen der Bundesrepublik Deutschland auf dem Gebiet der Steuern vom Einkommen und Vermögen – 3., völlig neubearb. Aufl. – München: C. H. Beck, 1996

U.S. House of Representatives, Hearing before the Subcommittee on Oversight of the House Ways and Means Committee on Income Tax Treaties, 96th Cong., 2nd Sess., 1980

Vera, A., Das steuerliche Zielsystem einer international tätigen Großunternehmung – Ergebnisse einer empirischen Untersuchung, StuW 2001, S. 308-315

Vodrazka, K, Besprechungsaufsatz: Zur Bedeutung der Teilsteuerrechnung, JfB 1975, S. 182-189

Vodrazka, K., Die Körperschaftsbesteuerung der Kapitalgesellschaften, StuW 1971, S. 235-246

Vogel, H., Aktuelle Fragen des Außensteuerrechts, insbesondere des „Steueroasengesetzes" unter Berücksichtigung des neuen Doppelbesteuerungsabkommens mit der Schweiz, BB 1971, S. 1185-1192

Vogel, K., Doppelbesteuerungsabkommen der Bundesrepublik Deutschland auf dem Gebiet der Steuern vom Einkommen und Vermögen – 3., völlig neubearb. Aufl. – München: C. H. Beck, 1996

Vogel, K., Perfektionismus im Steuerrecht, StuW 1980, S. 206-212

Vogel, K, Wie geht es weiter? Die Zukunft des Oasenproblems, in: Vogel, K.; Ellis, M. J., Steueroasen und Außensteuergesetze: Die Bedeutung der Steueroasen heute und die gesetzlichen Maßnahmen zu ihrer Bekämpfung, Münchener Schriften zum Internationalen Steuerrecht, Heft 3, München: C. H. Beck 1981, S. 125-135

Vogel, K, Die Abschichtung von Rechtsfolgen im Steuerrecht - Lastenausteilungs-, Lenkungs- und Vereinfachungsnormen und die ihnen zuzurechnenden Steuerfolgen: Ein Beitrag zur Methodenlehre des Steuerrechts, StuW 1977, S. 97-121

Vogel, K, Die Besonderheit des Steuerrechts, DStZ/A 1977, S. 5-12

Vogel, K, Der räumliche Anwendungsbereich der Verwaltungsrechtsnorm: Eine Untersuchung über die Grundfragen des sog. Internationalen Verwaltungs- und Steuerrechts, Abhandlungen der Forschungsstelle für Völkerrecht und ausländisches öffentliches Recht der Universität Hamburg, Band 12, Frankfurt am Main; Berlin: Alfred Metzner Verlag, 1965

Vögele, A.; Edelmann, G., Internationale Steuerplanung nach der Unternehmenssteuerreform 2001, IStR 2000, S. 463-465

von Waldthausen, J., Steuerlastgestaltung im Einflußbereich der erweiterten Hinzurechnungsbesteuerung im Außensteuergesetz, Reihe: Steuer, Wirtschaft und Recht; Bd. 158, Lohmar; Köln: Eul, 1999; zugl. Frankfurt (Oder), Univ., Diss., 1998

Wagner, A., Lehr- und Handbuch der politischen Ökonomie, 4. Hauptabtheilung: Finanzwissenschaft, 2. Theil: Theorie der Besteuerung, Gebührenlehre und allgemeine Steuerlehre, Leipzig: C. F. Winter'sche Verlagshandlung, 1890

Wagner, F. W., Neutralität und Gleichmäßigkeit als ökonomische und rechtliche Kriterien steuerlicher Normkritik, StuW 1992, S. 2-13

Wagner, F. W., Der gesellschaftliche Nutzen der betriebswirtschaftlichen Steuervermeidungslehre, FA N.F. 1986, S. 32-54

Wagner, F. W.; Dirrigl, H., Die Steuerplanung der Unternehmung, UTB für Wissenschaft: Uni-Taschenbücher, Stuttgart; New York: Fischer 1980

Wagner, F. W.; Wissel, H., Entscheidungsneutralität der Besteuerung als Leitlinie einer Reform der Einkommensteuer, WiSt 1995, S. 65-70

Warren, R. M., Investment in United States Property by Controlled Foreign Corporations: A Proposal for Reform, Rutgers Law Journal 1988, S. 367-387

Wassermeyer, F., in: Debatin, H.; Wassermeyer, F., Doppelbesteuerung – Kommentar zu allen deutschen Doppelbesteuerungsabkommen, München: C. H. Beck, Stand: Oktober 2001, Art. 10 MA

Wassermeyer, F., in: Flick, H.; Wassermeyer, F.; Baumhoff, H., Kommentar zum Außensteuerrecht: Außensteuergesetz, Auslandsinvestionsgesetz, Entwicklungsländer-Steuergesetz, Anrechnung ausländ. Steuern (§§ 34c EStG, 26 KStG), Köln: O. Schmidt, Stand: Dezember 2001

Wassermeyer, F., Die im Entwurf eines Steuersenkungsgesetzes vorgesehenen Änderungen der Hinzurechnungsbesteuerung, IStR 2000, S. 193-196

Wassermeyer, F., Die Hinzurechnungsbesteuerung aus der Sicht des Entwurfs des Unternehmenssteuerreform- und Steuersenkungsgesetzes, IStR 2000, S. 114-118

Wassermeyer, F., 25 Jahre Außensteuergesetz, in: Klein, F.; Stihl, H. P.; Wassermeyer, F., Unternehmen Steuern: Festschrift für Hans Flick zum 70. Geburtstag [Festschrift für Flick], Köln: O. Schmidt 1997, S. 1057-1071

Wassermeyer, F., Hinzurechnungsbesteuerung – eine gesetzliche Mißbrauchsregelung?, in: Haarmann, W., Grenzen der Gestaltung im internationalen Steuerrecht: Missbrauchsverhütung in der Diskussion; EU-Recht, DBA, Hinzurechnungsbesteuerung, grenzüberschreitende Unternehmensfinanzierung, Verrechnungspreise, Verfahrenspraxis, Forum der Internationalen Besteuerung; Bd. 4, Köln: O. Schmidt 1994, S. 55-70

Wassermeyer, F., Elf Jahre Außensteuergesetz, RIW 1984, S. 461-466

Wassermeyer, F., Die Hinzurechnungsbesteuerung als Qualifikationsproblem des nationalen und internationalen Steuerrechts, RIW 1983, S. 352-354

Wassermeyer, F., Erfahrungen mit dem Außensteuergesetz von 1972, in: Hansmeyer, K.-H., Staatsfinanzierung im Wandel: Verhandlungen auf der Jahrestagung der Gesellschaft für Wirtschafts- und Sozialwissenschaften, Verein für Socialpolitik 1982, Schriften des Vereins für Socialpolitik, Gesellschaft für Wirtschafts- und Sozialwissenschaften, N. F., Bd. 134, Berlin: Duncker und Humblot, 1983, S. 571-591

Wassermeyer, F., Die Vereinbarkeit der Hinzurechnungsbesteuerung nach dem Außensteuergesetz mit dem Grundgesetz und den Vorschriften der Doppelbesteuerungsabkommen (OECD-Musterabkommen), in: Jakobs, H. H., Festschrift für Werner Flume zum 70. Geburtstag [Festschrift für Flume], Bd. II, Köln: O. Schmidt 1978, S. 323-335

Werra, M., Zum Reformbedarf beim Außensteuergesetz unter besonderer Berücksichtigung des Verhaltenskodex, IStR 2001, S. 438-440

Wesselbaum-Neugebauer, C., Internationale Steuerbelastungsvergleiche, Finanzwissenschaftliche Schriften; Bd. 59, Frankfurt am Main et al.: Lang 1994, zugl.: Wuppertal, Univ., Diss., 1993

Widdau, P., Die Quantifizierung der Steuerbelastung im internationalen Bereich: unter Berücksichtigung d. Möglichkeiten d. Steuerbilanzpolitik im Investitionsland, Europäische Hochschulschriften: Reihe 5, Volks- und Betriebswirtschaft, Bd. 508, Frankfurt am Main et al.: Lang, 1984

Wilensky, A. J., International Tax Reform: An Interim Report, Washington, D. C.: Dept. Of the Treasury, 1993

Wissel, H., Einkünfteerzielungsabsicht und Einkommensbegriff, Schriften zum Steuer-, Rechnungs- und Prüfungswesen; Bd. 19, Hamburg: S + W Steuer- und Wissenschaftsverl., 1997

Wittmann, R., Besteuerung des Markteinkommens - Grundlinien einer freiheitsschonenden Besteuerung, StuW 1993, S. 35-46

Wolff, in: Debatin, H.; Wassermeyer, F., Doppelbesteuerung – Kommentar zu allen deutschen Doppelbesteuerungsabkommen, München: C. H. Beck, Stand: Oktober 2001, Art. 10 DBA-USA

Worley, R. A., The Indirect Foreign Tax Credit: a Policy Analysis of Sec. 902, Int'l Tax & Business Lawyer 2(1996), S. 176-222

Wosnitza, M.; Treisch, C., Leistungsfähigkeitskonzeptionen und die steuerliche Behandlung des Existenzminimums, DBW 1999, S. 351-368

Wurster, H.-J., Die ausländische Basisgesellschaft: steuerrechtl. Qualifikation u. finanzielle Vorteilhaftigkeit, Reihe Wirtschaftswissenschaften; Bd. 309, Thun, Frankfurt am Main: Deutsch, 1984

Zschiegner, H., Überblick über das amerikanische Steuerrecht, in: Kramer, J.-D., Grundzüge des US-amerikanischen Steuerrechts, Schriften der Bundesfinanzakademie, Stuttgart: Poeschel 1990, S. 57-92

Rechtsprechungsregister

1. Entscheidungen des Bundesfinanzhofes

Datum	Aktenzeichen	Fundstelle
29.01.1975	I R 135/70	BStBl. II 1975, S. 553
29.07.1976	VIII R 142/73	BStBl. II 1977, S. 263
09.12.1980	VIII R 11/77	BStBl. II 1981, S. 339
09.11.1983	I R 120/79	BStBl. II 1984, S. 468
29.08.1984	I R 68/81	BStBl. II 1985, S. 120
05.03.1986	I R 201/82	BStBl. II 1986, S. 496
03.02.1988	I R 134/84	BStBl. II 1988, S. 588
12.07.1989	I R 46/85	BStBl. II 1990, S. 113
16.05.1990	I R 16/88	BStBl. II 1990, S. 1049
23.06.1992	IX R 182/87	DB 1992, S. 2067
01.07.1992	I R 6/92	BStBl. II 1993, S. 222

2. Entscheidungen des Bundesverfassungsgerichtes

Datum	Aktenzeichen	Fundstelle
24.01.1962	1 BvR 845/58	BStBl. I 1962, S. 502
22.06.1995	2 BvL 37/91	BVerfGE 93, S. 148

3. Entscheidungen der US-Gerichte

Datum	Fall	Fundstelle
12.04.1994	*Brown Group, Inc. vs. Commissioner*	102 TC 616
25.01.1995	*Brown Group, Inc. vs. Commissioner*	104 TC 105
25.01.1996	*Brown Group, Inc. vs. Commissioner*	77 F.3d 217 (8th Cir. 1996)

Sonstige Quellen

18. Subventionsbericht
Bericht der Bundesregierung über die Entwicklung der Finanzhilfen des Bundes und der Steuervergünstigungen gemäß § 11 des Gesetzes zur Förderung der Stabilität und des Wachstums der Wirtschaft (StWG) vom 8. Juni 1967 für die Jahre 1999-2002 vom August 2001 (18. Subventionsbericht),
http://www.bundesfinanzministerium.de/Anlage6737/18.-Subventionsbericht-der-Bundesregierung.pdf, Stand: 25.04.2002

1962 Tax Message of the President to the Congress
abgedruckt in: *Joint Committee on Taxation,* Factors affecting the International Competitiveness of the United States, scheduled for Hearings before the Committee on Ways and Means on July 4-6 and 18-20, and July, 16-18, 1991, JCS-6-91

Anhang zu Art. 11 DBG (Abschreibungssätze in der Schweiz),
http://www.admin.ch/ch/d/sr/742_221/app1.html; Stand: 25.04.2002

Anlage 3 zum BMF-Schreiben vom 02.12.1994,
BStBl. I 1995, Sondernummer 1, S. 75

AStG-Entwurf
Entwurf eines Gesetzes zur Wahrung der steuerlichen Gleichmäßigkeit bei Auslandsbeziehungen und zur Verbesserung der steuerlichen Wettbewerbslage bei Auslandsinvestitionen vom 03.08.1971, BR-Drs. 394/71

AStG-Entwurf
Entwurf eines Gesetzes zur Wahrung der steuerlichen Gleichmäßigkeit bei Auslandsbeziehungen und zur Verbesserung der steuerlichen Wettbewerbslage bei Auslandsinvestitionen vom 02.12.1971, BT-Drs. VI/2883

Außensteuergesetz (AStG) vom 08.09.1972
Gesetz zur Wahrung der steuerlichen Gleichmäßigkeit bei Auslandsbeziehungen und zur Verbesserung der steuerlichen Wettbewerbslage bei Auslandsinvestitionen, BGBl. I 1972, S. 1713

Begründung zum Entwurf eines Körperschaftssteuergesetzes,
Verhandlungen der verfassungsgebenden deutschen Nationalversammlung (Drucksachen der Nationalversammlung), Band 341, Berlin 1920, Anlagen zu den stenographischen Berichten Nr. 1976

Bericht zur Fortentwicklung des Unternehmenssteuerrechts
Bericht der Bundesregierung zur Fortentwicklung des Unternehmenssteuerrechts vom 07.08.2001, FR 2001, Beilage zu Heft 11

Beschlussempfehlung des Finanzausschusses
Beschlussempfehlung und Bericht des Finanzausschusses (7. Ausschuss) vom 16.05.2000, BT-Drs. XIV/3366

Beschlussempfehlung des Finanzausschusses
Beschlussempfehlung und Bericht des Finanzausschusses (7. Ausschuss) vom 07.11.1991, BT-Drs. XII/1506

DBA D-CH
Abkommen zwischen der Schweizerischen Eidgenossenschaft und der Bundesrepublik Deutschland zur Vermeidung der Doppelbesteuerung auf dem Gebiete der Steuern vom Einkommen und vom Vermögen vom 11. August 1971, http://www.admin.ch/ch/d/sr/i6/0.672.913.62.de.pdf, Stand: 25.04.2002

DBA D-PL
Abkommen zwischen der Bundesrepublik Deutschland und der Volksrepublik Polen zur Vermeidung der Doppelbesteuerung auf dem Gebiete der Steuern vom Einkommen und vom Vermögen vom 18. Dezember 1972, BGBl. II 1975, S. 646 in der Fassung des Änderungsprotokolls vom 24.10.1979, BGBl. II 1981, S. 307

DBA PL-CH
Abkommen zwischen der Schweizerischen Eidgenossenschaft und der Republik Polen zur Vermeidung der Doppelbesteuerung auf dem Gebiete der Steuern vom Einkommen und vom Vermögen vom 2. September 1991, http://www.admin.ch/ch/d/sr/i6/0.672.964.91.de.pdf, Stand: 25.04.2002

DBA USA-CH
Abkommen zwischen der Schweizerischen Eidgenossenschaft und den Vereinigten Staaten von Amerika zur Vermeidung der Doppelbesteuerung auf dem Gebiete der Steuern vom Einkommen vom 2. Oktober 1996, http://www.admin.ch/ch/d/sr/i6/0.672.933.61.de.pdf, Stand: 25.04.2002

DBA USA-PL
United States – Poland Income Tax Convention of October, 8 1974, http://www.irs.gov/pub/irs-trty/poland.pdf, Stand: 25.04.2002

DBG
Bundesgesetz vom 14. Dezember 1990 über die Harmonisierung der direkten Steuern der Kantone und Gemeinden, vgl. http://www.admin.ch/ch/d/sr/c642_14.html, Stand: 25.04.2002

Einkommensteuergesetz 1997
in der Fassung der Bekanntmachung vom 16. April 1997 (BGBl. I 1997, S. 821), zuletzt geändert durch Versorgungsänderungsgesetz 2001 vom 20.12.2001 (BGBl. I 2001, S. 3926)

Entschließungsantrag
der Fraktionen der CDU/CSU, FDP zur dritten Beratung des Entwurfs des Haushaltsgesetzes 1962 vom 12.04.1962, Anlage 5 zu den stenografischen Protokollen (Umdruck 75)

Gesetz über die Besteuerung bei Auslandsbeziehungen 1972
vom 8. September 1972 (BGBl. I 1972, S. 1713), zuletzt geändert durch Unternehmenssteuerfortentwicklungsgesetz vom 20.12.2001, BGBl. I 2001, S. 3858

Gesetz über lokale Steuern und Abgaben vom 12.01.1991,
Ustawa o podatkach i oplatach lokalnych z dnia 12.01.1991, Dz. U. 1991 Nr 9, poz. 31 mit nachfolgenden Änderungen

Gesetzantrag des Landes Baden-Württemberg vom 16.01.1998
Entwurf eines Gesetzes zur Änderung des Außensteuergesetzes und anderer Gesetze, BR-Drs. XII/98

Gewerbesteuergesetz 1999
in der Fassung der Bekanntmachung vom 19. Mai 1999 (BGBl. I 1999, S. 1010, berichtigt BGBl. I 1999, S. 1491), zuletzt geändert durch Solidarpaktfortführungsgesetz vom 20.12.2001 (BGBl. I 2001, S. 3955)

Gutachten der Steuerreformkommission 1971
Schriftenreihe des Bundesministeriums der Finanzen, Heft 17, Bonn: Wilhelm Stollfuß Verlag 1971

Gutachten zur Reform der direkten Steuern
(Einkommensteuer, Körperschaftsteuer, Vermögensteuer und Erbschaftsteuer) in der Bundesrepublik Deutschland, Schriftenreihe des Bundesministeriums der Finanzen, Heft 9, Bad Godesberg 1967

Internal Revenue Code of 1954
enacted on August 16, 1954 as amended through Trade and Development Act of 2000, May, 18 2000

Körperschaftsteuergesetz 1999
in der Fassung der Bekanntmachung vom 22. April 1999 (BGBl. I 1999, S. 817), zuletzt geändert durch Solidarpaktfortführungsgesetz vom 20.12.2001 (BGBl. I 2001, S. 3955)

KStG-PL (Körperschaftsteuergesetz der Republik Polen) vom 15.02.1992
Ustawa o podatku dochowym od osob prawnych z 15.02.1992, Dz. U. 1992 Nr. 21 poz. 86, einheitlicher Text in: Dz. U. 1993 Nr. 106, poz. 482, zuletzt geändert in: Dz. U. 2000 Nr 122, poz. 1324; deutsche Fassung in: Breidenbach, St., Handbuch Wirtschaft und Recht in Osteuropa, Bd. 2, PL KStG 720, München: C. H. Beck, Stand: Februar 2001

Leitsätze der Bundesregierung vom 17.12.1970
Wahrung der steuerlichen Gleichmäßigkeit bei Auslandsbeziehungen und Verbesserung der steuerlichen Wettbewerbslage bei Auslandsinvestitionen, DB 1971, S. 16-20

Oasenbericht
Bericht der Bundesregierung an den Deutschen Bundestag über die Wettbewerbsverfälschungen, die sich aus Sitzverlagerungen und aus dem zwischenstaatlichen Steuergefälle ergeben können vom 23.06.1964, BT-Drs. IV/2412

Oasenerlaß
Erlaß betr. Verlagerung von Einkünften und Vermögen in sogenannte Steueroasenländer vom 14.06.1965, BStBl. II 1965, S. 74

OECD-MA 2001 (Musterabkommen der OECD zur Vermeidung der Doppelbesteuerung), http://www.bundesfinanzministerium.de/fachveroeff/AbtIV/oecd-ma.pdf, Stand: 25.04.2002

Rev. Rul. 59-56
United States-Federal Republic of Germany Income Tax Convention, 1959-1 CB 737-739

StÄndG 1992
Gesetz zur Entlastung der Familien und zur Verbesserung der Rahmenbedingungen für Investitionen und Arbeitsplätze (Steueränderungsgesetz – StÄndG) vom 25.02.1992, BGBl. I 1992, S. 297.

Steuergesetz des Kantons Zug vom 25. Mai 2000
http://www.zug.ch/bgs/data/63.pdf

Steuersenkungsgesetz (StSenkG) vom 23.10.2000
Gesetz zur Senkung der Steuersätze und zur Reform der Unternehmensbesteuerung vom 23.10.2000, BGBl. I 2000, S. 1433

StSenkG-Entwurf
Entwurf eines Gesetzes zur Senkung der Steuersätze und zur Reform der Unternehmensbesteuerung (Steuersenkungsgesetz – StSenkG) vom 15.02.2000, BT-Drs. XIV/2683

Tax Expenditures Chapter
from the President's Fiscal 1999 Budget, Tax Notes 1998, S. 911-938

Treas. Reg.
Federal Tax Regulations including Final, Temporary and Proposed Regulations current through June 30, 2000

U.S. Treasury Department, Technical Explanation,
United States Model Income Tax Convention of September 20, 1996 – Technical Explanation, http://www.treas.gov/taxpolicy/t0txmod2.html, Stand: 25.04.2002

Übersicht über die Steuerfüße des Kantons Zug für die Steuerjahre 1999-2002,
http://www.zug.ch/tax/pdf/sft 2002.pdf, Stand: 25.04.2002

UntStFG
Gesetz zur Fortentwicklung des Unternehmenssteuerrechts (Unternehmensteuerfortentwicklungsgesetz – UntStFG) vom 20.12.2001, BGBl. I 2001, S. 3858

UntStFG-Entwurf
Entwurf eines Gesetzes zur Fortentwicklung des Unternehmenssteuerrechts (Unternehmensteuerfortentwicklungsgesetz – UntStFG) vom 10.09.2001, BT-Drs. XIV/6882

US-MA 1981 (Draft Model Income Tax Treaty of 16 June 1981)
IBFD-Bulletin 1982, S. 15-20

US-MA 1996 (United States Model Income Convention of September 20, 1996)
http://www.treas.gov/taxpolicy/t0txmod1.html, Stand: 25.04.2002